Pater Udo Fischer / Linker Jesus - rechte Kirche

Pater Udo Fischer

Linker Jesus -
rechte Kirche

Eine Recherche

EDITION VA b ENE

Die Deutsche Bibliothek – CIP-Einheitsaufnahme

Fischer, Udo Pater
Linker Jesus – rechte Kirche;
Eine Recherche/
Pater Udo Fischer

Wien-Klosterneuburg, EDITION VA BENE, 1994
ISBN 3-85167-023-X

Umschlaggestaltung: Traute Molik
Repro: Repro 14, Wien
Satz und Filmherstellung: Spielberger Druck- und
VerlagsGesmbH, Spielberg
Druck und Bindung: Wiener Verlag, Himberg

Printed in Austria

ISBN 3-85167-023-X

Widmung

Für den Empfang von Hoffnung und Mut den Menschen der
Pfarrgemeinden Paudorf-Göttweig, Pfaffendorf, Obernalb und
Wienerherberg sowie dem Abt-Primas des Benediktinerordens
von 1967 bis 1977, Rembert Weakland, Erzbischof von
Milwaukee, in Dankbarkeit gewidmet.

Abkürzungsverzeichnis

Nachrichtendienste, Zeitungen und Zeitschriften:
  Kathpress: Tagesdienst der österreichischen Katholischen
    Presseagentur
  Kathpress-Info: Info-Dienst der österreichischen Katholischen
    Presseagentur
  Tag des Herrn: Katholische Wochenzeitung, Leipzig
  KI: Kirche Intern, Forum für eine offene Kirche für Gesell-
    schaft, Politik und Kultur, Monatszeitschrift, Wien
  SN: Salzburger Nachrichten
  JA: JA – Zeitschrift junger Christen, Jugendmagazin, Paudorf
  idu: Informationsdienst zu Ehren der Unbefleckten Gottes-
    mutter Maria, Maria Roggendorf
Handbuch der Kirchengeschichte:
  H I: Handbuch der Kirchengeschichte, Band I, Herder, 1963
  H II,1: Handbuch der Kirchengeschichte, Band II/1, Herder,
    1973
  H II,2: Handbuch der Kirchengeschichte, Band II/2, Herder,
    1975
  H III,1: Handbuch der Kirchengeschichte, Band III/1, Herder,
    1966
  H III,2: Handbuch der Kirchengeschichte, Band III/2, Herder, 1968
  H IV: Handbuch der Kirchengeschichte, Band IV, Herder, 1967
  H V: Handbuch der Kirchengeschichte, Band Band V, Herder, 1970
  H VI,1: Handbuch der Kirchengeschichte, Band VI/1, Herder, 1971
  H VI,2: Handbuch der Kirchengeschichte, Band VI/2, Herder, 1973
**Bibliothek der Kirchenväter: eine Auswahl patristischer Werke
in deutscher Übersetzung, herausgegeben von O. Bardenhewer,
Th. Schermann und K. Weyman, Verlag Kösel, Kempten-München:**
  APK: Apostolische Konstitutionen
  Armen KV II: Armenische Kirchenväter, Bd. 2
  Ambrosius III: Ambrosius, Bd. 3
  Athanasius II: Athanasius, Bd. 2
  Basilius I: Basilius, Bd.1
  Basilius II: Basilius, Bd.2
  Chrysostomus I: Johannes Chrysostomus, Bd.1
  Chrysostomus III: Johannes Chrysostomus, Bd.3

Chrysostomus V: Johannes Chrysostomus, Bd.5
Chrysostomus VII: Johannes Chrysostomus, Bd.7
Cyprian I: Cyprian von Karthago, Bd. 1
Cyprian II: Cyprian vonKarthago, Bd. 2
GR: Griechische Liturgien
Joh D: Johannes von Damaskus
Leo II: Leo der Große, Bd. 2
Zeno I: Zeno, Bd. 1

Diverse Bücher:

Boberski: Heiner Boberski, Die Divisionäre des Papstes, Otto Müller Verlag, Salzburg, 1992

CIC: Codex des kanonischen Rechtes, Butzon & Bercker, 1983

Erfurt: Christa Schmidt, Die Augustinerkirche zu Erfurt, Berlin, 1974

EW: Franz Loidl, Geschichte des Erzbistums Wien, Herold, Wien-München, 1983

GL: Grundlehrgang für Beamte, Verlag Gabler, Wiesbaden, 1942

HH 1: Jakob Sprenger, Heinrich Institoris, Der Hexenhammer, dtv klassik, 11. Auflage Mai 1993, 1. Teil

HH 2: ebenda, 2. Teil

HH 3: ebenda, 3. Teil

HP: Hexen und Hexenprozesse, Hrsg. Wolfgang Behringer, dtv, 2. Auflage, 1993

Konstanz: Bruno Kirchgäßner, Dreifaltigkeitskirche Konstanz, Verlag Schnell & Steiner, München-Zürich, 1988

KK: Karl Rahner – Herbert Vorgrimler, Kleines Konzilskompendium, Herder, 11. Auflage

KVK: Franz Spirago, Katholischer Volkskatechismus, Lingen, 1927

McLellan: David McLellan, Karl Marx, Edition Praeger, München, 1974

Mein Kampf: Adolf Hitler, Mein Kampf, Zentralverlag der NSDAP, München, 1938

Prugger: Martin Prugger, Katholisches Lehr- und Exempelbuch, Manz-Verlag, Regensburg

Inhaltsverzeichnis

Vorwort 11
Was dieses Buch will 16

**Teil 1: Kirche am Ende oder: Das Hoffen
auf das Kommen des Heiligen Geistes**

Welt und Kirche vor der Jahrtausendwende 23
Zölibat und Homosexualität 29
Jesus und die Frauen 38
Sexwahn und Antifeminismus 45
Sexualethik - zentrale Botschaft des Jesus von Nazareth? ... 59
Hexengeschlecht und Priesteramt 65
Ehe, Scheidung und Wiederverheiratung 70
Der Kirchenbeitrag, die Weltkirche u. Wiederverheiratete . 81
Schwören, Titel und Ordensverleihungen 86
Der Sozialismus der Kirchenväter 89
Heilige und Opfer der Kirche 94
Gewissen, Gehorsam, Angst und Kritik 98
Die Selbstverstaatlichung einer Bewegung 104

**Teil 2: Nachdenkphase oder:
Die Anrufung des Heiligen Geistes**

Darf die Kirche sich bekehren? 113
Zurück zum historischen Jesus! 118

**Teil 3: Kirche am Anfang oder: Die qualvolle
Suche nach dem Heiligen Geist**

Die Versuchung zur absoluten Macht 129
Die Ehe der Mutter Kirche mit Vater Staat 133
Inquisition, Folter und Feuertod 137

Von der Kirche gefördert, von der Aufklärung beendet:
300 Jahre Hexenwahn 143

Feindbild Französische Revolution und Menschenrechte ... 146

Der rechte Kampf gegen die linken Ideale:
„Freiheit, Gleichheit und Brüderlichkeit" 151

Das christliche Volk:
Legitimation oder Feind der Hierarchie? 156

Der weite Weg des Papsttums vom sündigen Petrus
zum unfehlbaren Monarchen 162

Denunzierungen bleiben in Mode 175

Die Kurie und der Papst: Wer ist wessen rechter Arm? 177

Bischöfe - die Nachfolger der Apostel 184

Priester - Ärzte oder Polizisten? 194

Diakon - ein altes Amt blüht wieder auf 199

Wo sind die Propheten? 201

Der Priestermangel wird immer spürbarer 203

Richtungsweisende Erneuerung der Eucharistiefeier 207

Vorwort

Die katholische Kirche steht vor dem Kollaps. In Europa und in der Dritten Welt. Sie erscheint rat- und hilflos vor den drängenden Problemen der Zeit und erweckt den Eindruck, deren Lösungen bisweilen sogar verhindern zu wollen. Die immer stärker anschwellende Flut von schriftlichen Weisungen aus Rom ist ein Symptom dafür, daß das Beben auch dort verspürt wird. Es bleibt beim krampfhaften Versuch, mittels möglichst geringer Selbstkritik und kaum spürbarer Änderungen auf der einen und möglichst zahlreichen Appellen an „die anderen" und „die unten" auf der anderen Seite den eingeschlagenen Kurs im wesentlichen zu halten.

Ist die Botschaft des Jesus von Nazareth an der Wende zum dritten Jahrtausend unbrauchbar? Oder wird sie von der Kirche falsch vermittelt? Ist die Kirche auf dem rechten Weg?

Fragen ohne Zahl. Nur wer blind und taub durch unsere Welt geht, kennt sie nicht. Doch warum darüber schreiben, sich die Finger verbrennen? Viele Wochen habe ich darüber nachgedacht, ob ich die in Jahren gesammelten Notizen weiter in der Tischlade schlummern lassen soll oder nicht. Nachgedacht - nicht in schlaflosen Nächten, sondern am hellen Tag, bei Meditation in Gottes bezaubernder Natur. Nach der Fertigstellung der neuen Pfarrkirche in Paudorf ist es mir klarerweise ein Anliegen, daß sie möglichst lange von Christen als Gotteshaus genutzt wird. Die für sie gespendet und gearbeitet haben, wollten eine Kirche - kein Museum, keine Moschee und keinen Versammlungsraum irgendeiner Sekte. Aber eine „Kirche aus Steinen" hat nur so lange Berechtigung, als es „Kirche aus Menschen" gibt. Doch die weltweite Gemeinschaft „Kirche" steckt in einer Krise, von der die dörfliche Gemeinde nicht verschont bleibt.

Nicht aus chauvinistischen, sondern aus lesetechnischen Gründen ist in der Folge mit „Kirche" immer die römisch - katholische gemeint. Wie es im Alltag für viele Menschen das Problem gibt, „Amtskirche" und „Kirche" auseinanderzuhalten und erstere als nur einen Teil der letzteren zu betrachten, so ist es auch hier. Von Bischöfen - zuletzt von Salzburgs Erzbischof Eder (Kathpress, 10.3.1994) - wird immer wieder gefordert, den Begriff „Amtskirche" aus dem Verkehr zu ziehen. Dies wird jedoch erst gelingen, wenn Amtsträger aufhören, die Kirche mit sich selbst zu identifizieren und ihre eigenen Einfälle mit der Lehre der Kirche, mit Gottes Willen gleichzusetzen. Ein kirchliches Amt kann nur „in" der Kirche ausgeübt werden, die Kirche jedoch nicht ersetzen oder gar überflüssig machen.

Ich hätte es mir leicht machen können. Den Kopf in den Sand stecken und nur am klerikalen Biertisch gescheit zu debattieren, befreit für Augenblicke, löst jedoch nichts. Die Devise „Hinter mir die Sintflut!" paßt wenig zur Hoffnung schenkenden Botschaft, die zu verkünden ein Priester verpflichtet ist. Oder gar die schon weit verbreitete Resignation - „Was kann ich als kleiner Pfarrer schon tun?" - gespickt mit der Meinung, die nächsten Jahre oder paar Jahrzehnte - „Solange wir leben!" - werden wir schon über die Runden kommen. In der Pfarre arbeiten, das ja und mit voller Kraft, aber nicht hinausschauen in die Diözese oder Weltkirche. Und wenn schon schauen, dann nicht analysieren. Und wenn schon analysieren, dann nur im Freundeskreis. Nicht auffallen! Noch nie wurde ein Pfarrer vom Bischof bedroht oder abgesetzt, weil er zuwenig getan hat, weil er nicht unter die Menschen ging oder weil seine Christengemeinde schmolz wie der Schnee in der Frühlingssonne. Aber analysieren, reden oder gar schreiben, das kann gefährlich werden.

Dabei möchte ich über Mitbrüder keineswegs urteilen. Es gibt Freunde, die theologisch fundierter und wesentlich radikaler formulieren, die sich jedoch nie an die Schreibmaschine setzen würden. - Aus Gründen, die zu beurteilen mir nicht zusteht.

Ein freimütiges Geständnis: Auch ich hatte Zweifel. Bis nach einer Pfarrgemeinderatssitzung, die äußerst konstruktiv verlief und in ein gemütliches Beisammensein bei einem Heurigen mündete. Bei der Autofahrt zwischen Pfarrhof und Heurigenlokal schwirrt es durch meinen Kopf: Bei uns ist Friede, das Gemeindeleben harmonisch, schau auf die Pfarre, bau dir hier etwas auf, Bischof und Papst sind weit, was geht dich die Weltkirche an, du kannst eh nichts ändern, leb´dein Leben, bleib so, wie du bist.

Im Heurigenlokal ist dann die Idylle rasch zerstört. Ein Ehepaar aus einer Nachbarpfarre setzt sich zu mir, um über das eigene Leben zu sprechen. Viel später danke ich Gott dafür, daß Menschen, wenn sie einen Pfarrer sehen, immer noch eine gedankliche Verbindung herstellen zu Jesus, Kirche und ihrem Leben.

Vor langer Zeit geschieden und wiederverheiratet. Das war ihr Problem. Als Paten seien sie rausgeworfen worden, den Kirchenbeitrag dürften sie freilich zahlen, selbst wenn sie fünfmal geschieden wären. Als letztklassig eingestufte Christen fühlen sie sich, Bitterkeit und Traurigkeit spricht aus ihnen. Zwar würden manche Pfarrer „so sein, wie es Jesus an ihrer Stelle auch wäre“, aber das würde zunichtegemacht von der starren und auf Einzelschicksale keinerlei Rücksicht nehmenden Kirchenführung, „wie man´s im Fernsehen sieht.“

Das Gespräch kostet Nachtstunden, vertieft jedoch die Erkenntnis: Es genügt nicht, in der Pfarre hochaktiv zu sein, Marterl zu renovieren und eine neue Hütte für die Jungschar-Bergwoche zu suchen. Die Kirche insgesamt muß neue Wege gehen: auf Jesus schauend, den Menschen zuliebe.

Dieses Buch basiert auf meinen Eindrücken als Landpfarrer, der als Seelsorger Freude am Wirken in der Gemeinde und als Redakteur die Pflicht zum Blick in die Welt hat. Nicht nur das „Leben heute“ ruft nach Erneuerung der Kirche, genauso stark das Evangelium und das Erkennen, was im Lauf der Kirchengeschichte falsch gelaufen ist. Unzählige Menschen haben den Eindruck, die Kirche trotte rechts, wo Jesus links ging.

Muß man aber deswegen ein Buch schreiben? Wäre es nicht besser, sich allein auf Gebet und Geduld zu verlassen? Sind nicht Gehorsam und Demut die einem Priester am meisten entsprechenden Tugenden?

Pater Maximilian Kolbe, der als „Märtyrer von Auschwitz“ in die Kirchengeschichte eingegangene polnische Minorit, kann hier als unverfänglicher Gegenzeuge angeführt werden. Der von Papst Johannes Paul II. Heiliggesprochene, in dessen Schrifttum

„Gehorsam" einen weiten Raum einnimmt, hat nach der Visitation seines Klosters einen jungen Mönch zu sich zitiert, weil er als einziger es gewagt hatte, Zustände im Haus zu kritisieren. Doch anstelle einer Strafpredigt kam die Ernennung des Bruders Hieronymus Wierzba zum Privatsekretär. P. Kolbe wollte jemanden in seiner Nähe wissen, der sich getraute, ungeschminkt die Wahrheit zu sagen: „Hunde, die nicht bellen, taugen zu nichts!"

Kollaps der Kirche? Einzelner Werke, ja! Aber Zusammenbruch der Kirche? Jesus hat doch gesagt: „Die Mächte der Unterwelt werden sie nicht überwältigen" (Mt 16,18). Als große Religion wird sie auch in hundert Jahren existieren. Die Frage ist nur: wo und wie?

Die Geschichte zeigt: Die Kirche ganzer Länder, ja halber Erdteile ist schon ausgelöscht worden. Falsche Sicherheit ist fehl am Platz. Die Kirche mußte oft erfahren, daß es auch für sie ein „Zu spät" geben kann. Die von Gorbatschow in Worte gekleidete Weisheit „Wer zu spät kommt, den bestraft das Leben!" sollte ausgerechnet hier eine Ausnahme erfahren? Skeptisch war selbst Jesus: „Wird der Menschensohn, wenn er kommt, auf der Erde noch Glauben vorfinden" (Lk 18,8).

Ziel des Buches ist es aufzuzeigen, warum der Kirche ein Kollaps droht bzw. sie schon mitten drin ist. Die Situation von heute ist das Produkt einer jahrhundertelangen Entwicklung, daher wird der Kirchengeschichte breiter Raum gegeben, aber auch dem Evangelium. Der Blick auf Jesus zeigt, daß vieles in der Kirche anders hätte kommen können, ja müssen. Grundübel der Kirche ist deren nach der Konstantinischen Wende (313) einsetzende „Verstaatlichung". Das führte zu quasistaatlichen Strukturen, zur Abschaffung innerkirchlicher Demokratie, zu einer immer stärkeren Zentralisierung, zur Bildung eines Kirchenstaates, zu Heiligen Kriegen, Inquisition, Folter und Mord. Die Ehe zwischen Mutter Kirche und Vater Staat brachte Abhängigkeit und Starrheit. In Verteidigung totalitärer Herrschaftssysteme bekämpfte die Kirche grundlegende Menschenrechte - z.B. das Recht auf Religionsfreiheit - bis in unsere Zeit. Blind geworden für vieles, was Jesus wesentlich erschien, entwickelte die Kirche eine haarsträubende Sexualethik und ein Bild von der Frau, das allein kirchenfeindlichen Kabarettisten heute noch Freude bereiten kann. Und führte bei sich selbst ein, was Jesus ausdrücklich verboten hatte (Eid, Titel, Ordensverleihungen).

Im Zweiten Vatikanischen Konzil wurden Ansätze zu einer Kirchenreform sichtbar. Dieses zarte Pflänzchen droht beim derzeit von oben verordneten Kirchenkurs zu verdorren, ehe es sich halbwegs entwickeln konnte. Konservative Führungsmitglieder jener Glaubensgemeinschaft, die mit „Bekehre Dich!" in die Welt gezogen ist, finden nichts schlimmer als den Gedanken an eine fundamentale Umkehr. Dabei steht in vielen Belangen und zahlreichen Ländern für die katholische Kirche die Uhr gar nicht auf fünf vor zwölf, sondern eher schon auf ein Viertel danach.

Was dieses Buch will

Papst Johannes Paul II. hat im Juni 1994 die Idee eines kirchlichen Schuldbekenntnisses ventiliert. Im Jahr 2000 sollten die von der Kirche in der Vergangenheit begangenen Fehler und Sünden eingestanden werden - als ein guter Start für einen Neubeginn im 3. Jahrtausend.

Die Kardinäle standen diesem Vorhaben höchst skeptisch gegenüber. Unter anderem wurde das Argument vorgebracht, Historikerkommissionen würden Untersuchungen über das Fehlverhalten in der Vergangenheit gar nicht mehr rechtzeitig vor dem Jahr 2000 auf den Tisch legen können.

Das vorliegende Buch versucht, diesem Bedenken jeden Wind aus den Segeln zu nehmen. Um das Ärgste in Erfahrung zu bringen und dann um Entschuldigung zu bitten, bedarf es keiner jahrzehntelangen Recherchen...

In den Darlegungen des Verhältnisses der Kirche zu Macht und Moral muß notgedrungen der Geschichte breiter Raum zugestanden werden. Das Heute einer 2000 Jahre alten Institution ist ohne Analyse der historischen Entwicklung nicht erklärbar und die aktuelle Kritik ist ohne Blick auf Jesus und seine Botschaft nicht zu verstehen. Gerade im Ausblenden der Geschichte liegt die Erbsünde der Ultrarechten in der Kirche. Sie wollen die heutige Situation der Kirche (oder für sie noch besser: jene am Ende der 50er Jahre) unter allen Umständen einzementieren. Sie wollen weismachen, sie müßten 2000 Jahre lang Konserviertes bis in alle Ewigkeit prolongieren, Veränderungen und Verfälschungen der Jahrhunderte werden nicht zur Kenntnis genommen.

In Wirklichkeit will der „radikale Linke" mit seinem Zurück zum historischen Jesus die Werte seiner Botschaft „bewahren".

Wer sich mit der Kirchengeschichte eingehend beschäftigt, merkt rasch, wie sehr sie noch fortwirkt. Zwar sind heute manche amtskirchlichen Formulierungen leichter lesbar und weniger aufreizend als früher, die dahintersteckenden Grundsätze sind jedoch vielfach die gleichen geblieben - egal, ob Macht oder Moral ins Blickfeld kommt. Und oft, wo Änderungen zum Humaneren eingetreten sind, geschah dies erst nach massivem außerkirchlichen Druck.

Immer noch wird die Idee innerkirchlicher Demokratie heftigst bekämpft. Immer noch wird von oben herab regiert, wird das Volk ausgeschaltet und können Denunzierung, Bedrohung, Absetzung und Erpressung ungestraft praktiziert werden. Immer noch gilt Sexualität als dämonisch und wird die Würde der Frau mit Füßen getreten...

Dennoch ist die Kirche für Millionen Menschen Heimat und Geborgenheit. Doch das Bleiben in der Kirche und die Liebe zu ihr wird nicht von denen gefördert, die ständig neue kirchliche Weisungen propagieren. Sondern meistens gerade von jenen Seelsorgern und Seelsorgerinnen an der Basis, die eben solche Weisungen geheimhalten oder uminterpretieren.

In der Tauffeier versprechen Eltern und Paten für ihre Kinder im wesentlichen das, was im Apostolischen Glaubensbekenntnis steht. Von Pillenverbot bis hin zu Uterusoperationen ist da keine Rede. Noch nie ist von Eltern als Vorbedingung für die Eingliederung ihrer Kinder in die Kirche verlangt worden, dem Kirchenrecht und allen Moralenzykliken zuzustimmen. Kann man später einen Katholiken legitimerweise auf alle römischen Einzelerlässe verpflichten?

Wenn ja, dann muß man dies ehrlicherweise vor der Taufe den Eltern sagen. Dann wird das Taufen von Babys schnell ein Ende finden. Die Eltern werden es ihren Kindern freistellen, sich als Erwachsene selbst zu entscheiden.

Wenn in Österreich ein Großteil der kirchlich Fernstehenden ihre Kinder zur Taufe bringt, beeindruckt sie die Orthopraxie der Basis wesentlich stärker als die Orthodoxie der Lehrdokumente. Was ganz im Sinne Jesu ist. Er forderte, das Licht vor den Menschen leuchten zu lassen, „damit sie eure guten Werke sehen und euren Vater im Himmel preisen" (Mt 5,16). Zu diesem Licht gehören: Religionsunterricht; Kinder-, Jugend- und Seniorenbegleitung; Krankenbesuche; jede Form caritativer Tätigkeit für Kranke, Behinderte, Entrechtete, Unterdrückte und Sterbende; der Einsatz für Obdachlose, Strafentlassene, Straßenkinder.

Eine Mutter Teresa von Kalkutta, ein Pater Sporschill in Bukarest, ein Abbé Pierre mit seinen Emmausgemeinschaften, eine krebskranke Hoffnungsspenderin wie Karin Leiter, ein Caritas-Präsident Ungar oder Schüller, ein Frère Roger Schutz und zahlreiche namenlose „Orthopraktikanten" der Basis beeindrucken positiv und lassen gern und froh in der Kirche leben. Viele Kirchenführer und ihre Predigten und Briefe tun das nicht, sie werden eher in Geduld ertragen...

Es gab eine Zeit, in der kirchliche Entscheidungen ersehnt und später bejubelt wurden. Das erste Konzil der Apostel brachte Befreiung von (jüdischen) Lasten und keine Neuaufbürdungen. Die Christen empfanden daraufhin „Freude über die Ermutigung" (Apg 15,31). Ähnliches könnte die Kirche heute bieten. Sie könnte das „Wort Gottes so aussprechen, daß sich die Welt darunter verändert und erneuert." Das könnte „vielleicht eine ganz unreligiöse Sprache sein, aber befreiend und erlösend, wie die Sprache Jesu, daß sich die Menschen über sie entsetzen und doch von ihrer Gewalt überwunden werden, die Sprache einer neuen Gerechtigkeit in Wahrheit, die Sprache, die den Frieden Gottes mit den Menschen, das Nahen seines Reiches verkündigt." (Vision des 1945 im KZ ermordeten evangelischen Theologen Dietrich Bonhoeffer.)

Das Wort einer glaubwürdigen Kirche wäre heute sehr vonnöten: zum Leben, zur Bewahrung der Schöpfung, zu Gentechnik, zur Ausbeutung ganzer Kontinente, zur Abschottung gegen Flüchtlinge, zu Nationalismen jeder Art, zum Helfen und Teilen. Einsamkeit, Drogenabhängigkeit, Krankheiten wie Aids oder Krebs, Alkohol, Obdach- und Arbeitslosigkeit und vieles andere mehr sind die wahren Probleme der Menschen. Hier wird Hilfe von der Kirche erwartet, Ratschläge punkto Uterusoperationen braucht niemand.

Dem Wahn, alles sei machbar, muß die Kirche den Schwachen und der Wahrheit zuliebe entgegentreten. Nicht Phrasen à la Parteijargon sind gefragt, sondern realitätsbezogene Worte. Wobei für die Kirche selbstverständlich Jesus und die Menschen von heute gleichermaßen zur „Realität" gehören... Nicht Tiefschlaf, sondern „vollständige Erneuerung" (2 Kor 13,9) ist für die Kirche am Ende des zweiten Jahrtausends angesagt. Menschenwort und Gottes Weisung müssen in ihr erkannt und deutlich auseinandergehalten werden, wobei klar ist, wem der Vorzug gegeben werden muß (Mk 7,8 ff). Es darf nicht das Denken Platz greifen: „Der Herr kommt noch lange nicht zurück" (Lk 12,45). Das „Seid wachsam!" machte einst auch einen Petrus stutzig (Lk 12,41), macht es heute noch unruhig?

Auch für die Entscheidungsträger in der Kirche gilt: „Wem viel gegeben, von dem wird viel verlangt" (Lk 12,48).

Die Kirche darf sich des Jesus von Nazareth und seiner Worte nicht schämen (Mk 8,38). Wo sie nicht „Salz der Erde" ist, wird sie von den Menschen „weggeworfen" (Lk 14,35). Für weltliche Machthaber darf sie beten (1 Tim 2,2), sich ihnen jedoch nicht angleichen. Als Gebot Jesu muß sie den Auftrag verstehen: „Liebt einander, wie ich euch geliebt habe" (Joh 15,12).

Vor Jesus bestehen kann letztlich nur, wer Gutes tut. Beim „Weltgericht" wird von Jesus nicht der Menschen Einstellung zur Empfängnisverhütung oder zum Primat des Papstes erfragt. Ihn interessiert, ob wir Hungrigen, Durstigen, Nackten, Kranken, Obdachlosen und Sträflingen beigestanden sind (Mt 25,31ff).

Angesichts der Jahrtausendwende ist Umkehr angesagt. Nur das Wesentliche darf behalten werden. Die Kirche muß die Zeichen der Zeit erkennen. Sie darf nicht rechts gehen, wo Jesus links geht. Tut sie es dennoch, schadet sie nicht nur sich selbst, sondern auch der Gesellschaft. Eine basisdemokratische Kirche inmitten totalitärer Strukturen war in den ersten Jahrhunderten ein Hoffnungsträger für die Welt, eine dem Totalitarismus zugeneigte Kirche inmitten eines von Mitbestimmung und Mitverantwortung geprägten Europa ist es nicht.

Das Zeichen der Zeit schlechthin ist für die Kirche in Europa ihre Befreiung von einem mehr als eineinhalbtausendjährigen staatlichen Joch. Noch nie war Kirche in Österreich, Deutschland, Polen etc. so unabhängig von der Staatsmacht wie nach dem Zusammenbruch der nationalistischen und kommunistischen Regime in den Jahren 1945 bzw. 1989/1990.

Eine Wende nach der Konstantinischen Wende ist fällig und endlich möglich. Sie ist die große Chance am Ende unseres Jahrtausends.

Wer das erkennt, steht auf.

Wer aufsteht, bezeugt den Auferstandenen.

Teil 1

Kirche am Ende

oder

Das Hoffen auf das Kommen des Heiligen Geistes

Welt und Kirche vor der Jahrtausendwende

Wie sieht die Welt 2.000 Jahre nach der Geburt dessen aus, der gekommen ist, um Armen die frohe Botschaft zu bringen? Quillt sie über von Vertrauen zum Vater im Himmel, von Liebe zu Schwester und Bruder? In 45 Ländern der Erde ist die Ernährungslage schlecht oder kritisch. Es herrscht dort Hunger, vor allem in afrikanischen Staaten südlich der Sahara. Das irritiert Zeitungsleser bei uns freilich weniger als die Meldung:"Jeder 20. Deutsche lebt von Sozialhilfe!" Dabei geht es den Deutschen noch blendend. Hilfsorganisationen gehen davon aus, daß in Großbritannien jedes vierte Kind in Armut lebt. Im Riesenreich Rußland leben 30 Prozent unter dem Existenzminimum, das sind 53 Millionen. In Jelzins Herrschaftsbereich verwenden zwei Drittel der Bevölkerung ihr gesamtes Einkommen für Haushalt und Ernährung; neue Kleider, Möbel oder Urlaub sind nicht drin. Die Inflation von über 3.000 Prozent hat 1992/1993 fast alle Sparguthaben vernichtet. Nicht anders zu erwarten nach 70 Jahren Kommunismus, denkt manch überzeugter Westler beinahe schadenfroh.

Doch die kapitalistische Führungsmacht USA hat kaum Grund zum Jubel. Die Zahl der Empfänger von Essensmarken aus dem Anti-Hunger-Programm hat einen neuen Rekord erreicht. Mit über 27 Millionen US-Amerikanern hat zur Jahreswende 1993/1994 jeder zehnte US-Bürger diese Form der Armenhilfe bekommen. Die Unterstützung beträgt monatlich höchstens 4.600 Schilling für eine vierköpfige Familie - also 1.150 Schilling pro Mund. „IN GOD WE TRUST" hat Eingang gefunden in die Gestaltung der Ein-Dollar-Note, jedoch wenig in die Sozialgesetzgebung jener Supermacht, deren Politiker vor Wahlen ihre Reden gern mit „God bless you all!" zu beenden pflegen.

Von Indien und Bangladesh oder gar von Südamerika, das sich seit seiner „Entdeckung" durch die Europäer zum größten katholischen Kontinent entwickelt hat, soll an dieser Stelle gar nicht die Rede sein. Viel Armut ist hausgemacht, Ergebnis einer falschen Weltwirtschaftsordnung, Folge von Sünde. Der Große wird immer mächtiger, der Kleine immer ärmer. Der Kleinbauer in Ecuador kann ebenso wie sein Kollege in Österreich die historische und soziale Dimension von Sünde bezeugen. Die riesigen Farmen und Plantagen in Nord- und Südamerika können viel billiger produzieren als unsere Zwerg-Landwirtschaften. Nur, die Vorfahren unserer Bauern haben jeden Hektar Grund ehrlich erworben, erarbeitet. Auf der anderen Seite des Atlantiks wurden vor Generationen die ursprünglichen Besitzer ermordet oder vertrieben. Die Indianer sind heute in Amerika überall Knechte im eigenen Haus. Amerikas Riesenfarmen sind einst ohne oder fast ohne Geld an ihre Besitzer gekommen. Dieses Unrecht rächt sich. Die in Übersee begangenen Schandtaten des „alten christlichen Europa" helfen mit, die ohnehin wirtschaftlich Benachteiligten im heutigen Europa noch mehr in den Würgegriff zu nehmen.

Das ist nur ein Beispiel, es zeigt aber klar: die Sünde gibt es, der Erlösung bedarf es.

Wie geht es der Kirche 2.000 Jahre nach der Geburt ihres Stifters? Schreit die Welt nach ihrer Botschaft des Teilens?

Aufgrund der Austrittszahlen der Jahre davor prognostizierten die Demographen Wolfgang Lutz und Christopher Prinz vom Internationalen Institut für Angewandte Systemanalysen in Laxenburg im Jahr 1990 einen kräftigen Aderlaß für Österreichs katholische Kirche. Unter Berücksichtigung der Mechanismen der Bevölkerungsentwicklung wurden drei Modellrechnungen erstellt, die ahnen lassen, wie es im Jahr 2045 sein kann.

Annahme eins: Die Austrittsrate bleibt konstant bei 0,5 Prozent. Mit sinkender Gesamtzahl der Katholiken nimmt daher auch die Zahl der Austritte ab. Optimistisches Ergebnis: Im Jahr 2045 sind noch zwei von drei Österreichern katholisch.

Annahme zwei: Bis zum Jahr 2000 steigt die Austrittsrate, dann bleibt sie jedoch konstant. Aufgrund dieser Annahme wären in 50 Jahren von 100 Österreichern noch 32 katholisch, 68 jedoch nicht (mehr).

Annahme drei: Wenn sich die Entwicklung der letzten Jahrzehnte fortsetzt und sich die Austrittszahlen im Zehnjahresrhythmus verdoppeln, dann schaut es düster aus. Nur noch 4(!) Prozent sind dann in 50 Jahren katholisch.

Die Autoren der Studie wollten nicht Propheten spielen, sondern aufzeigen, „was passiert, wenn nichts passiert". Die Reaktionen der Kirchenführung ließen jedoch erkennen, daß nichts passieren wird. Zwar wurden von ihr „offene Augen für die komplexe Situation" gefordert, im wesentlichen gingen die Schuldzuweisungen jedoch Richtung Wohlstandsgesellschaft und Eltern, die den Glauben mangelhaft weitergäben. Der Vorarlberger Bischof Küng zeigte sich überzeugt, daß die schlimmste Variante nicht eintreten werde, Wellenbewegungen habe es in der Geschichte immer wieder gegeben. Allerdings übersieht er dabei, daß das letzte ähnliche Wellental für den Katholizismus im 16. Jahrhundert nur mittels massiver staatlicher Gewalt gegen alles Nichtkatholische überwunden werden konnte. Ähnliches kommt - Gott sei Dank - nicht wieder.

Im wiedervereinigten Deutschland zählt derzeit die evangelische Kirche 29 Millionen Mitglieder und die katholische etwa 28 Millionen. Jeder vierte Deutsche ist konfessionslos. In Summe: 20 Millionen „Neuheiden".

In Frankreich, das durch Jahrhunderte das volkreichste katholische Land der Erde war, ist in den letzten acht Jahren die Zahl der Religionslosen von 15,5 auf 23 Prozent gestiegen, die Zahl der Katholiken von 81 auf 67 Prozent gefallen. Mit Blick auf Moral fanden bei einer Umfrage 89 Prozent der Franzosen Religion als unbrauchbar, wenn man ein ethisch verantwortetes Leben führen wolle.

Die Mehrheit der tschechischen Bevölkerung ist ohne Religion. Bei der Volkszählung 1992 bekannten sich von den 10,3 Millionen Bürgern Tschechiens etwa 4 Millionen zur katholischen Kirche. Der Bruch der tschechischen Seele mit Rom wurzelt in der Verbrennung des Reformators Jan Hus beim Konzil von Konstanz im Jahr 1415.

Am Ende des zweiten Jahrtausends leben nach offiziellen Angaben nirgendwo so viele Katholiken wie in Brasilien, das 146

Millionen Einwohner zählt, von denen 90 Prozent „röm.-kath."
sein sollen. In Wirklichkeit zeigt sich dort das wahre Ausmaß
des kirchlichen Kollaps: Nach Schätzungen sind noch etwa 20
Prozent katholisch, ebensoviele gehören Sekten an. Der Brasi-
lianische Kirchenrat ging 1990 davon aus, daß jeder dritte Brasi-
lianer bereits Sekten-Mitglied ist. Sao Paulo zählt etwa 10 Millionen Einwohner, im Ballungsraum leben weitere 5 Millionen.
In der dortigen Fatima-Pfarre leben etwa 50.000 Menschen, ganz
genau weiß das niemand. Ein einziger Priester steht zur Verfügung, dem Laien u.a. als Wortgottesdienstleiter helfen. Die Pfarre ist in vier Viertel unterteilt, jedes besitzt eine Kapelle. In einem einzigen Viertel stehen acht Sektenkirchen. Die Sekten haben sonntags mehr Leute im Gottesdienst als die Katholiken.

Behindert wird die katholische Kirche in Lateinamerika durch
den extremen Priestermangel, aber auch durch die Reichen, denen das soziale Engagement der „Großkirche" so gar nicht in den
Kram paßt und die daher auf das Jenseits vertröstende Sekten
tatkräftig unterstützen. Wenn dann noch von Rom Bischöfe eingesetzt werden, denen sozial engagierte Priester als Krypto-
kommunisten erscheinen, ist die Katastrophe perfekt.

Anfang 1994 weilte der seit 1982 in Ecuador tätige nieder-
österreichische Pfarrer Herbert Leuthner auf Heimatbesuch. Seine Analyse der wirtschaftlichen und kirchlichen Situation Südamerikas war ernüchternd, ja erschreckend. Die vor beinahe 500
Jahren von Bischof Bartolomé de las Casas, dem „Verteidiger
der Indios", aufgezeigten Probleme seien immer noch ungelöst.
Die Campesinos hätten keine Chance. Die Baumwollwirtschaft,
das Rückgrat der Landwirtschaft, sei zusammengebrochen. Die
Kleinbauern könnten mit den Weltmarktpreisen nicht konkurrie-
ren. Wer sich in Ecuador für soziale Marktwirtschaft ausspreche,
werde als Kommunist verschrien.

Doch nicht nur die Wirtschaft, auch die Kirche stehe in Südamerika vor dem Zusammenbruch. Leuthner am 3. April 1994 in
der jedem linken Gedankengut abholden Wiener Kirchenzeitung: „Man nimmt heute an, daß im Jahr 2005 die fundamentalistischen Sekten die Oberhand im katholischen Kontinent ha-

ben werden." Zwei Monate nach seiner Rückkehr nach Ecuador schilderte Pfarrer Leuthner erneut die Problematik: „Genau in der Karwoche begann in Pedro Carbo eine Sekte mit einer Serie von Großveranstaltungen zum ‚Jahr der Familie' mit vielen Werbemitteln wie Schokolade, Werbeprämien und Musik. Es fängt ganz harmlos an, aber langsam werden die fundamentalistischen Ideen vom nahen Ende der Welt infiltriert und die katholische Kirche als Hure von Babylon gebrandmarkt. Und viele, auch gute Mitglieder unserer Gemeinde, verkaufen sich um ein paar Zuckerln. Natürlich kann man denken: kein Wunder, wenn man Hunger hat.

Auch das ist Kreuz: Diese Monate vor der nächsten Ernte gibt es viele, vor allem Campesinos in den Dörfern, die nicht wissen, was sie essen sollen. Eine Reihe guter Mitarbeiter in den Dörfern hat bereits den Weg in die Suburbios von Guayaquil angetreten. Zwei dörfliche Teilgemeinden haben wir bereits verloren, da alle Mitglieder abgewandert sind, andere sind in Gefahr.

Nach staatlicher Statistik gibt es 10 Prozent Arbeitslose, aber über 60 Prozent Unterbeschäftigte. Dazu gehört das Heer unserer Campesinos, die ja nur Gelegenheitsarbeiten kennen. Die Folgen: Unsicherheit, Kriminalität. Ich könnte wieder neue Mord- und Schauergeschichten aus den letzten Wochen beschreiben, aber ihr werdet ja täglich mit Geschichten aus Bosnien bis Ruanda ‚verwöhnt', so möchte ich euch das ersparen. Sprechen wir nicht nur vom Kreuz, sondern auch von der Auferstehung. Wir spüren sie nicht nur in den Kirchen, auch im täglichen Leben. Gestern kam ein kolumbianischer Priester zu uns, der den Campesinos ein Modell vorstellte, wie Kleinlandwirtschaften mit 2 bis 5 Hektar Grund heute überleben können - ohne Einsatz von teuren Chemikalien, die die Erde vergiften, und ohne sich vom Zwischenhandel ausbeuten zu lassen. Der 70jährige Pater macht einen sehr spirituellen Eindruck. Er hat unseren Leuten neue Hoffnung gegeben. Vor dem Winter sahen viele die letzte Hoffnung darin, möglichst viele Bäume zu fällen, um die Mißernte auszugleichen. Noch nie wurde soviel Holz geschlägert wie im Vorjahr. Unser Nachbarkanton ist bereits Halbwüste.

Die fundamentalistischen Sekten haben es da viel leichter. Sie predigen einem Volk, das zu viel betrogen worden ist, das keinem traut und kaum Hoffnung auf bessere Zustände haben kann, daß diese Welt bereits verloren ist, daß Christus sehr bald kommt. Rette sich, wer kann - und das in einer sehr individualistischen Art.

Wir Katholiken, die wir natürlich an die Wiederkunft des Auferstandenen glauben, verkünden, daß wir zuerst in Christus und durch ihn und mit ihm diese Welt in das Reich Gottes umzuformen den Auftrag haben. Das setzt einen viel tieferen Glauben voraus."

Rom ist weit und hat kaum Verständnis für die Situation in Südamerika. Die „Ewige Stadt", in der es von Klerikern nur so wimmelt, kann sich den Priestermangel, die Sektengefahr und die materielle Not in Lateinamerika nur schwer vorstellen. „Befreiungstheologen" werden gemaßregelt, Opus-Dei-Bischöfe zur „Beruhigung" neu eingesetzt.

Der kirchliche Kollaps ist unübersehbar.

Zölibat und Homosexualität

Der Zölibat ist und bleibt ein heiß diskutiertes Thema. Das erwies sich 1991, als eine „Club 2"-Diskussion über dieses Thema 354.000 Österreicher zu später Stunde vor den TV-Geräten versammelte. Nur eine einzige „Club 2"-Runde dieses Jahres konnte mehr Zuseher registrieren.

Der Zölibat ist ein Problem der Weltkirche, vieler Gemeinden und nicht weniger Priester. Der Pflichtzölibat ist in Brasilien mit schuld an der Sektenexplosion. Der 75jährige Bischof Adriano Hypolito glaubt, daß bei einem Festhalten am Zölibat der Sektenentfaltung in seiner Heimat nicht standgehalten werden kann. Er sieht in diesem Kirchengebot auch „etwas Ideologisches": „Die Kirche schreibt den Sonntagsmeßbesuch vor. Sie muß deshalb den Besuch auch ermöglichen, um nicht den Sekten das Feld zu überlassen!" Fazit: „Wo die zölibatären Priester nicht ausreichen, muß man andere dazunehmen." Als Argumentationshilfe hatte der Bischof dem Papst bei seinem letzten Rom-Besuch einen Stadtplan seiner Bischofsstadt Nova Iguacu vorgelegt. Auf dem Gebiet der Dompfarre bestanden 1985 neben acht katholischen Einrichtungen 60 Zentren anderer religiöser Gemeinschaften. In einer zweiten Pfarre war das Verhältnis 11 zu 205. Dieselbe Karte auf dem Stand von 1990 zeigte für die Dompfarre die Relation 9 katholische zu 90 anderen religiösen Zentren, für die zweite Gemeinde 18 zu mehr als 300. Selbst der Papst sei bei diesen Zahlen nachdenklich geworden: „Und das im größten katholischen Land der Welt" (Kathpress-Info, 12.12.1993).

Die Gläubigen in Mitteleuropa sind weitaus besser mit Priestern „versorgt", dennoch sind viele Gemeinden ohne eigenen Pfarrer, und die Losung wird unter engagierten Katholiken lauter: „Die Gemeinde ist wichtiger als der Zölibat!"

Wenig Berücksichtigung in der Diskussion findet der Gewissenskonflikt, in dem sich zahlreiche Priester befinden, die eine Frau schätzen und lieben gelernt haben. Viele verheimlichen diese Beziehung, da sie den Schritt zur Aufgabe ihres

Priesteramtes nicht vollziehen wollen oder können. Manche wissen nicht, wie sie dann weiterleben sollen, schließlich kommt man mit dem Studium der katholischen Theologie ja nur in der katholischen Kirche unter, „Schwarzarbeit" ist unmöglich. Im Gegensatz zu Paul VI. gewährt Johannes Paul II. jedoch kaum mehr Laisierungen, sodaß Weiterverwendung in der Kirche praktisch ausgeschlossen ist. Andere „Priester mit Beziehung" wollen das Priesteramt nicht aufgeben, weil sie sich in ihrem Leben nie zu etwas anderem berufen gefühlt haben.

Hiemit erhebt sich die Frage: Darf Gott Menschen zu Ehe und Priestertum gleichzeitig berufen? In den ersten Jahrhunderten gestand die Kirche ihm dieses Recht zu, aber darf er es auch noch, wenn die kirchliche Führung andere Weisungen erteilt hat?

Wieweit muß sich Gottes Geist den jeweiligen Dekreten, Enzykliken und Apostolischen Briefen unterordnen? Darf Gott nur solche Menschen in das Priesteramt berufen, die von seiner Schöpfungsordnung, in der Frau und Mann einander ergänzend zugeordnet sind, nichts halten?

Der Pflichtzölibat wirft mehr theologische Probleme auf, als er löst.

Auf die Ehelosigkeit kam Jesus nicht zu sprechen, als er den Aposteln den Charakter ihrer Berufung darlegen wollte, sondern eher zufällig. Jesus machte aufsässigen Pharisäern klar, daß ein Mann seine Frau keineswegs aus jedem beliebigen Grund entlassen dürfe. Das beeindruckte die Jünger tief, und sie meinten, wenn das die Stellung des Mannes in der Ehe sei, wäre es wohl besser, überhaupt nicht zu heiraten. Daraufhin redete Jesus zu ihnen über das Nicht-Heiraten: „Manche sind von Geburt an zur Ehe unfähig, manche sind von den Menschen dazu gemacht, und manche haben sich selbst dazu gemacht - um des Himmelreiches willen" (Mt 19,12).

Im ersten Korintherbrief rechnet Paulus mit der nahe bevorstehenden Wiederkehr des Herrn. Dennoch zeigt er sich der Ehe gegenüber nicht ablehnend: „Ich wünschte, alle Menschen wären unverheiratet wie ich. Doch jeder hat seine Gnadengabe von Gott, der eine so, der andere so" (1 Kor 7,7). Paulus hat Achtung vor der Person des einzelnen und vor Gottes Berufung: „Jeder soll leben, wie der Herr es ihm zugemessen, wie Gottes Ruf ihn getroffen hat" (1 Kor 7,17). Zur Möglichkeit des Zölibats stellt er fest: „Was die Frage der Ehelosigkeit angeht, so habe ich kein Gebot vom Herrn. Ich gebe euch nur einen Rat...Ich meine, es ist gut wegen der bevorstehenden Not... Bist du an eine Frau gebunden, suche dich nicht zu lösen. Bist du ohne Frau, dann suche keine. Heiratest du aber, so sündigst du nicht, und heiratet eine Jungfrau, so sündigt sie auch nicht. Freilich werden solche Leute irdischen Nöten nicht entgehen. Ich aber möchte sie euch ersparen. Denn ich sage euch: die Zeit ist kurz...Ich wünschte, ihr wäret ohne Sorgen" (1 Kor 7,25 ff).

Bischöfe und Priester der nachapostolischen Zeit waren durchwegs verheiratet. Erst im 3. Jahrhundert tauchen die aus der Sekte des Montanismus kommenden Ideen auf, daß das Gebet zölibatärer Menschen eine größere Wirksamkeit besäße und der Umgang mit den christlichen Mysterien besonderer Reinheit bedürfte (H II,1,287).

Zölibatsverfechter verweisen häufig auf die um 306 stattgefundene Synode von Elvira (Spanien), die ihren Priestern eine Zölibatsverpflichtung auferlegt hat (H II,1,288). Dies ist über den lokalen Rahmen hinaus jedoch genauso unwirksam geblieben wie eine andere Bestimmung dieser Versammlung: „Bilder sind in der Kirche verboten! Es soll nicht auf den Wänden dargestellt werden, was verehrt und angebetet wird" (H I,325). Das Konzil von Nikaia hat 325 einen Antrag auf Zölibatsverpflichtung nicht angenommen. Fünfzehn Jahre später hat die Synode von Gangra Gläubige scharf gerügt, die sich weigerten, an der Eucharistiefeier eines verheirateten Priesters teilzunehmen. Die Kanones des Hippolyt wenden sich dagegen, daß ein Presbyter, dem ein Kind geboren wird, abgesetzt werde, und die Apostolischen Kanones verbieten dem Bischof, Priester und Diakon, ihre Frau „unter dem Vorwand der Frömmigkeit" zu entlassen. Erst unter Kaiser Justinian (†565) wurde es im Osten untersagt, einen Bischof zu weihen, der Kinder oder Enkelkinder habe, denen er unter Umständen Kirchengut zuspielen könnte. Im Westen wurde unter maßgeblicher Führung Roms ab dem Ende des 4. Jahrhunderts die Forderung erhoben, verheiratete Kleriker der höheren Weihegrade seien zur Enthaltsamkeit verpflichtet. Erstes diesbezügliches Dokument ist ein Schreiben des Papstes Damasus (366-384). Das Vorbild des Paulus und der alttestamentlichen Priester verpflichte die Diener Gottes, sich stets „rein" zu bewahren, da sie jeden Augenblick zur Sakramentenspendung bereit sein müßten. Der Papst warnte vor der Verletzung der „kultischen Reinheit". Päpstliche Dekrete und synodale Gesetze motivieren ihre Forderung nach geschlechtlicher Enthaltsamkeit mit größerer Verfügbarkeit, mit Vorbildfunktion, jedoch am häufigsten mit der erforderlichen kultischen Reinheit (H II,1,288-290). Die Sexualität wurde als gefährlich und negativ bewertet.

All das änderte jedoch nichts daran, daß sich der Zölibat nur schwer durchsetzen ließ. So kam der gallische Bischof Veranus (†468) auf die Idee, nur noch Mönche zu Priestern zu weihen. Besser es gäbe nur wenige, aber „gute" - d. h. zölibatäre - Priester...(H II,1,291).

Papst Silverius (536-537), der viel politisches Ungemach zu erdulden hatte, war der Sohn des Papstes Hormisdas (514-523) (H II,2,205). Papst Gregor der Große (590-604), der erste Mönch auf dem Stuhl Petri und von der Nachwelt als ideale Führergestalt der Kirche gefeiert, war ein Urenkel des Papstes Felix III. (526-530). Dieser um die Kirche so verdienstvolle Heilige hat für sich den Titel „universalis episcopus" zurückgewiesen und sich „servus servorum dei" genannt (H II,2,207 f).

Die Synode von Konstantinopel verwarf im Jahr 692 scharf den Priesterzölibat (H II,2,213). Damals war die Kirche noch lange nicht in eine „orthodoxe" und eine „katholische" geteilt. Zuvor hatte das 4. Konzil von Toledo im Jahr 633 ein Gelübde vollkommener Keuschheit als besten Schutz des Zölibats gefordert. Interessant ist, daß im 5. und 6. Jahrhundert die Frau des Bischofs „episcopa" genannt wurde, die offenbar in der Verwaltung des Bistums bisweilen eine bedeutende Rolle spielte, etwa indem sie caritative Aufgaben übernahm.

Nach dem Konzil von Tours (567) erschien ein Bischof, der keine episcopa hatte, geradezu als Ausnahme. Das 3. Konzil von Toledo (589) verlangte unbarmherzig, des Konkubinats verdächtigte Priester in ein Kloster einzuweisen und die Frau zugunsten der Armenkassa als Sklavin zu verkaufen. Ob der Wirkungslosigkeit vorausgegangener Maßnahmen verfügte das 9. Konzil von Toledo (655), daß die den Priestern oder Bischöfen nach der Weihe geborenen Kinder nicht erbberechtigt und für alle Zeit Sklaven der Kirche sein sollten. Trotz dieser vor allem in Spanien grassierenden Rigorosität konnte der Niedergang der Kirche auf der iberischen Halbinsel im 7. Jahrhundert nicht aufgehalten werden, dessen Hauptursache nicht im Eheleben von Klerikern, sondern in der totalen Verpolitisierung der Hierarchie zu suchen war (H II,2,230-233).

Nur allzuoft hat man später in der Gesamtkirche wie einst in Spanien geglaubt, die Kirche durch Einschärfung des Zölibats zu erneuern, ohne die wahren Ursachen der „Verstaatlichung" aufzudecken und zu bekämpfen. Machtgenuß als Ausgleich für entgangene sexuelle Freuden?

Daß die drei fränkischen Reformkonzilien von 743 und 744 unter anderem Zölibatsvorschriften erließen, war klar, schließlich waren sie vom Mönchs-Bischof Bonifatius initiiert worden. Absetzungen wagte man jedoch nur gegen Angehörige des niederen Klerus auszusprechen (H III,1,16).

Im 10. Jahrhundert wurde der Kirchenbesitz durch Nichtbefolgung der Zölibatsvorschriften arg geschmälert. Bischöfe, Äbte und Priester versorgten ihre Kinder möglichst mit geistlichem Gut (H III,1,240). Ähnliches prägte das 11. Jahrhundert, wo vor allem in der Lombardei sich eine revolutionäre Volksbewegung gegen den verheirateten Stadtklerus entwickelte und 1057 in einem Aufstand Priester gewaltsam auf den Zölibat verpflichtete. Eine Bischofssynode verdammte zwar diese Bewegung, die sich aber durch eine den Zölibat einfordernde römische Synode des Jahres 1059 bestätigt fühlte (H III,1,420). Des Mönchs-Papstes Gregor VII. erste römische Reformsynode (1074) erneuerte die Zölibatsverpflichtungen, die sich dennoch nur schwer durchsetzen ließen (H III,1,426). In den folgenden Jahrhunderten sollte sich zeigen, daß bis hinauf zu den Päpsten sich viele an diese strengen Vorschriften nicht gebunden fühlten. So hatte Alexander VI., mit dem das Renaissance-Papsttum seinen Höhepunkt erreichte, zahlreiche Kinder (H III,2,661 ff).

Zum Teil wußten die Bischöfe auch, sich Zölibatsvergehen ihrer Priester finanziell zunutze zu machen. So sollen Anfang des 16. Jahrhunderts im Bistum Konstanz jährlich an die 1.500 „Pfaffenkinder" geboren worden sein. Die dafür gezahlten Strafgelder von 6.000 Gulden besserten die Bischofskassa beträchtlich auf (H IV,166).

Im Jahrhundert der Reformation wurde der Zölibat nicht nur von Weltpriestern nicht gehalten, in Klöstern war es auch nicht anders, ganze Stifte starben aus. Das Nichthalten des Zölibats bedeutete jedoch nicht automatisch ein Befürworten Martin Luthers und der Reformation. In Verteidigung der katholischen Lehre wurde der verheiratete isländische Bischof Jon Arason im Jahr 1550 gemeinsam mit seinen beiden Söhnen, die ebenfalls Priester waren, hingerichtet (H IV,319).

In Deutschland lebte um 1650 trotz jahrzehntelanger Gegenreformation der Großteil der Priester noch im Konkubinat. Wenn überhaupt je, dann wurde der Zölibat halbwegs flächendeckend nur in den letzten drei Jahrhunderten des zweiten Jahrtausends von den Priestern ernstgenommen. Doch selbst das ist fraglich. Der verheiratete Wiener Priester Herbert Bartl schätzt, daß heutzutage 70 Prozent der Priester den Zölibat nicht einhalten. Angeblich habe der verstorbene Wiener Weihbischof Florian Kuntner sogar von 90 Prozent gesprochen (Kirche Intern 1994/5).

Abgesehen davon, daß viele junge Männer wegen des Zölibats nicht Priester werden wollen, stellt sich die Frage, ob ein menschliches Gesetz, das keine Anerkennung findet, überhaupt Anspruch auf Gültigkeit erheben darf.

Was spricht heute außer dem katastrophalen Priestermangel für die Aufhebung des Pflichtzölibats der Weltpriester? Die Gefahr, daß durch verheiratete Priester das Kirchengut geschmälert würde, ist im Zeitalter exakter Grundbuchführung zur Gänze gebannt.

Wie steht es mit der „Zeichenhaftigkeit" der priesterlichen Ehelosigkeit heute? Bis zu Beginn des 20. Jahrhunderts gab es für weite Teile der Bevölkerung Heiratsbeschränkungen. Knechten, Mägden und anderen Besitzlosen waren Eheschließungen praktisch verwehrt. Hatten sie dennoch uneheliche Kinder, wurden sie dafür gesellschaftlich bestraft, oft mit Zustimmung der Barmherzigkeit predigenden Kirche. Vielleicht aber war damals der Zölibat so etwas wie ein Zeichen der Solidarität des Klerus mit denen, die den Zölibat leben mußten, ohne daß sie ihn je versprochen hatten?

Heutzutage sind für viele Menschen Ehe und Kind „out". Jeder dritte Deutsche lebt im Single-Haushalt, in Österreich ist es ähnlich. In Zeiten wie diesen ist der „single" lebende Priester weniger ein Zeichen, als es ein verheirateter mit vier Kindern wäre. Im von der UNO und dem Vatikan ausgerufenen „Jahr der Familie" 1994 werden die Bischöfe nicht müde, zu mehr Engagement für Ehe und Familie aufzufordern. Wäre das nicht ein idealer Zeitpunkt, den Zölibat freizustellen? Priester und Bischöfe könnten zu diesem Thema wesentlich glaubwürdiger sprechen, wären sie selbst verheiratet. Ich vermute, dann wären die meisten kleinlauter und bedeutend sanfter in ihren Urteilen.

Freilich wäre damit zu rechnen, daß mancher Kleriker trotz größter Bemühung keine Partnerin fände, und andere wohl rasch das Schicksal von Geschiedenen am eigenen Leib verspüren müßten. Das aber wäre sehr heilsam, und die kirchliche Sprache in Ehe- und Familienangelegenheiten würde von oftmals arroganter, weltfremder Überheblichkeit in die Niederungen menschlicher Wirklichkeit und christlichen Mitleidens herabgeführt werden.

Apropos „Jahr der Familie": Könnte das die Hierarchie nicht zum Anlaß nehmen, um verheirateten Priestern wieder die Ausübung ihres Amtes zu gestatten - aus Ehrerbietung gegenüber dem unauslöschlichen Merkmal der Priesterweihe und der Würde der Familie? Warum fürchten sich manche vor Priestern mit

Familie? Daß sie, bestärkt durch einen Partner, weniger gehorsam sein könnten?

So häufig vielleicht Zölibatsverletzungen sein mögen, das Hauptproblem der verordneten Ehelosigkeit sind sie nicht. Das ist vielmehr die Homosexualität, ein weit verbreitetes, von der Hierarchie jedoch tabuisiertes Thema.

Für viele Gläubige erscheint die Bereitschaft zum Eingehen auf den Zölibat die wichtigste Voraussetzung für das Ergreifen des Priesterberufes. Dadurch kommt es vor, daß junge Männer, die sich zu Frauen in keiner Weise hingezogen fühlen und lieber Umgang mit Männern pflegen, diesen Umstand als Bestätigung ihrer göttlichen Berufung empfinden. Auf die Frage des Nachrichtenmagazins „profil" (21.5.1994): „Kennen Sie einen schwulen Pfarrer?" antwortete der Innsbrucker Moraltheologe Hans Rotter: „Ja, einen evangelischen." Der Universitätsprofessor liest offenbar die Lokalseiten der Tagespresse kaum, in der leider gar nicht so selten über wegen Sittlichkeitsvergehen gegen Buben verurteilte Priester berichtet wird. Und - er kennt sein Milieu nur sehr flüchtig.

Einem innerkirchlichen Bericht zufolge soll es in Deutschland 300 homosexuelle protestantische Pfarrer oder Pfarrerinnen geben. Ich schätze den prozentuellen Anteil homosexueller Priester in der katholischen Kirche für erheblich höher ein.

Homosexuelle Veranlagung steckt im Menschen und ist nicht einfach nur als „Greuel" und „schwere Sünde" abzuqualifizieren.

Der Schritt zu dieser „sanften Beurteilung" ist für viele nicht leicht, er war es auch für mich nicht. Daher möchte ich kein böses Wort über homosexuelle Priester verlieren, solange sie sich nicht im Sinne des bürgerlichen Gesetzes schuldig machen. Schlimm wird es nur dort, wo homosexuell Veranlagte penetrant gegen die Abschaffung des Zölibats, die Wiedereinstellung verheirateter Priester, Sexualität, Pille und Frauenpriestertum wettern. Hier sind ihre Predigten, Ratschläge und Rundschreiben vollkommen fehl am Platz. Homosexuell Veranlagte haben gegenüber Zölibatsbrechern den Vorteil, daß kein

„corpus delicti" das Licht der Welt erblicken kann. Sich so in Sicherheit wiegend, treten bisweilen homosexuell veranlagte Konservative besonders brutal gegen Andersdenkende auf.

Was die Brisanz von Homosexualität unter Priestern noch verstärkt, ist die Gefahr möglicher Erpreßbarkeit. Und gewisse charakterlose Menschen innerhalb der Kirche nutzen das Wissen um derlei Schwächen schamlos aus, um eigene Machtbereiche zu erweitern und auf kirchlichen Karriereleitern mit atemberaubender Geschwindigkeit nach oben zu klettern.

Kirchenblätter lesend und diverse Personen kennend, wundere ich mich, daß sich so viele über ach so vieles gar nicht wundern. Haben wirklich so viele angebliche Kirchen-Insider nur denselben Informationsstand wie der Innsbrucker Professor?

Ein jahrhundertelang liebevoll gepflegter Irrglaube ist immer noch lebendig: Wenn nur alle Priester den Zölibat halten, dann wird sich die Kirche sofort wirksam erneuern. In Wahrheit verhindern homosexuell veranlagte Kleriker unbewußt oder auch sehr gezielt viele Reformen.

Allein schon deshalb, damit in Hinkunft niemand mehr die eigene Homosexualität als göttlichen Fingerzeig Richtung katholisches Priesterseminar empfinden kann, sollte der Pflichtzölibat abgeschafft werden.

Jesus und die Frauen

„Keine Religion hat zur Aufwertung der Frau mehr beigetragen als das Christentum!" Dieser Satz des Eichstätter Bischofs Karl Braun (Tag des Herrn, 16.5.1993) ist dringend umwandlungsbedürftig in: „Kein Religionssstifter hat zur Aufwertung der Frau mehr beigetragen als Christus." Dem Bischof dürfte in seinem Glaubenseifer entgangen sein, daß die schändlichste Behandlung von Frauen - ihr Verbrennen als Wesen, die mit den Dämonen geschlechtlich verkehrt hätten - sich nur im christlichen Abendland und in Übersee dort, wo seine Missionare das Sagen bekamen, abgespielt hatte.

Leider hat die Kirche keineswegs dem revolutionären Verhalten des Jesus von Nazareth Frauen gegenüber in ihrer Geschichte willig Folge geleistet. Die Rechte, die Frauen - Ministrantinnen bis Professorinnen - am Ende des 20. Jahrhunderts in der Kirche besitzen, wurden dieser oftmals erst nach langwierigen Kämpfen abgetrotzt. Von großmütigen, von Jesus abgeleiteten avantgardistischen Schritten, die einer heidnischen Welt als Vorbild dienen könnten, war weit und breit nichts zu sehen. Im Gegenteil: Wäre diese säkularisierte Welt nicht vorhanden und somit ein beständiger Druck auf eine gerade in Frauenangelegenheiten konservative Kirche, es gäbe vielleicht noch Hexenverbrennungen.

Dabei hätte alles einmal ganz anders kommen müssen. Die Kirche hätte anderen Religionen und der Welt zeigen können, wie sie die biblische Botschaft ernst nimmt, daß die Frau wie der Mann ein Ebenbild Gottes ist. Doch diese Chancen wurden vertan.

Es blieb nicht nur, aber gerade in Sachen Frauen, ein eigenartiges Schauspiel zu beobachten: Am Zug der Zeit wurde wieder einmal ein neuer Waggon angehängt, der von der Bauweise her deutlich die Handschrift Jesu trägt.

Die Kirche steht am Bahnsteig, weigert sich jedoch einzusteigen, weil dieser Waggon nicht aus ihrer Produktion stammt und daher abzulehnen ist. Schon eingestiegene Fahrgäste drängen zum Mitfahren, doch sie zeigt sich so lange taub, bis die Lok zu fahren beginnt. Erst als der Zug das Bahnhofsgelände schon beinahe verlassen hat, jagt sie - unter Spott und Gelächter der übrigen Passagiere - hinterdrein und kann gerade noch den Sprung aufs Trittbrett schaffen. Kaum im Abteil niedergelassen, beginnt sie den anderen einen Vortrag zu halten über die Herkunft des Waggons, seine Zweckmäßigkeit und daß sie das alles als erste erkannt habe.

Verwundert ist sie dann, daß ihr niemand zuhören will und schreibt diese ihr gegenüber an den Tag gelegte Skepsis dem feindseligen Verhalten des freimaurerischen Lokführers, der gottlosen Mitreisenden und den widrigen Zeitumständen zu...

Jesus pflegte einen Umgang mit Frauen, der heute als natürlich empfunden wird, zu seiner Zeit jedoch höchst aufsehenerregend war. Obwohl für einen jüdischen Mann, besonders einen Rabbi, äußerste Zurückhaltung gegenüber einer Frau geboten war, setzte sich Jesus über diese Schranke hinweg, als er beim Jakobsbrunnen von Sychar mit einer Samariterin - also noch dazu mit einer Angehörigen des bei Juden verhaßten Nachbarvolkes - ein Gespräch anknüpfte. Diese Frau wurde, von Jesus überzeugt, zu seiner ersten Missionarin unter den Samaritern, von denen „viele zum Glauben an ihn kamen". Indem Jesus die traditionelle Weise vom Umgang eines Mannes mit einer Frau abgelegt hatte, wurde gleichzeitig der uralte Haß zwischen Samaritern und Juden überwunden. Denn über diese Frau lernten die Leute von Sychar einen Juden kennen und so sehr schätzen, daß sie zuletzt in ihm den „Retter der Welt" erblickten. Die Überwindung der Schranke zur Frau hat dem Evangelium neue Zugänge zu Menschen verschafft.

Die Apostel freilich, die nicht dabei waren, als Jesus das Gespräch am Brunnen begonnen hatte, „wunderten sich, daß er mit einer Frau sprach, aber keiner sagte: Was willst du?, oder: Was redest du mit ihr?" (Joh 4,1-42). Der Bann zwischen Samaritern und Juden war durch die Vermittlung dieser Frau so vollständig gebrochen, daß man ihn bat zu bleiben - und Jesus erfüllte ihren Wunsch.

Welcher Bann könnte heutzutage z. B. in Südamerika gebrochen werden, wenn sich die Männer der Kirche der Frauen entsinnen und sie auch mit der Verkündigung und der Sakramentenspendung betrauen würden? Bis jetzt tun das dort vornehmlich die Sekten - mit größtem Erfolg.

„Wird Lateinamerika evangelisch?" Dies ist nicht nur ein Thema „linker" Katholiken, die mit Hinweis auf die Sektengefahr das Frauenpriestertum „durchdrücken" wollen. Mit dieser Frage übertitelte am 18.8.1994 der in Maria Roggendorf herausgegebene und dem Wiener Erzbischof Kardinal Groer nahestehende wöchentliche Nachrichtendienst „idu" einen Artikel und fügte in der Headline hinzu: „In 15 Jahren könnten Protestanten in einigen Ländern Lateinamerikas die Mehrheit stellen!" Wörtlich heißt es dort: „Falls sich die Entwicklung der vergangenen Jahre fortsetze, würden beispielsweise die Protestanten in Guatemala in den nächsten zehn Jahren die Oberhand gewinnen. Chile, Puerto Rico und Haiti brauchen dazu noch etwa 15 Jahre... Unter Berufung auf den englischen Missionswissenschafter Patrick Johnston (Bulstrode bei London) veröffentlicht das Forschungsinstitut den protestantischen Bevölkerungsanteil von 21 lateinamerikanischen Ländern und den erwarteten Zeitraum, in dem sich dieser Prozentsatz verdoppeln werde. Mit 28 Prozent sind danach die Protestanten in Puerto Rico am stärksten vertreten. Die Verdoppelung wird laut MARC in etwa 15 Jahren erwartet. An zweiter Stelle liegt Chile mit 27 Prozent und 14 Jahren. Dahinter folgen Haiti (26/14), Guatemala (24/8), Brasilien (21/10), El Salvador (21/12), Nicaragua (11/23), Costa Rica (11/8), Bolivien (9/8), Argentinien (8/12), Peru (7/9), die Dominikanische Republik (6/10), Paraguay (6/9), Venezuela (5/7), Mexiko (5/10), Kolumbien (4/16), Ecuador (4/8), Uruguay (4/22) und Kuba (3/12)." Unter „Protestanten" sind hier natürlich in erster Linie Mitglieder von Freikirchen gemeint.

Diese Publikation zeigt, daß auch die konservative Seite der Kirche weiß, was alles für sie auf dem Spiel steht, wenn es nicht rasch zu grundlegenden Veränderungen in der Zulassung zum katholischen Priestertum kommt.

Für den US-Soziologen Peter L. Berger sind die fundamentalistischen Sekten „die" Frauenbewegung Lateinamerikas schlechthin. Die Gemeinden werden von Frauen organisiert, die auch von Haus zu Haus als Missionare gehen. Wer sich die Folgen der Übertritte ansehe - „die Männer parieren wieder, sie hören auf zu trinken und ihre Liebschaften zu haben, sie arbeiten, geben ihr Geld für die Familie aus, oder sie werden hinausgeworfen" -, für den sei es „schwer, diese Entwicklung abzulehnen" (Kathpress-Info, 28.11.1993).

Zurück zu Jesus. Als er von Dorf zu Dorf wanderte und das Evangelium verkündete, begleiteten ihn die Zwölf und „außerdem einige Frauen, die er von bösen Geistern und von Krankheiten geheilt hatte: Maria Magdalene, aus der sieben Dämonen ausgefahren waren, Johanna, die Frau des Chuzas, eines Beamten des Herodes, Susanna und viele andere" (Lk 8,2 f). Einer Frau zuliebe durchbrach Jesus einmal auch das Sabbatgebot (Lk 13,10-17). Die Heilung einer seit 18 Jahren Gelähmten rief zwiespältige Reaktionen hervor: Der Synagogenvorsteher war empört, „das ganze Volk aber freute sich über all die großen Taten, die er vollbrachte."

Außerordentlich skandalös war das „Mit-Herumziehen" der oben als ersten genannten Frau: Maria Magdalene. Ihre Befreiung von sieben Dämonen durch Jesus wird in den Evangelien mehrfach erwähnt und bedeutet so viel wie „das Sündhafteste vom Sündhaften". So wird sie auch gleichgesetzt mit der Sünderin, die im Haus eines Pharisäers für höchste Empörung gesorgt hatte (Lk 7,36-50).

Diese Dame kam mit einem Alabastergefäß voll wohlriechendem Öl in das Haus des Pharisäers und trat von hinten an Jesus heran. Dabei weinte sie, und ihre Tränen fielen auf seine Füße, die sie hierauf mit ihrem Haar trocknete, küßte und mit Öl salbte. Als der Pharisäer, bei dem Jesus zu Gast war, das sah, dachte er: „Wenn er wirklich ein Prophet wäre, müßte er wissen, was das für eine Frau ist, von der er sich berühren läßt!" Da wandte sich Jesus an ihn und sagte: „Ein Geldverleiher hatte zwei Schuldner; der eine war ihm fünfhundert Denare schuldig, der andere fünfzig. Als sie ihre Schulden nicht bezahlen konnten, erließ er sie beiden. Wer von ihnen wird ihn nun mehr lieben?" Der Pharisäer antwortete vorsichtig: „Ich nehme an, der, dem er mehr erlassen hat." Jesus wandte sich daraufhin der Frau zu und belehrte den Gesetzeslehrer: „Siehst du diese Frau? Als ich in dein Haus kam, hast du mir kein Wasser zum Waschen der Füße gegeben; sie aber hat ihre Tränen über meinen Füßen vergossen und sie mit ihrem Haar abgetrocknet. Du hast mir zur Begrüßung keinen Kuß gegeben; sie aber hat mir, seit ich hier bin, unaufhörlich die Füße geküßt. Du hast mir nicht das Haar mit Öl gesalbt; sie aber hat mir mit ihrem wohlriechenden Öl die Füße gesalbt. Deshalb sage ich dir: Ihr sind ihre vielen Sünden vergeben, weil sie mir so viel Liebe gezeigt hat. Wem aber nur wenig vergeben wird, der zeigt auch nur wenig Liebe." Dann sagte er zu ihr: „Deine Sünden sind dir vergeben!" Später hat Jesus seine theologisch beschlagenen Gegner in Jerusalem mit der Feststellung provoziert: „Zöllner und Dirnen gelangen eher in das Reich Gottes als ihr" (Mt 21,31).

Als die Zeit kam, wo die Liebe zu Jesus auf die härteste Probe gestellt wurde, ließen sich weder der großsprecherische Petrus noch die meisten anderen Männer des engsten Sympathisantenkreises blicken. Übereinstimmend berichten die Evangelisten, daß unter dem Kreuz Jesus wohlgesinnte Frauen standen. Johannes erwähnt als einziger auch sich selbst und die Mutter Jesu, aber auch Maria Magdalene (Joh 19,25). Matthäus und Markus führen übereinstimmend Maria Magdalene an der Spitze der auf Golgotha stehenden Frauen an (Mt 27,56; Mk 15,40). Genau genommen war das ein Skandal, der zu allen möglichen Verdächtigungen und Tuscheleien führen mußte. Doch nicht genug damit, daß beim Kreuzesopfer Christi die übel beleumundete Maria Magdalene die Repräsentantin der Urkirche war und deren erste Hierarchie fast vollständig durch Abwesenheit glänzte. Es kam noch ärger.

Jesus, der nach der Heilung von Aussätzigen diese zur - sonst von ihm nicht sehr geschätzten - jüdischen Priesterschaft zwecks Kenntnisnahme geschickt hatte, zeigte sich nach der Auferstehung nicht zuallererst denen, die später seine Zeugen in aller Welt sein sollten. Er ließ seiner eigenen Hierarchie beinahe respektlos über eine Frau ausrichten, daß er lebe und was sie zu tun hätten. Alle vier Evangelien berichten übereinstimmend, daß „am ersten Tag der Woche" frühmorgens Frauen zum Grab des Herrn gingen. Von zwei, drei und mehreren ist die Rede. Alle nennen Maria Magdalene an erster Stelle (Mt 28,1; Mk 16,1; Lk 24,10; Joh 20,1).

Das leere Grab und Engel sahen auch andere, doch den Auferstanden zuerst und exklusiv sah nur Maria Magdalene, wenn man vom Bericht des Matthäus absieht, der daneben noch eine zweite Frau erwähnt (Mt 28,1-10).

Der Evangelist Markus kann sich gar nicht genug wundern, daß Jesus zuerst Maria Magdalene erschienen ist, aus der er - woran er seine Leser glaubt erinnern zu müssen - „sieben Dämonen ausgetrieben hat" (Mk 16,9). Es spricht für die Verfasser der Evangelien, daß sie Kreuzigung und Auferstehung ungeschminkt und unkaschiert darstellten und auch die die Apostel kompromittierenden Einzelheiten nicht unter den Tisch fallen ließen.

Ganz besonders in sich hat es der Bericht des Johannes (Joh 20,1-18): Maria Magdalene ist als erste beim Grab, sieht den weggewälzten Stein und informiert sofort die Apostel. Petrus und Johannes eilen daraufhin zum leeren Grab, inspizieren es und kehren wieder nach Jerusalem zurück, ohne daß sich der Herr ihnen gezeigt hätte. Maria bleibt dort, weint und sieht plötzlich den Herrn. Der Auferstandene gibt sich ihr zu erkennen und trägt ihr auf: „Geh zu meinen Brüdern und sag ihnen: Ich gehe hinauf zu meinem Vater und zu eurem Vater, zu meinem Gott und zu eurem Gott!" Warum hat er das dem Petrus und Johannes nicht persönlich gesagt, als sie kurz zuvor an Ort und Stelle waren? Warum läßt er ihnen das Wichtigste, das es überhaupt gibt, nämlich daß er lebt, durch eine in den Augen der meisten wenig glaubwürdige Frau ausrichten? Weil Jesus nach dem wenig rühmlichen Verhalten der Apostel an den Vortagen beleidigt ist? Weil er schlicht und einfach Humor hat? Weil er damit zum Ausdruck bringen will: Einmal soll eine Frau Zeuge des Kreuzesopfers und der Auferstehung sein, das genügt, und dann nie mehr wieder? Oder weil sie ihn und er sie mehr liebte als andere?

Jesus hat mit seinem Verhalten gezeigt, welche Rangordnung und Wertvorstellung in seinem Reich herrschen sollen. Er hat die politisch-gesellschaftlichen Verhältnisse seiner Zeit nicht umgestürzt, so betraute er keine Frauen mit dem - für die Öffentlichkeit bestimmten - Apostelamt. Natürlich hätte er „können", aber die Zeit war damals dafür genauso reif wie für das Reden über Atomspaltung und Mondflug.

Würde Jesus heute leben, er würde mit an Sicherheit grenzender Wahrscheinlichkeit auch Frauen zu Priestern weihen. Das Gegenargument der Konservativen ist lächerlich und peinlich: „Hätte Jesus Frauen als Priester gewollt, dann hätte er welche dazu bestellt!"

Mit gleichem Recht könnte man dann nämlich sagen: „Hätte Jesus einen Weltkatechismus gewollt, hätte er einen geschrieben!"

Sexwahn und Antifeminismus

Hauptgrund für die der Kirche oft vorgeworfene Unglaubwürdigkeit ist deren Einstellung zur Sexualität. Je mehr sich die Kirche der - ansonsten oftmals verfluchten - Medien in dieser Angelegenheit bedienen konnte, desto schlimmer waren die Folgen, desto größer war ihr Autoritätsverlust.

Wäre die Kirche bei dem geblieben, was Jesus über Frauen, Ehe und Geschlechtlichkeit zu sagen richtig fand, sie stünde heute als die große Verteidigerin des Lebens da. Durch das wiederholte Vortragen unbiblischer Thesen, die als „voll katholisch" hingestellt wurden und werden, gab sie sich gerade in einer Sparte, wo Menschen ernster Hilfe bedürften, der Lächerlichkeit preis.

Als Jesus die Reinheitsvorschriften der Pharisäer kritisierte, nannte er die Sünden, die aus dem Herzen des Menschen kommen: „Böse Gedanken, Unzucht, Diebstahl, Mord, Ehebruch, Habgier, Bosheit, Hinterlist, Ausschweifung, Neid, Verleumdung, Hochmut und Unvernunft" (Mk 7,21 f). Viele dieser Sünden konnten sich im Laufe der Kirchengeschichte ganz gut in der Kirche erhalten und wurden sogar noch amtlich verteidigt - z. B. Mord (Hexen, Häretiker), Verleumdung (Denunzierung), Habgier (Kirchenstaat), Hochmut und Unvernunft (Bullen gegen Menschenrechte und Religionsfreiheit). Der Bekämpfung der Unzucht wurde hingegen vordringliche Priorität eingeräumt. Aus der Frohbotschaft des Evangeliums wurden unhaltbare Schlüsse für das Sexualleben und über Wert und Würde der Frau gezogen. Daß Synoden des 4. Jahrhunderts sich gegen Abtreibung und für das Recht des ungeborenen Kindes auf Leben aussprechen, war recht und billig (HII 1,418), nicht hingegen, daß infolge heidnischer Einflüsse und einer fortschreitenden Idealisierung des Mönchstums Sexualität und Ehe immer mehr suspekten Charakter erhielten,was sich letztlich auch auf das Leben der christlichen Gemeinden fatal auswirken mußte.

So ging an der Wende vom 5. zum 6. Jahrhundert die Häufigkeit des Kommunionempfangs - trotz zahlreicher Appelle der

Kirchenführer - stark zurück. Cäsarius von Arles (†542), dessen Predigtsammlungen noch weit in das Mittelalter hinein benutzt wurden, rief zu vermehrtem Kommunionempfang auf, forderte jedoch gleichzeitig zuvor mehrtägige eheliche Enthaltsamkeit. Neuvermählten legte er nahe, einen Monat der Kirche fernzubleiben (H II,2,259). Hier hatte die Angst vor dem - wenn auch kirchenrechtlich legitimen - Beginn eines Sexuallebens bereits höheren Stellenwert als die Hochschätzung des Sakramentscharakters der Ehe. Die Forderung, nach der Taufe oder nach der Priesterweihe die Kirche vier Wochen lang nicht zu betreten, hätte gewiß niemand aufgestellt.

Im 6./7. Jahrhundert zählte zur Kirchenbuße die vollkommene Enthaltsamkeit in der Ehe. Diese Verpflichtung blieb auch nach nde der Bußzeit und nach der Wiederzulassung zum Kommunionempfang aufrecht. Besonders gravierend war, daß auch eine auf dem Sterbebett übernommene Buße im Fall unerwarteter Genesung die gleiche Folge hatte wie jede andere öffentliche Buße. Das Problem der mit der Buße verbundenen ehelichen Enthaltsamkeit wurde so drückend, daß jungen Leuten, die keine Kapitalsünden begangen hatten, geraten wurde, lieber ohne Buße zu sterben, als sie in die Gefahr zu bringen, daß sie bei Wiedergenesung die eheliche Enthaltsamkeit nicht einhalten könnten und darum als vom Glauben Abgefallene betrachtet werden müßten. In diesem Sinn bestimmte auch das Konzil von Orleans im Jahr 538, jungen Leuten dürfte man den Segen der Buße nicht anvertrauen und Verheiratete dürften nur in vorgerücktem Alter und mit Zustimmung der Ehegatten Buße tun.

Einzelne Heilige, z. B. Fulgentius von Ruspe (†532), zeigten sich als wahre Seelsorger und gestatteten eine Umwandlung der ehelichen Enthaltsamkeit in eine Spende für die Armen.

Das 16. Konzil von Toledo stellte im Jahr 693 fest, daß manche Sünder aus Verzweiflung über die harte Buße Selbstmord begingen, bot jedoch keine Lösungen an (H II,2,254 f). Die in die Kirche eingedrungene heidnische Sexbesessenheit hatte somit den christlichen Bußgedanken ad absurdum geführt. Der dramatische Rückgang der öffentlichen Buße, an deren Stelle langsam die Privatbeichte trat, war eine nur allzu logische Konsequenz. Das Menschliche begann sich gegen das vorgespiegelte „Allerchristlichste" zu wehren und durchzusetzen. Eine Vorgangsweise, von der zu hoffen ist, daß sie am Ende des zweiten Jahrtausends in der Kirche Nachahmung findet.

Während Cäsarius von Arles in seinen Kirchenpredigten rigorose Einschränkung des ehelichen Sexuallebens vor dem Kommunionempfang forderte, hatte sich in der „christlichen Welt" längst anderes etabliert. Um dem Thema „Ehe-Sex" zu entgehen, war die Zahl der jungen Leute, die einfach zusammenlebten, ohne eine Ehe formal einzugehen, so angewachsen, daß es bereits unmöglich war, sie allesamt aus der Kirche auszuschließen (H II,2,252). Kommunion- und Bußempfang nahmen im Laufe der Jahrhunderte immer mehr ab, sodaß beinahe das gesamte zweite Jahrtausend hindurch die Kirchenobrigkeit schon froh war, wenn die Gläubigen einmal im Jahr die Sakramente empfingen. Der Sex-Wahn hat dazu beigetragen, christliches Leben aus dem Sakrament zu einer jährlichen Minimalableistung eines Kirchengebotes verkümmern zu lassen.

Der „Hexenhammer", die ideologische Untermauerung von 300 Jahren Hexenverbrennungen, verfestigte in aufgeklärten Christen die Auffassung von der weitgehenden Unglaubwürdigkeit der Kirche in Fragen der Sexualität.

Gestärkt durch die Bulle „Summis desiderantes" des Papstes Innozenz VIII. vom 5. Dezember 1484, konnten die „Hexenhammer"-Verfasser und Dominikanermönche J. Sprenger und H. Institoris ihr unmenschliches Werk beginnen bzw. fortsetzen. Der Papst tadelte alle, die sich „nicht schämen", den Inquisitoren ihre Unterstützung zu verweigern. In apologetischer Verdrehung der Tatsachen beschuldigte der „Katholische Volkskatechismus" von 1927 die weltlichen Obrigkeiten, „so töricht" gewesen zu sein, „allerorts Inquisitoren" aufgestellt zu haben. Am Aufkommen des Hexenwahns in Deutschland „tragen viel Schuld Luther und seine Genossen", wohingegen katholische Priester die „ersten Männer, die mit seltenem Freimute gegen diese unmenschliche Roheit auftraten," gewesen seien (KVK,288).

In Wirklichkeit setzten die beiden katholischen Priester Sprenger und Institoris mit päpstlicher Belobigung 1487, als Martin Luther gerade vier Jahre alt war, die These in die Welt: Die Behauptung, durch Dämonen können Menschen gezeugt werden, ist „so gut katholisch, daß die Behauptung des Gegenteils nicht bloß den Aussprüchen der Heiligen, sondern auch der Tradition der Heiligen Schrift zuwider läuft" (HH 1,46). Die Dämonen sammeln, so der „Hexenhammer", als Succubi im Geschlechtsverkehr mit Männern Samen, den sie als Incubi im Geschlechtsverkehr mit Frauen jenen einzupflanzen vermögen (HH 1,50). Das später zur Welt gebrachte Kind ist jedoch nicht das Kind eines Dämons, der ja nur mittels sexueller Untat „Vermittler" war, sondern jenes Mannes, von dem der Samen stammt (HH 1,55). Die Dämonen haben das weite Feld der Sexualität als Schauplatz ihres bösen Wirkens erkoren, da der „Zeugungskraft" eine „größere Verderbtheit" zueigen ist als jeder „anderen menschlichen Handlung" (HH 1,128).

Der Dämon „entflammt, aber erkaltet auch von jenem Akt." Er bewirkt Störungen des Beischlafs, „indem er das Empfinden und die Einbildungskraft stört, wodurch er das Weib abstoßend macht", aber auch das Erschlaffen des männlichen Gliedes.

Geschlechtsverkehr ohne Orgasmus ist ein Zeichen, daß der Böse im Spiel ist bzw. sich die Frau mit ihm eingelassen hat. Der Dämon kann die Einbildungskraft der Frau so verwirren, „daß sie den Mann so abstoßend findet, daß sie um die ganze Welt nicht erlaubt, daß er sie erkenne" (HH 1,129). Als Faustregel zur Unterscheidung von natürlicher Impotenz und Teufelei wird angegeben: „Wenn sich die Rute gar nicht bewegt, sodaß der Mann sein Weib niemals erkennen konnte, so ist dies ein Zeichen von Kälte; aber wenn sie sich bewegt und steift, er aber nicht vollenden kann, so ist das ein Zeichen von Hexerei" (HH 1,131). Wenn einer Ehe keine Kinder entspringen, dann deswegen, „weil Haß im Sakrament der Ehe unter den Gatten durch die Hexen erregt worden" (HH. 1,109). Hatte ein Mann Potenzprobleme, so konnte daran die eigene wie auch eine fremde Frau schuld sein - in beiden Fällen waren es jedoch Hexen... Im Mittelpunkt theolo-

gisch-ehrfürchtiger Betrachtung der beiden Hexenhammer-
mönche standen immer wieder das hehre männliche Glied und
die dämonische Kraft mit dem Teufel im Bund stehender Weiber. Letzteren gelänge es sogar bisweilen, ein männliches Glied
wegzuhexen (HH 1,136ff).

Die Mönche Sprenger und Institoris, die durch ihre Gelübde
angeblich einen weit höheren Grad an Vollkommenheit erreicht
hatten als Verheiratete, wußten auch genau, welche Menschen
dem Bösen Tür und Tor öffneten, um in die Welt einzuströmen
und das Wachstum der Kirche Gottes zu verhindern: „Niemand
schadet dem katholischen Glauben mehr als die Hebammen" (HH
1,159). „Schreckliche Handlungen" vollbringen die Hebammen
„in und außer dem Mutterleib": Unfruchtbarkeit, Fehlgeburten,
Auffressen der Kinder oder Opferung derselben an den Teufel.
Auch das Verabreichen von Empfängnisverhütungsmitteln
(„Kräuter und andere Mittel") wurde den Hebammen zur Last
gelegt (HH 1,157 f).

Martin Pruggers „Katholisches Lehr- und Exempelbuch" (Regensburg, 1887) erklärt den katholischen Eheleuten, daß sie einander lieben sollen wie Christus die Kirche. Jesus gehe auch nicht
fremd, sondern „liebt neben seiner katholischen Kirche keine
andere".

Das Buch erweitert die Möglichkeiten „normaler" Katholiken, schwer zu sündigen. Ehe ohne Anfrage bei den Eltern sei
zwar gültig, jedoch „oftmals eine Todsünde." Auch jene Mütter
„sündigen schwer, die ihre kleinen Kinder zu sich ins Bett legen... Die katholische Kirche gebietet, so lange kein Kind zu sich
ins Bett zu nehmen, bis das Kind ein Jahr und einen Tag alt ist."

Die aufgekommene Sexomanie sah überall Sünde.

Vor hundert Jahren waren unkeusche Personen offenbar auf
einen Blick zu erkennen. Prugger beruft sich auf Ärzte, die sagen, „daß kein ärgeres Übel sei, das die Schwächung der menschlichen Kräfte, Verwelkung der Jugend und Abkürzung des Lebens befördere, als die Unzucht. Daher wird man bei denen, welche mit diesem Laster stark behaftet sind, selten eine schöne,
gesunde, sondern vielmehr eine häßliche, bleiche Totenfarbe

sehen und bei ihnen allerhand abscheuliche und häßliche Krankheiten finden." Die perversesten Sexualvorstellungen führten obendrein noch zur Diskriminierung mittelloser Kranker, deren Zustand als Ergebnis ihres Lebenswandels hingestellt wurde...

Vor einiger Zeit erklärte mir eine alte Frau: „Was habe ich denn noch für Sünden? Ich kann ja gar keine mehr haben, mein Mann ist ja schon gestorben!" Sexualität wurde bis in unsere Zeit herauf als das Hauptreservoir von Verfehlungsmöglichkeiten angeprangert, selbst in der Ehe sollte sie nur unter strenger Beratung und Kontrolle des „Beichtvaters" ausgeübt werden dürfen.

Kaum hatte ich obgenannte Sätze vernommen, fiel mir ein Buch in die Hand, das noch der Generation meiner Eltern (und des derzeitigen Papstes Johannes Paul II.) als „gut katholisch" empfohlen, hoffentlich jedoch von nicht allzu vielen ernstgenommen worden ist: Der „Katholische Volkskatechismus" des Prager Professors Franz Spirago aus dem Jahr 1927. Dieses Buch erfreute sich unglaublicher Beliebtheit, 50.000 Exemplare waren damals schon im deutschen Sprachraum unters Volk gebracht worden. Übersetzungen in zwölf weitere Sprachen (Englisch, Französisch, Italienisch, Spanisch, Ungarisch, Holländisch, Tschechisch, Slowakisch, Polnisch, Kroatisch, Portugiesisch und Ukrainisch) lagen bereits vor. Missionare in aller Welt - genannt werden China und Australien - setzten es in ihrer Seelsorgsarbeit ein, als Weihnachtsgeschenk fand es starke Verbreitung. Die Ausgabe von 1927 legt Wert darauf, voll dem 1918 in Kraft getretenen kirchlichen Gesetzbuch zu entsprechen und erfreut sich selbstverständlich der kirchlichen Druckerlaubnis. Das Werk gelangte zu einer immensen Bedeutung, sein Einfluß auf katholische Äußerungen der Gegenwart zu den Themen „Frau" und „Sexualität" ist unverkennbar.

Bei der Behandlung des fünften Gebotes Gottes kommt Spirago auf die „Vernichtung des keimenden Lebens" zu sprechen. Mittel der Empfängnisverhütung werden der Abtreibung gleichgestellt. „Künstliche Schutzmittel, die Empfängnis hintertreiben" werden im selben Atemzug genannt wie „Eingriffe, die die Geburt verhindern". Hauptschuldige an dieser negativen Entwicklung der Gesellschaft seien die - Hebammen (KVK, 375). Abgesehen davon, daß hier der alte „Hexenhammer" auch nach Abräumen der Scheiterhaufen noch weiterlebt, hat sich die undifferenzierte Haltung, die Empfängnisverhütung mit Abtreibung gleichsetzt, als katastrophal erwiesen. Erstens nimmt das der Kirche heutzutage ja kaum mehr jemand ab, und bei denen, die das ehrfürchtig glauben, ist zweitens eben Abtreibung auch nicht ärger als das Schlucken der Pille...

Spirago konstatiert für seine Zeit einen europaweiten Geburtenrückgang, der zum Teil auch unbeabsichtigt sei - „als Folge geschlechtlicher Ausschweifungen der durch Kino, Theater, moderne Tänze, gemeine Witzblätter, unzüchtige Postkarten und besonders durch die freche Frauenmode lüstern gemachten Jugend." Diese sei dann, wenn sie heiratet, „infolge des liederlichen Lebenswandels bereits dem Greisenalter nahe" (KVK, 374). Da der Zweck der Ehe „die Fortpflanzung des Menschengeschlechtes" sei, werde durch die „Verhinderung der Geburt" der Hauptzweck der Ehe vereitelt: „Eine solche Ehe ist also keine wirkliche Ehe mehr und verliert allen sittlichen Wert." Die Eheleute mögen - das wurde der Generation des heutigen Papstes in der Jugend eingebleut - bedenken, „daß das, was außerhalb der Ehe Sünde ist, in der Ehe nur zu dem Zweck gestattet ist, um Kindern das Leben zu schenken. Sucht man also diesen Zweck zu umgehen, so liegt eine Sünde vor." Deutschland Bischöfe hatten 1913 eindeutig verkündet, daß Ehepaaren, die auf diesem sündhaften Weg verharren, „unmöglich" in der Beichte losgesprochen werden können. „Solche Eheleute können sprechen: Wir haben einen Bund mit dem Teufel geschlossen und einen Vertrag mit der Hölle gemacht" (KVK, 376). Was uns heute lächerlich vorkommt, sollte unseren Eltern Angst und Entsetzen einjagen und wirkt unbewußt weiter!

Spirago wendet sich besonders an die Frauen, hält ihnen vor Augen, daß in Ländern, wo die wenigsten Kinder pro Familie zur Welt kämen (Frankreich), die Frauen eine viel geringere Lebenserwartung als anderswo hätten. Eine Frau, die Verhütung oder

Abtreibung praktiziere, werde auch „vom Mann weniger geachtet"... (KVK, 377). Den Lesern wird in Erinnerung gerufen, daß US-Katholiken vom Kommunionempfang ausgeschlossen worden seien, weil sie Vorträge über Empfängnisverhütung besucht hätten. Das Weib würde selig durch Kindergebären; über jene Eheleute, „welche die Ehe nur als Mittel zur Befriedigung ihrer tierischen Lust betrachten, bekommt der Teufel Gewalt." Direkte Folgen wären: leibliches Siechtum, Geistes- und Gemütskrankheiten, Ehestreit etc. Einer zu zahlreichen Nachkommenschaft dürfte nur durch Enthaltsamkeit zuvorgekommen werden. Doch selbst Spirago räumt ein, daß das eines „Heroismus bedarf, wie ihn die Heiligen hatten" (KVK, 378).

Alles das findet sich im Kapitel über das Gebot „Du sollst nicht töten!", in dem auch das Verhalten gegenüber Tieren zur Sprache kommt und u.a. vom Kauf von Froschschenkeln gewarnt wird, so „diese durch Quälerei gewonnen wurden" (KVK, 382). Die Qual, die Eheleuten bereitet wurde, blieb bei der Darlegung des fünften Gebotes unberücksichtigt. Kein Wunder, gehörte der Verfasser doch jenem Kreis von Personen an, die zwar oftmals Bienenstöcke, jedoch kein Eheweib ihr eigen nennen durften...

Für Spirago war es klar, daß Gott Sünden gegen das 6. Gebot nicht ungestraft läßt, sondern ganz außerordentlich züchtigt. Die Pest, aber auch Kriege, ja sogar Revolutionen habe Gott aus diesem Grund zugelassen (KVK, 385). Französische Revolution und Deklaration der Menschenrechte inklusive Religionsfreiheit als Strafe Gottes für das unkeusche Verhalten der Katholiken?

„Menschen, die ein keusches Leben führen, sind den Heiligen Engeln gleich und Gott überaus wohlgefällig." Da Keuschheit in der Ehe nicht möglich ist, führt Spirago eine Menge unverheirateter Heiliger an, welche die Engel noch übertroffen haben (KVK, 498). Ein Mann findet sich in dieser Liste selbstverständlich nicht: Petrus, der erste Papst. Da verheiratet, war er weder „keusch" noch „engelgleich". Jesus hatte also mit seiner Wahl des Ersten einen Nichtvorbildlichen bevorzugt. Dieser Jesus von Nazareth könnte mehr Engelgleiches noch gewirkt haben, hätte er sich nur weniger von seinem Vater im Himmel und etwas mehr von Spiragos Vorstellungen beeinflussen lassen...

„Jeder Mensch ist streng verpflichtet, bis zum Eintritt in die Ehe ein jungfräuliches Leben zu führen." Als Beleg führt Spirago auch Juden an, an denen er sonst meist kein gutes Haar läßt. Bei ihnen sei jede Jungfrau, die sich gegen die Keuschheit verfehlt hätte, gesteinigt worden. Die Römer hätten gar ein ähnliches Verbrechen bei den Vestalinnen durch Lebendig-Begraben geahndet. Ein Beispiel für die Bestrafung eines jungen Mannes, der sich gegen die Keuschheit versündigt hatte, wird jedoch nicht angeführt... (KVK, 500). Den Mädchen wird ein gespenstisches Bild vor Augen gehalten: „Die Unkeuschheit nagt an der Blüte der Jugend und führt ein frühzeitiges Greisenalter herbei. Besuche die Irrenhäuser und Spitäler, und du wirst erschrecken über die furchtbaren Folgen dieser Sünde" (KVK, 502).

Der Zölibat wird von Spirago glorifiziert: „Es ist besser und gottseliger, in der Jungfräulichkeit oder Ehelosigkeit zu verbleiben, als zu heiraten. Die Jungfrauschaft übertrifft den Ehestand um soviel, als die Engel die Menschen übertreffen. Die Jungfräulichkeit hat einen ebenso großen Vorzug vor der Ehe, wie der Himmel vor der Erde, die Seele vor dem Leib" (KVK, 675). Ärgerlich ist nur, daß Jesus von Nazareth die Seinen auf diesen himmelhohen Unterschied nicht aufmerkam gemacht hat. Daß er nicht klar und deutlich formuliert hat, was die höchste Seligkeit sei, und daß das Allerwichtigste die sexuelle Enthaltsamkeit wäre. Wie ist dieses linkische Fehlen in der Botschaft des Herrn zu begründen und andererseits das Wissen des Herrn Spirago um den rechten Weg? Der Katechismusverfasser zögert nicht, Fabeleien zur Untermauerung seiner Thesen heranzuziehen. So hätte Maria als erster Mensch das Gelübde ewiger Jungfräulichkeit abgelegt (KVK, 675). Der Priesterzölibat wird verteidigt mit der Behauptung: „Es ist statistisch erwiesen, daß sittliche Verfehlungen bei katholischen Priestern bedeutend seltener sind als bei anderen gebildeten Ständen." Der Hinweis auf das Mittelalter könne nicht in die Waagschale fallen, „denn damals, wo das Volk erst vom Heidentume zum Christentum übergetreten war, herrschten ganz andere Zustände. Die angeblichen priesterlichen Verfehlungen gegen den Zölibat waren mehr Sünden der Zeit als Sünden des Standes; und übrigens galt damals, selbst noch zur Zeit des Papstes Gregor VII., die Priesterehe für giltig." Wenn sich heute im 20. Jahrhundert „hie und da ein Priester gegen die Zölibatspflicht verfehlt, so ist er nur Gott und seinen Vorgesetzten Rechenschaft schuldig, keineswegs aber den Weltmenschen, die oft zehnmal schlimmer sind als er. Diese haben gar kein Recht, ihn zu verurteilen, weil er nur das getan, was die Weltmenschen für keine Sünde halten" (KVK, 521). Wenn Spirago schon keine Barmherzigkeit gegen Eheleute kennt, so muß ihm doch tiefes Einfühlungsvermögen in die Situation Zölibatärer und Verständnis für deren Leben konzediert werden. Wer hinter seiner Abhandlung „pharisäerhafte Heuchelei" vermutet, ist gewiß ein ewig Linker...

Das noch in der ersten Hälfte des 20. Jahrhunderts vermittelte Bild der Frau haben ultrakonservative Kirchenmänner heute immer noch vor Augen. „Dem Christentum verdankt die Frau ihre geachtete Stellung", ist Spirago felsenfest überzeugt. Zwar nennt er nicht unrichtig Jesus den „Erlöser des Weibes" (KVK, 403), seine weiteren Ausführungen zeugen jedoch nicht davon, daß dieser Jesus in der Beurteilung der Frau kirchlich von Bedeutung wäre.

„Der eigentliche Beruf der Frau ist das Wirken als Mutter!" Allerdings räumt der Volkskatechismus ein, daß „heutzutage infolge der mißlichen Zeitverhältnisse die Frau ihren eigentlichen Beruf und die damit zusammenhängende Versorgung oft nicht erreichen kann." Daher sei die Frau berechtigt, einen anderen Beruf anzustreben (KVK, 404).

Obwohl es in den 20er Jahren des 20. Jahrhunderts einen Männerüberschuß gäbe, kämen viele Mädchen bedauerlicherweise zu keiner Ehe, da die „Erhaltung einer Familie in der gegenwärtigen Zeit oft unmöglich ist, und weil die modernen Mädchen als Hausfrauen wenig taugen." Um ihre Existenz zu sichern, müßten Frauen Berufe ergreifen, was jedoch nur als „Notbehelf" angesehen werden dürfe. „Töricht wäre es, der Frau einen Beruf zuzuweisen, den sie infolge ihrer natürlichen Untauglichkeit nur zum Schaden der Gesellschaft ausüben würde." Jede Position einer „Leiterin" sei für eine Frau als „untauglich" zu qualifizieren: „Denn einerseits ist es für den Mann entwürdigend und auch widernatürlich, somit schimpflich, einem Weibe zu folgen; anderseits bedarf ja die Frau, da sie von Natur aus unselbständig ist, selbst einer Leitung und einer Stütze. Ist sie auf sich selbst angewiesen, so zeigt sie sich in schwierigen Lebenslagen vielfach in ihrer ganzen Schwäche, einem Schiff ohne Steuerruder gleichend" (KVK, 405). Beim Lesen dieser Sätze bin ich froh, daß dieser weltweit verbreitete Katechismus doch vom größten Teil der Elterngeneration nicht ernstgenommen worden ist. Bisweilen ist es leichter, Christ und Mensch zu bleiben, wenn Theologisches und Kirchenamtliches als Beitrag ekklesialer Unterhaltungsliteratur betrachtet wird...

„Eine vollkommene Gleichstellung der Frau mit dem Mann ist unzulässig, weil die Frau andere Anlagen besitzt als der Mann, und weil sie nur Gehilfin des Mannes ist." Richtig erkennt Spirago, daß die Gleichstellung von Mann und Frau erstmals von der Französischen Revolution verlangt worden sei, doch „die Erfüllung dieser Forderung ist unzulässig!" Der Mann wird als der vollkommenere Mensch geschildert:

„Das Weib ist unselbständig und, wenn auf sich selbst angewiesen, wankelmütig. Die Natur treibt das Weib nicht zum Wirken in der Öffentlichkeit an, sondern zum Wirken an stiller Heimstätte... Das Mädchen entwickelt sich viel schneller als der Jüngling. Mit 15 Jahren ist die Jungfrau entwickelter und geistig geweckter als ein Jüngling mit 20 und mehr Jahren. Während der Mann aber dann noch fortschreitet, ist beim Weib ein Stillstand bemerkbar..."

„Außer der Ungleichheit der Begabung ist noch die natürliche Abhängigkeit des Weibes vom Manne zu berücksichtigen. Denn der Mann ist dem Weibe körperlich überlegen. Auch die äußere Erscheinung und das Auftreten des Mannes (Gang, Stimme, Blick, Bart) deutet darauf hin, daß er der ‚Herr' ist und den Vorrang hat. Die christliche Religion steht der vollkommenen Gleichstellung der Frau mit dem Manne feindlich gegenüber;

denn nach der Lehre des Christentums ist das Weib eine Gehilfin des Mannes" (KVK, 406).

Der Schluß liegt nahe, daß diese „christliche" Religion ihren Namen von einem anderen Christus herleiten muß als von dem der Bibel, und daß Jesus sich in den 20er Jahren womöglich mit einem Kreis linker Frauenemanzipatorinnen leichter getan hätte als mit Interpreten der von Spirago vertretenen Religion.

Die Untertänigkeit der Frau weiß Spirago theologisch zu begründen: „Daß die Frau zum Dienste des Mannes da ist, ist keine Schande und keine Erniedrigung für sie."

Warum nicht?

„Sie ordnet sich ja eigentlich nicht dem einzelnen, sondern vielmehr dem Willen des Schöpfers unter." Allerdings zieht der „einzelne" den Nutzen daraus... „Die christliche Religion verlangt ferner von der Frau Unterwürfigkeit und Gehorsam gegen den Mann."

Dann folgt eine weitere interessante Begründung für die Ungleichheit der Frau: „Überdies ist die Frau in der christlichen Kirche vom Priesteramte ausgeschlossen, somit dem Manne nachgesetzt." In apologetischem Eifer wird ein halbes Jahrhundert später umgekehrt argumentiert: Die Ungleichheit wird als Begründung dafür genannt, daß die Frau keine Priesterweihe empfangen darf. Beide Versionen zusammengenommen ergeben einen phantastischen Zirkelschluß...

Natürlich wird heute das „natürlich dem Manne nachgesetzt" beiseitegelassen und inbrünstig betont, daß die Nichtweihe von Frauen selbstverständlich ihrer Gleichwertigkeit gegenüber dem Mann keinen Abbruch tue. Im Gegenteil, durch die Verweigerung werde erst recht die Würde hervorgehoben...

Um Mädchen auf ihren eigentlichen Beruf als Hausfrau und Mutter gut vorzubereiten, rät Spirago zu „Zwangsmaßnahmen". Ähnlich dem Militärdienst der männlichen Jugend sollte es eine Verpflichtung für Mädchen geben, in staatlichen Anstalten Hauswirtschaft und Kinderpflege zu erlernen (KVK, 407).

Der besorgte Volkskatechismus nimmt sich auch der Mode

an. Er warnt die Mädchen vor den gesundheitlichen Schäden eines Dekolletés („Bei Temperaturveränderungen treten leicht Erkältungen ein!") und Schleppen („Sie wirbeln beim Gehen Staub auf!")(KVK, 472). Leider macht sich auch in diesem Bereich das niedere Wesen der Frau bemerkbar: „Da das Weib unselbständig ist, hat es nicht die Charakterstärke, sich einer schlechten Mode zu widersetzen; es nimmt sie stillschweigend als Gesetz hin, unterwirft sich ihr wie einem Tyrannen und erniedrigt sich zur Sklavin der Mode" (KVK, 473). Für das Gotteshaus wird Priestern empfohlen, Mädchen mit nackten Armen bei der Kommunionspendung zu übergehen; modisch gekleidete Frauen sollten als Tauf- oder Firmpatinnen nicht akzeptiert werden; Frauen mit zu kurzen Ärmeln oder freiem Rücken sind aus der Kirche zu entfernen; die französischen Bischöfe hätten - wie kontraproduktiv! - verboten, daß unziemlich gekleidete Mädchen beichten gehen. Empfohlen werden Volkstrachten - auch wenn sie „nicht schön und weniger praktisch sind". Gerühmt werden neu gegen den Mode-Luxus formierte Frauenvereine sowie eine Liga, die katholische Modewarenhäuser errichtet, in denen katholische Kleider zu kaufen seien... Mit der Mode eröffnete sich den Frauen eine weitere Palette von Gelegenheiten zur Sünde. „Vereinzelt sündigen auch Männer durch Kleiderluxus, obgleich diese in der Regel gegen die Mode gleichgiltig sind" (KVK, 476).

Die Frau steht an unterster Stelle der christlichen Gesellschaft. Der Papst ist für die Universalkirche „Stellvertreter Gottes", jeder Mann hingegen oft „Stellvertreter Gottes in der Familie". Deshalb schuldet ihm die Frau Gehorsam. „Mit Recht heißt der Mann ‚Herr'; denn das Wort kommt von ‚hehr' (erhaben), weil er erhabener ist als das Weib. Daß der Mann vornehmer ist als das Weib folgt schon daraus, daß der Mann von Gott zuerst erschaffen, und daß erst aus ihm das Weib gebildet wurde; ferner daraus, daß das Weib dem Manne zur Gehilfin gegeben wurde. Auch die körperliche Beschaffenheit deutet hin auf den Vorzug des Mannes. Man beachte, daß der Mann von Natur aus einen kräftigeren Körperbau hat, ferner eine kräftigere Stimme, die wie zum Befehlen geschaffen ist, einen gemessenen und festen Schritt, einen ruhigen Blick; auch der das Gesicht umgebende Bart verschafft ihm Autorität... Selbst in der Tierwelt hat das Männchen viele Vorzüge; man denke nur an die Mähne des männlichen Löwen, an das Geweih des männlichen Hisches, an den Gesang und das schöne Gefieder des männlichen Singvogels, an das prächtige Aussehen des Hahnes" (KVK, 668).

Dieser lange Ausflug in die dem Volk vorgetragenen „voll katholischen" Lehren über Frau, Ehe und Sexualität mußte vorgenommen werden. Sind doch, entgegen so manchen Beteuerungen, viele der dargelegten Ideen immer noch virulent. Kirchliche Dokumente unserer Zeit sind ohne den historischen Hintergrund - die über Sechzigjährigen haben den „Volkskatechismus" live vermittelt bekommen - nicht verständlich.

Wer diese oft kuriosen Anschauungen - sie stammen nicht aus dem 12., sondern aus dem 20. Jahrhundert - liest, merkt, wie sehr kirchliche Publikationen oft mehr Kinder ihrer Zeit als des Geistes der Apostel sind. Das läßt auch heutige Veröffentlichungen, die zum Teil Ewigkeitswert beanspruchen, in ihrer Relativität beurteilen.

Vieles, was heute über Frau, Ehe und Sexualität als unumstößliche katholische Wahrheit dargeboten wird, kann selbst in der Kirche in wenigen Jahren nur noch Anlaß zum Kopfschütteln bieten. Leider hilft es heute ungewollt zahlreichen Kabarettisten ihr Brot zu verdienen. Und viele Menschen - es sind bei Gott nicht die schlechtesten - wenden sich von der Kirche wegen Theorien ab, die ganz sicher nicht von ihrem Gründer stammen.

Sexualethik - zentrale Botschaft des Jesus von Nazareth?

Im geheimen Fragebogen zur Aufspürung geeigneter Bischofskandidaten werden nur zwei Papstschreiben namentlich erwähnt, die beide das Gebiet der Sexualethik betreffen. Die Rechtgläubigkeit eines Priesters zeigt sich demnach in erster Linie in der positiven Einstellung zu „Humanae vitae" und zu „Familiaris consortio". Diese Vorrangstellung, die der Sexualität eingeräumt wird, hat Geschichte.

In Österreich hatten kirchliche Grundherrschaften bis zu deren allgemeiner Abschaffung (1848) auch die niedere Gerichtsbarkeit auszuüben. Unter den verhängten Kriminal- und Zivilstrafen nehmen die „Fornicationsstrafen" eine hervorragende Stelle ein. Stifte hatten nicht nur die Möglichkeit, gegen „Unzucht" zu predigen, sondern diese auch mit Geldstrafen zu belegen. Im Bereich des Stiftes Göttweig waren vor allem Knechte und Mägde betroffen, denen vorehelicher Geschlechtsverkehr nachgewiesen werden konnte. War ein Knecht zahlungsunfähig, mußte sein Arbeitgeber für ihn haften. Bauern, die vor der kirchlichen Trauung ihr zukünftiges Eheweib geschwängert hatten, zahlten Strafe - etwa drei Monatsgehälter des Klosterobergärtners. Auffallend ist die gehäufte Strafverhängung über Personen ein und desselben Dorfes. Ob an manchen Orten besonders viele Unkeusche und an anderen ebenso viele Enthaltsame lebten, ist daraus schwer abzuleiten. Eher ist anzunehmen, daß es an bestimmten Orten eifrige Denunzierer gab, an anderen nicht.

Wenngleich die „Unkeuschheitsstrafen" im Gedächtnis der Menschen nicht exakt haftengeblieben sind, haben sie doch die Kirche in Sachen „Sex" verdächtig, wenn nicht verhaßt gemacht. Im Unterbewußtsein ist vieles hängengeblieben - vielleicht mit ein Grund, daß gerade in der Nähe von Stiften Parteien, die auf Distanz zur Religion gingen, nach der letzten Jahrhundertwende rasch viele Anhänger fanden? Im Unterbewußtsein der Menschen, und hier wäre landesweit noch vieles zu erforschen, hat es sich eingegraben, daß die Kirche der Feind der Geschlechtlichkeit ist. Ihre Äußerungen zum Sexualleben sind daher als „belanglos" zu werten. Auch dort, wo die Kirche am Ende des 20. Jahrhunderts berechtigt mahnt, wird sie daher nicht ernstgenommen. Ob es die Entkoppelung von Liebe und Verantwortung betrifft, künstliche Einpflanzung von Embryonen, Abtreibung inklusive ihrer seelischen Folgeerscheinungen oder die psychische Not von Scheidungskindern - wer hört auf die Kirche? Hilfreiches und wenig Hilfreiches in Sachen Sexualität wird in kirchlichen Äußerungen nur allzuoft vermischt, zum Schaden ihrer eigenen Botschaft, aber auch der Gesellschaft, vor allem jedoch zu Lasten von Einzelschicksalen. Wieviel zählt die einzelne Person überhaupt?

Jüngster Fall: Im Sommer 1994 beschäftigte sich die römische Glaubens(!)-Kongregation mit dem Thema „Totaloperation des Uterus" und erklärte sie für nur dann moralisch erlaubt, wenn eine aktuelle Gefahr für das Leben oder die Gesundheit der Frau besteht. Dieser Fall könne bei einer schweren Beschädigung des Uterus zum Beispiel während einer Geburt oder eines Kaiserschnittes eintreten, heißt es in einem von der Vatikan-Tageszeitung „L´Osservatore Romano" veröffentlichten Dokument. Was jedoch, wenn keine „aktuelle Gefahr" vorliegt, sondern eine höchstwahrscheinlich mögliche bei einer weiteren Schwangerschaft? Moralisch unannehmbar ist nach Angaben der Glaubens-Kongregation eine Totaloperation oder eine Unterbrechung der Eileiter als Vorbeugung gegen eine künftige Schwangerschaft. Katholischen Krankenhäusern wird eine Totaloperation oder eine Unterbindung der Eileiter als Vorbeugung gegen eine Risikoschwangerschaft untersagt (Kathpress, 1.8.1994).

Wenn kirchliche Amtsträger von Unmoral sprechen, verbinden viele Christen damit meist nur Sünden gegen das 6. Gebot. Die anderen sind jedoch gleichwertig, oder?

Der Sohn Gottes, so glauben wir Katholiken, ist Mensch geworden, um uns die Liebe des Vaters im Himmel zu zeigen - in seiner Person, durch Worte und Taten. Auf die Frage eines Gesetzeslehrers, welches Gebot das wichtigste sei, verwies er nicht auf zukünftige Entscheidungen einer zu errichtenden Glaubens-Kongregation, sondern er antwortete kurz und bündig: „Du sollst den Herrn, deinen Gott lieben, mit ganzem Herzen, mit ganzer Seele und mit all deinen Gedanken. Das ist das wichtigste und erste Gebot. Ebenso wichtig ist das zweite: Du sollst deinen Nächsten lieben wie dich selbst. An diesen beiden Geboten hängt das ganze Gesetz samt den Propheten" (Mt 22,37 ff).

Was Liebe ist, hat Jesus mit seinem Leben dokumentiert: im Umgang mit den Schwächsten, den Frauen und den an den Rand der Gesellschaft Gedrängten sowie im Auftreten gegen die Mächtigen der Religion... Bei seinem letzten Essen mit den Aposteln wusch er diesen die Füße und befahl: „Ein neues Gebot gebe ich euch: Liebt einander! Wie ich euch geliebt habe, so sollt auch ihr einander lieben" (Joh 13,34). Diese Liebe schloß bei Jesus Zöllner (z. B. Matthäus), Sünder (Maria Magdalene) und Volksfeinde (Römer, Samariter) mit ein. Das hinderte ihn jedoch nicht, gerade denen, die sich ständig auf Gott beriefen, die Wahrheit ins Gesicht zu schleudern: „Wehe euch, ihr Schriftgelehrten, ihr Heuchler, ihr blinden Führer" (Mt 23,15 f).

Es ist klar: Die Botschaft Jesu heißt „Liebe". Was aber hat der Mann aus Nazareth zur ehelichen Liebe gesagt? Er hat die Frau aufgewertet und dem Mann gleichgestellt, indem er dem Mann verbot, seine Frau aus jedwedem Grund zu entlassen. Nach der zur Zeit Jesu unter den Juden vorherrschenden Meinung des Schriftgelehrten Hillel berechtigte alles, was dem Mann an seiner Frau mißfiel, diesen, eine Scheidungsurkunde auszustellen.

Was hat Jesus über voreheliche Beziehungen gesagt? Über Homosexualität? Welche Methoden der Empfängsnisverhütung hat er empfohlen, welche verworfen? Wie stand er zu Uterus-Operationen? Über all das schweigt Jesus. Warum? Nicht einmal gegen die auch damals weit verbreitete Abtreibung nimmt er Stellung. Warum nicht?

Es ist unvorstellbar, daß Jesus über dieses Thema ausführlich gesprochen hat, dies jedoch von den Evangelisten in ihren Aufzeichnungen unterdrückt und verschwiegen worden wäre.

Es besteht kein Zweifel darüber, daß Jesus Abtreibung nicht

befürworten konnte, wo er der Herold des Lebens war und nicht erst, wer tötete, dem Gericht verfallen sein sollte, sondern bereits jeder, der seinem Bruder nur zürnte (Mt 5,21). Warum aber hat er das den Seinen nicht immer deutlich in Erinnerung gerufen? Manche Prediger meinen, das, was Jesus „vergessen" hat, lautstark nachholen zu müssen: Wer Pille oder Kondom nimmt, homosexuell ist oder gewisse Operationen durchführen läßt, landet schnurstracks beim Teufel. Diese Strafprediger unterstellen Jesus nicht mehr und nicht weniger, als daß er die Menschen vor den wichtigsten Sünden nicht gewarnt habe.

War Jesus zu liberal und pflichtvergessen seinem himmlischen Auftraggeber gegenüber? Eher wollte er mit dem, worüber er viel oder wenig sprach, deutliche Signale setzen. Offenbar empfand er es als wichtiger, vor Haß, Reichtum, Herrschsucht und religiöser Überheblichkeit zu warnen, als Regeln für den Geschlechtsverkehr zu proklamieren.

Manche Kirchenvertreter erwecken freilich den Eindruck, als hätte Jesus die Sexualität zum Hauptthema seines Erdenauftritts gemacht. Spielt da nicht die verordnete Ehelosigkeit der Priester eine Rolle?

Gegen Reichtum und Macht oder gar gegen Reiche und Mächtige wagen viele Prediger schon weniger ein Wort zu verlieren. Wo käme man denn hin, wenn einer in einem von Gold strotzenden Gotteshaus oder gar im römischen St. Peter Jesu Wort „Eher geht ein Kamel durch ein Nadelöhr, als daß ein Reicher in das Reich Gottes gelangt" (Mt 19,24) in Erinnerung rufen wollte? Aber Hand aufs Herz: Wird bei der penetranten „Bevorzugung" der „Sexualität" nicht die Botschaft Jesu ins Gegenteil verkehrt?

Ist daher, weil für Jesus Sex nicht der Stoff war, dem seine Ansprachen entstammten, alles erlaubt und nichts verboten? Nein! Aber Jesus hat - hier wie auch anderswo - einen Rahmen gegeben, das Bild unseres Lebens darin müssen wir selbst gestalten - nach eigenem Gewissen, in eigener Verantwortung.

Der Jünger des Herrn ist kein blind gehorsamer Paragraphenlerner und -vollzieher, sondern ein immer wieder Geforderter. Christsein ist anspruchsvoll. Es verlangt ständiges Forschen nach dem, was für ihn das wirklich Beste (und das ist der Wille Gottes, der ja kein Sadist ist) sein könnte.

Das „Rahmenprogramm" ist der Friede. Schon bei der Geburt Jesu verkündeten himmlische Boten: „Friede den Menschen seiner Gnade" (Lk 2,14). Als Auferstandener entbot Jesus den Aposteln den Gruß: „Der Friede sei mit euch" (Joh 20,19). Mit diesem Frieden ist nicht nur der Zustand des Nichtstreitens oder Nichtkriegführens gemeint. Das hebräische „schalom" (Friede) kommt von „vollkommen, unversehrt leben" und beinhaltet das Wohlbefinden (Glück) des einzelnen und der Gemeinschaft; das gute Verhältnis zwischen Personen, Ehepartnern, Familien und Völkern.

Der Gegensatz zu „schalom" ist nicht der Krieg (denn auch ein gerecht geführter Krieg wird „schalom" genannt), sondern alles, was dem Wohlbefinden des einzelnen und dem guten Verhältnis der Menschen zueinander schaden kann.

Gott stiftet als „Gott des Friedens" (Röm 15,33) dieses unser allumfassende Heil (= unser glückliches Leben) durch Jesus Christus.

Jesus hat den Aposteln sehr viel Konkretes aufgetragen, doch nicht punkto Sexualität. Seinen Jüngern steht kein nazarenischer Sexkoffer griffbereit zur Verfügung. Sie sollen in der Geschlechtlichkeit die sonst üblichen Grundsätze Jesu beherzigen: Liebe, Versöhnung, Dienen statt Herrschen, Streben nach „Schalom" für alle. Das jedoch fordert mehr an Überlegung und Verantwortung, als viele Konservative glauben. „Pille -nein!" von der Kanzel zu rufen ist viel leichter, als junge Menschen auf dem Weg zu einem sexuellen Verhalten zu begleiten, an dessen Ende erfüllendes Glück steht.

Eine jesuanische Gesamtschau des Lebens zu erlangen, erscheint vielen Kirchenamtlichen als zu liberal. Vielmehr müßten Einzelvorschriften noch genauer und noch öfter eingehämmert werden. Letztere Methode wurde jahrhundertelang geübt und ist gescheitert. Versuchen wir es einmal anders!

• Warum ist die Situation gerade dort besonders kritisch, wo die Kirche in der Geschichte am stärksten präsent war?

- Warum ist gerade in dem durch Jahrhunderte mit dem Kirchenstaat gesegneten Italien die Geburtenfreudigkeit extrem stark gesunken und gab es 1993 mehr Sterbefälle als Geburten zu registrieren?
- Warum beschränkt sich das Sündenbewußtsein der Römer hauptsächlich auf den sexuellen Bereich? Nach einer Umfrage unter Priestern (Kathpress, 8.8.1990) werden dort Ladendiebstähle, Steuerhinterziehung oder die Annahme von Schmiergeldern nicht gebeichtet.
- Warum werden nur sexuelle Vergehen aufgezählt und warum hauptsächlich von Frauen?

„Wäre ich der liebe Gott, ich würde den Bischöfen eine Pflichtgeburt vorschreiben" (profil, 13/1994). Dann würden etwa Stellungnahmen zu Fragen der Empfängnisregelung anders ausfallen, war Herlinde Pissarek-Hudelist, Österreichs erste und einzige Theologie-Professorin an der Universität Innsbruck, zeitlebens überzeugt.

Müssen Theologen überhaupt zu diesem Thema etwas sagen? Steht ihre Sexuakompetenz in apostolischer Sukzession?

Vor einigen Jahren rehabilitierte Papst Johannes Paul II. den Wissenschafter Galileo Galilei, der im 17. Jahrhundert nicht mehr glauben wollte, daß die Erde der Mittelpunkt des Weltalls sei, um das sich alles drehe. Werden noch vor der Jahrtausendwende all die vielen Gemaßregelten rehabilitiert, die nicht glauben wollen, daß sich in der Kirche alles um die Sexualethik zu drehen habe?

Hexengeschlecht und Priesteramt

Als Jesus von der Ehe sprach, zeichnete er ein hehres Bild von der Frau. Nicht von Gehorsam oder Unterwerfung gegenüber dem Mann ist die Rede, auch nicht davon, daß sie um des Mannes willen alles aufzugeben hätte. Der Mann ist es, der um seiner Frau willen Vater und Mutter verläßt (Mt 19,5).

Eine spätere Dämonisierung der Frau liegt nicht im Evangelium begründet, sondern ist das Ergebnis heidnischen Einflusses auf die Kirche. Den Gedanken, daß der Fall der Engel seine Ursache im Geschlechtsverkehr mit Frauen hatte, taucht in der Mitte des 2. Jahrhunderts bei dem Konvertiten Justin auf, welcher aus der gebildeten heidnischen Oberschicht kam (H I,205 f). Wegen seines Märtyrertodes hat man später auch gewissen Sätzen seiner Schriften unkritisch eine Bedeutung verliehen, die ihnen nicht gebührten.

Die im 3. Jahrhundert entstandene Sekte des Manichäismus entwickelte sich zu einer Weltreligion der Spätantike und des Mittelalters. Um 300 war sie im ganzen Orient - dem damaligen Kerngebiet des Christentums - verbreitet, bald auch in Süd- und Westeuropa. Im Reich der Uiguren war der Manichäismus im 8. Jahrhundert Staatsreligion, selbst in China gelangte er zu erheblichem Einfluß. Der bedeutende christliche Philosoph und Kirchenvater Augustinus (†430) gehörte dieser Glaubensgemeinschaft vor seiner Bekehrung an.

Der vollkommene Manichäer entsagte der Welt und bekämpfte in sich alle Begierden. Er band sich durch das dreifache Siegel des Mundes (kein unreines Wort), der Hände (keine niedrige Arbeit) und des Schoßes (absolute geschlechtliche Enthaltsamkeit, Verwerfung der Ehe). Diese heidnische Bewegung und das in der Kirche aufkommende Mönchstum führten mit der Zeit zu einer Stimmung, die Jungfräulichkeit zum Ideal erhob und Sexualität in die Sphäre des Bösen verwies. Martin Pruggers „Katholisches Exempelbuch" (Regensburg, 1887) rühmt - bei der Unterweisung über das Sakrament der Ehe - die hl. Cäcilia, die am Hochzeitstag Gott bat, daß sie ihren Leib unbefleckt erhalten könne, und der dann die Gnade verliehen worden sei, in der Ehe ihre Jungfräulichkeit zu bewahren. Für den Mann, der nach Vollkommenheit streben sollte, die untrennbar mit Enthaltsamkeit verbunden schien, wurde die Frau zur Versuchung, zur tödlichen Gefahr.

Der „Hexenhammer" der Dominikanerpatres Jakob Sprenger und Heinrich Institoris aus dem Jahr 1487 spiegelt das deutlich wieder. Er bildete dreihundert Jahre lang die Grundlage für Hexenverbrennungen und wurde von den ansonsten für Verdammungsbullen und Exkommunikationen sehr aufgeschlossenen Päpsten nicht verurteilt, obwohl die antifeministischen Ausfälle der Bibel klar widersprechen. Die Frau ist demnach „fleischlicher gesinnt als der Mann, wie es aus vielen fleischlichen Unflätereien ersichtlich ist. Diese Mängel werden auch gekennzeichnet bei der Schaffung des ersten Weibes, indem sie aus einer krummen Rippe geformt wurde, d. h. aus einer Brustrippe, die gekrümmt und gleichsam dem Mann entgegen geneigt ist. Aus diesem Mangel geht auch hervor, daß, da das Weib nur ein unvollkommenes Tier ist, es immer täuscht" (HH 1,99). So ist es kein Wunder, daß „fast alle Reiche der Erde durch die Weiber zerstört worden sind" (HH 1,104).

Das lateinische Wort für Frau „femina" wurde so erklärt: Es komme von fe und minus. Fe sei das Kürzel für fides (Glaube), minus bedeutet „weniger". „Femina" wird übersetzt mit „die weniger Glauben hat". Das weibliche Wesen hat diesen Namen erhalten, „weil es immer geringeren Glauben hat und bewahrt" (HH 1,99).

Warum aber sind Frauen in größerer Zahl abergläubisch als Männer? Drei Gründe sind ausschlaggebend: die Leichtgläubigkeit, die Schlüpfrigkeit der Zunge und die Regelblutung. Frauen sind „von Natur wegen der Flüssigkeit ihrer Komplexion leichter zu beeinflussen zur Aufnahme von Eingebungen durch den Eindruck gesonderter Geister" (HH 1,97). Über Frauen wird festgestellt: „Alles geschieht aus fleischlicher Begierde, die bei ihnen unersättlich ist." Weil die Öffnung der Gebärmutter niemals spricht, es sei genug, „darum haben sie auch mit den Dämonen zu schaffen, um ihre Begierden zu stillen" (H 1,106). Diese Darlegungen schließen logischerweise mit einem Lobpreis der Männlichkeit: „Gepriesen sei der Höchste, der das männliche Geschlecht vor solcher Schändlichkeit bis heute so wohl bewahrt: da er in demselben für uns geboren werden und leiden wollte, hat er es deshalb auch so bevorzugt" (HH 1,106f).

Die Kirche hat in unseren Tagen Galileo Galilei rehabilitiert und die Wissenschaft um Entschuldigung gebeten. Wird die Kirche am Ende des zweiten Jahrtausends die Kraft aufbringen und die Frauen um Vergebung bitten für das ihnen in der Geschichte zugefügte Leid und die über sie verbreiteten Theorien, die der menschlichen Vernunft und dem christlichen Glauben zutiefst widersprechen und eine Beleidigung des Schöpfer- wie des Erlösergottes sind?

Um Entschuldigung bitten ist freilich zu wenig. Tätige Reue muß gezeigt werden, indem ernsthaft über das Verhältnis Jesu zu den Frauen nachgedacht wird und die Männer den Frauen gleiches Recht zur Führung der Kirche zubilligen. Unbeschadet der Tatsache, daß dann die Frauen in der Hierarchie bald ebenso in der Mehrheit sein werden wie bei den sonntäglichen Eucharistiefeiern, wo normalerweise doppelt so viele weibliche wie männliche Christen zu finden sind.

Es war beschämend, daß noch um 1900 die Frauenemanzipation in der christlichen Soziallehre als heidnische Verfallserscheinung diagnostiziert wurde und behauptet werden konnte: „Die Forderung nach absoluter Gleichberechtigung der beiden Geschlechter in öffentlich-rechtlicher und privatrechtlicher Beziehung, innerhalb und außerhalb der Familie, widerspricht der Vernunft und dem Christentum" (H VI,2,217).

Rom versucht derzeit, mittels möglichst vieler Dokumente den Weg der Kirche „für alle Ewigkeit" vorzuzeichnen. Anders ist das Ende Mai 1994 gegen die Priesterweihe von Frauen publizierte Schreiben „Ordinatio sacerdotalis" nicht zu verstehen. Der ausgerufene „Schluß der Debatte" wirkt - und es kann gar nicht anders sein - kontraproduktiv. Noch nie haben sich weltweit so viele engagierte Christen mit diesem Thema beschäftigt wie nach dieser Enuntiation. Daß Papst Johannes Paul II. keine Frauen zur Weihe zulassen wird, war an sich immer klar. Dies zu wiederholen, hätte genügt. Es für alle Ewigkeit auszuschließen, fördert nicht die weltweite Autorität des Papsttums, das in der Vergangenheit nicht selten irrige Auffassungen vertreten hat.

Wenn im Brief aus dem Vatikan erklärt wird, daß „die Kirche keinerlei Vollmacht hat, Frauen die Priesterweihe zu spenden", so fragen sich viele, wann die Kirche von Jesus die Vollmacht bekommen hat, den Vatikanstaat zu gründen...

Beim Lesen des Schreibens und einiger Kommentare dazu frage ich mich, was mutiger ist: die Ausgrenzung der Frauen vom Priestertum „der Weisheit des Herrn des Universums zuzuschreiben" (Johannes Paul I.), oder sie als einen „prophetischen Dienst für die Zukunft der Menschheit" (Dr. Wilhelm, Sekretär der Österreichischen Bischofskonferenz) auszugeben? Worte wie „man müsse die Kritiker des Papstschreibens ernstnehmen", „mit ihnen das Gespräch suchen" und Ähnliches, was bei solchen Gelegenheiten gern zum Besten gegeben wird, sind kein Trost: weder für Europa noch für die Dritte Welt. Jesus und die Kirche haben dem römischen Recht punkto Frauen genausowenig widersprochen wie punkto Sklaven. Letzteren wurde inzwischen (Menschen-) Recht gegeben - zu Unrecht aus christlicher Sicht? Schließlich hat Jesus keine Vollmacht erteilt, sie zu befreien.

Der Blick auf das ziemlich priesterlose Lateinamerika, so sagen Konservative, könne doch nicht bewirken, daß Frauen geweiht werden. Der Blick auf das christenlose römische Weltreich hat die Apostel schon bewogen, auch Nichtjuden mit kirchlichen Führungspositionen zu betrauen, obwohl Jesus eigentlich ja nur beschnittene Israeliten ins Apostelamt berufen hat...

Womit mögen sich katholische Frauen trösten? Am besten noch mit der Tatsache, daß die Kirche schon öfter geirrt, dies aber später wieder gutzumachen versucht hat.

• Nach der Entdeckung Amerikas wurden die Indios massenweise zur Taufe getrieben. Jahrzehntelang gab es jedoch Bedenken gegen deren Zulassung zur Kommunion (H IV,612).
• Das Konzil von Mexiko verbot 1555 die Erteilung höherer

Weihen für Indianer, Mestizen und Mulatten; daran hielt man sich bis ins 17. Jahrhundert (H IV, 611-615).

- Heute reist Papst Johannes Paul II. unermüdlich durch die Welt, und besonders in Diktaturen zeigt er sich regelmäßig als unerschrockener Verteidiger von Religions- und Gewissensfreiheit. Womit er sich eine scharfe Rüge seines Vorgängers Gregor XVI. einhandelte, der 1832 in der Enzyklika „Mirari vos" die „falsche und absurde Maxime, oder vielmehr diesen Wahn, man müsse jedem die Gewissensfreiheit ermöglichen und garantieren", verurteilte (H VI,1,341).

Die „böse Welt" hat im Lauf der Geschichte der Kirche schon oft gezeigt, wo es für sie biblisch richtig langzugehen hat. In der Frauenfrage wird es nicht anders sein. Hoffentlich setzt die Kirche diesen Impulsen des Heiligen Geistes nicht allzulange heftigsten Widerstand entgegen.

Ehe, Scheidung und Wiederverheiratung

Freitagabend, Jugendtreff im Pfarrheim einer niederösterreichischen Pfarre. Die Atmosphäre ist locker, und diesmal wird über Liebe und Partnerschaft diskutiert. Zettel werden ausgeteilt, und jede/jeder kann darauf die Eigenschaften schreiben, die ein(e) potentielle(r) Partner(in) haben sollte. Zum Teil werden ganze Litaneien aufgeschrieben, von der Farbe der Augen bis zur Ausübung einer bestimmten Sportart scheint alles sehr wichtig zu sein. Die Zettel werden gefaltet, in eine Schachtel gelegt und anonym vorgelesen. Nach einer Stunde werden erneut Zettel ausgeteilt, jetzt dürfen nur noch höchstens drei Eigenschaften notiert werden, die ein(e) Partner(in) unbedingt aufweisen müßte. Das Ergebnis: Der Wunsch ist unüberhörbar und allgemein, daß eine einmal eingegangene Partnerschaft auf Dauer besteht, und die Partner einander ganz annehmen.

Ohne es zu wollen, haben die Jugendlichen, die durchaus keine Sonntags-Kirchgeher waren, damit umschrieben, was Brautleute im kirchlichen Vermählungsspruch einander versprechen: „Ich nehme dich an als meine Frau (meinen Mann) und verspreche dir die Treue in guten und in bösen Tagen, in Gesundheit und Krankheit. Ich will dich lieben, achten und ehren, solange ich lebe." Die Kirche liegt also mit ihrem Ehegelöbnis nicht schief, und auch die von ihr gepriesene Familie wird, obwohl der gesellschaftliche Wind jahrelang in die andere Richtung wehte, von den Menschen geschätzt.

Partnerschaft und Familie stehen bei den Österreichern hoch im Kurs. Das Institut „Fessel + GfK" erhob, daß 91 Prozent der Bevölkerung diesen Lebensbereich 1993 als sehr wichtig wertete, um 6 Prozent mehr als 1987. Schlußlicht im Bewußtsein der Alpenrepublikaner bilden Politik und Kunst, aber auch mit der Verankerung der Religion (16 Prozent) steht es nicht zum Besten. Woran liegt es, daß die Institution Kirche, die doch mit dem feierlichen Beginn einer auf Bestand ausgerichteten Partnerschaft weit mehr zu tun hat als Gewerkschaft oder Reisebüro in der Volksmeinung so wenig Vertrauen bekommt?

Im Alten Testament war Ehe reine Privatsache. Im Hebräischen gab es nicht nur keinen dem heutigen vergleichbaren Ehebegriff, sondern auch kein Wort für „Ehe". Die Bezeichnung „Bund" kommt unserer Auffassung noch am nächsten. Wie überall im Orient war auch in Israel die Ehe weder eine religiöse noch eine öffentliche, sondern eine rein private Angelegenheit zwischen zwei Familien. Im Alten Testament wurde die Einehe empfohlen, sie war jedoch nicht vorgeschrieben. Je reicher ein Mann war, desto mehr Frauen konnte er sich leisten.

Jesus vertiefte die Ehemoral entscheidend. Er selbst war zwar nicht verheiratet, der Ehe gegenüber jedoch auch nicht ablehnend oder gar feindlich eingestellt. Er verkündete Einheit und Unauflöslichkeit der Ehe, was er jedoch nicht als sensationell neue Lehre, sondern als Bekräftigung des altbekannten Schöpferwillens betrachtet wissen wollte. Mit Rücksicht auf das Reich Gottes könne es jedoch Menschen geben, die auf Ehe verzichten. In seinem Sinn fordert das Neue Testament von Priestern und Bischöfen ein vorbildliches Familienleben.

Während Jesus die Ehe nicht ablehnt, selbst an einer Hochzeit teilnimmt, dort sein erstes Wunderzeichen setzt und immer wieder Freude an Kindern zeigt, ist für den Apostel Paulus - auf ihn gegen immerhin 14 der 21 NT-Briefe zurück - die Ehe mehr ein notwendiges Übel zur Vermeidung von Unzuchtsünden. Darum sollen seiner Auffassung nach auch die Zeiten der geschlechtlichen Enthaltsamkeit kurz bemessen sein.

Paulus ist in der Welt weit herumgekommen und hat in diversen Großstädten ausschweifendes Sexualleben registriert. Beinahe alles, was Pornoblätter des 20. Jahrhunderts anpreisen, wurde damals vermutlich schon praktiziert, die Prostitution blühte. Paulus vergleicht demgegenüber die eheliche Verbindung zwischen Mann und Frau mit der geheimnisvollen Einheit zwischen Jesus und der Kirche und predigt wiederholt eindringlich gegen „Hurerei". Von diesem Paulus stammt eines der schönsten Werke der Weltliteratur, das „Hohelied der Liebe", das heutzutage bei unzähligen Trauungsgottesdiensten vorgelesen wird.

Im 4./5. Jahrhundert hat die Kirche die Ordnung des damals

im Römischen Reich geltenden Eherechts - Eheabschluß, Stellung des Familienoberhauptes und Erbrecht - übernommen.

Bis zu Beginn des 20. Jahrhunderts hatten große Bevölkerungsschichten keine Möglichkeit, eine Ehe einzugehen und eine Familie zu gründen. Entweder fehlte ihnen dazu das Recht oder der Besitz. Das romantische Bild von der glücklichen, sich liebenden Familie ist erst um die Mitte des 20. Jahrhunderts entstanden. Das heute aufgestellte Idealbild entspricht nicht dem vergangener Jahrhunderte. Die Partnerwahl war oft nicht frei und richtete sich häufig nach wirtschaftlichen Gesichtspunkten. Kindererziehung war meist nicht Sache der Mutter, die als Bäuerin den ganzen Tag über schwer zu arbeiten hatte oder als wohlhabende Bürgerin dies von einer Hausangestellten besorgen ließ. An in dynastische Überlegungen verstrickten Fürstenhöfen waren Jugenderziehung, Verlobung und Verehelichung auch keineswegs das, was heute die Psychiater arbeitslos machen würde.

Unter Handwerkern wurden bis ins 19. Jahrhundert viele Ehen aus rein geschäftlichen Gründen abgeschlossen. Starb der Meister und hinterließ etwa eine 70jährige Witwe, zögerte ein 25jähriger Geselle kaum, diese zu heiraten, um das Gewerbe am Ort weiterführen zu können. Obwohl Kinder als oberstes Ziel der Ehe von der Kirche verkündet wurden, weigerte sie sich jedoch so gut wie nie, auch solche Ehen einzusegnen, die eindeutig Finanzverbindungen darstellten.

Die Dauer einer Ehe war bis in das 20. Jahrhundert wesentlich kürzer als heute, Goldene Hochzeiten gab es selten. Aufgrund der niedrigen Lebenserwartung waren viele - die Trauungsmatriken bezeugen es - drei-, ja viermal verheiratet. Kinder wurden oft nicht von ihren leiblichen Eltern aufgezogen, mit ein Hintergrund für die Gestalt der bösen Stiefmutter in vielen Märchen.

Treue war die Tugend der einfachen Christen. Die Fürsten besaßen - unter seltener Ermahnung der Kirchenobrigkeiten - Mätressen und „natürliche Kinder" ohne Zahl. Der Mythos der heilen Welt mit der gesunden Familie vergangener Zeiten ist eine Seifenblase.

„Ist Ehe ein Auslauf-Modell?" Unter diesem Titel stand eine im Frühjahr von Vera Rußwurm im ORF präsentierte TV-Sendung „Duell". Bemerkenswert war die Seher-Umfrage dazu. Vor der Sendung erklärten sich 74 Prozent der Zuschauer als Ehebefürworter, nach der Sendung waren es noch um 4 Prozent mehr. Und das, was die Gegner von Ehe als wünschenswerte Partnerschaft hinstellten, war nicht selten genau das, was zum Wesen einer guten Ehe dazugehört.

Der Hochzeitstag ist ein Freudentag, auch des dankbaren Zurückblickens. Schließlich ist kein Mensch, was er ist, allein aus sich selbst. Jeder wurde entscheidend geprägt von Eltern, Geschwistern und Freunden. Der Tag lädt ein zum Dank an Gott - für das eigene Leben und für den Partner, den man schätzen und lieben gelernt hat, nachdem er einem „über den Weg gelaufen ist".

Gern würden junge Menschen - das Scheitern vieler Beziehungen vor Augen - an einem Hochzeitstag auch in die Zukunft blicken können, um nach Möglichkeit Vorkehrungen zu treffen gegen widrige Zwischenfälle des Lebens. Doch während heutzutage vom Auto bis zum Urlaub beinahe alles mittels Versicherung unter Kontrolle gehalten werden kann, gibt es für das Kostbarste - das Leben und das Glück im Leben - keinerlei Absicherung. Nur gegenseitige Liebe vermag hier „Sicherheit" zu geben, „ein Stück Himmel auf Erden" zu schaffen. Trotz aller guten Vorsätze eines oder beider Partner kann aus einem frohen Beginn auch „ein Stück Hölle auf Erden" werden.

Diese „Hölle" hat viele Gesichter: von „normaler Untreue" bis zu brutaler Gewalt. Und sie wird heute oft durch Scheidung beendet, die in früheren Zeiten aus wirtschaftlichen Gründen zumeist undurchführbar war.

Auf die Ehescheidung, die aus rein finanziellen Gründen erfolgt, um vom Staat mehr Geld zu erhalten, wo jedoch beide Partner weiterhin zusammenleben, soll hier nicht eingegangen werden. Auch nicht auf die Tatsache, daß selbst Bestsituierte heutzutage nach der Geburt von Kindern zwar zusammenleben, jedoch nur aus dem Grund nicht zum Ringwechsel bereit sind, weil dann „Notstandsgelder" in der Kassa fehlen würden.

„Die allermeisten Menschen suchen ihr persönliches Glück in der Ehe und in der Familie. Ehe und Familie sind die Grundzelle der menschlichen Gesellschaft. Zu den dramatischen Umbrüchen unserer Zeit gehört jedoch, daß zahlreiche Ehen zerbrechen und die Ehescheidungen erheblich zugenommen haben. Die schwierige menschliche Situation der Geschiedenen und der nach der Scheidung bürgerlich Wiederverheirateten ist eine ernste Anfrage an die Kirche. Denn Freude und Hoffnung, Trauer und Angst der Menschen von heute sind auch Freude und Hoffnung, Trauer und Angst der Christen."

So beginnt ein 1993 veröffentlichter Hirtenbrief der Bischöfe der Oberrheinischen Kirchenprovinz. Der Freiburger Erzbischof Oskar Saier, der Mainzer Bischof Karl Lehmann und der Rottenburger Bischof Walter Kasper haben sich an dieses brisante Thema gewagt und dafür heftigste Kritik von der rechten Kirchenseite einstecken müssen. Die Bischöfe kommen auf die gesellschaftlichen Veränderungen zu sprechen, die ihrer Meinung nach mit schuld am Scheitern vieler Ehen sind: „Die moderne Trennung von Familie und Arbeitswelt und die dadurch bedingte Spannung zwischen Familie und Beruf, das neue Rollenverständnis von Mann und Frau, die längere Dauer der Ehe, die Auflösung der traditionellen Großfamilie und die Isolierung der Kernfamilie wie die mangelnde Abstützung von Ehe und Familie durch das gesellschaftliche Klima." Daneben gäbe es übersteigerte Glückserwartungen, die notwendigerweise enttäuscht werden müssen, menschliche Unreife, persönliches Versagen im Alltag, gegenseitiges Unverständnis, mangelnde Zuwendung bis hin zur Untreue und schuldhaftem Zerstören der Gemeinschaft oder gar Gewalt in der Ehe.

Die Folgen seien Enttäuschung, Trauer, Verletzung, Selbstzweifel und Schuldgefühle. Eine Ehescheidung wirke sich auf familiäre und freundschaftliche Beziehungen aus, führe bisweilen zu Isolation und Zukunftsangst. Die Leidtragenden seien vor allem die Kinder. Der realistischen Situationsbeschreibung durch die Bischöfe folgt deren ernüchternde Feststellung: „Von der Kirche und der Gemeinde fühlen sich die Geschiedenen und wiederverheirateten Geschiedenen meist nicht verstanden und mit ihren Problemen alleingelassen. Viele glauben sich diskriminiert, ausgestoßen, ja verdammt. Die kirchlichen Vorschriften und Regelungen können sie nur schwer oder meist überhaupt nicht akzeptieren. Sie erleben sie als unverständliche Härte und Unbarmherzigkeit."

Hier haben die oberrheinischen Bischöfe den Nagel auf den Kopf getroffen. Manche ihrer Kollegen nennen eine Zweitehe stur „ein Glück, das Gott nicht will" und lehnen jedes Entgegenkommen gegenüber geschiedenen Wiederverheirateten als ein Verwerfen der von Jesus geforderten Unauflöslichkeit der Ehe ab. Diese Kraut und Rüben miteinander verwechselnde Argumentation will nicht zur Kenntnis nehmen, daß Jesus „nicht Opfer, sondern Barmherzigkeit will" (Mt 9,12) und daß jemand, der einem Dieb oder Lügner verzeiht und neue Chancen einräumt, deswegen ja nicht das siebente oder achte Gebot Gottes abschaffen will.

Die oberrheinischen Bischöfe betonen, daß die Kirche in dieser Frage nicht nach Gutdünken verfahren dürfe. Als Jesus auf die Scheidungspraxis seiner Zeit angesprochen wurde, habe er deutlich gemacht, daß die einmal geschlossene Ehe der Beliebigkeit und Verfügungsgewalt des Menschen entzogen sei, denn nach der ursprünglichen Schöpfungsordnung seien Mann und Frau gleichwertige Ebenbilder Gottes. Sie seien füreinander geschaffen, sollen ein Fleisch und fruchtbar in ihren Kindern sein.

Die gegenseitige Liebe verlangt beständige Treue. Die Treue erst öffnet den Raum, in dem Mann und Frau ihre eheliche Partnerschaft verwirklichen und Kindern verantwortlich das Leben schenken können. Durch die Sünde, so die oberrheinischen Bischöfe, werden die Menschen hartherzig, und so mußten schon im alttestamentlichen Gesetz Regelungen zur Scheidung getroffen werden.

Jesus habe weder die Gesetze verschärft, noch Ausnahmeregelungen angeboten, sondern Ehe und Ehescheidung in den Rahmen seiner Botschaft von der kommenden Gottesherrschaft gestellt. Sie überwindet die lebensfeindlichen Gesetze von Haß,

Selbstsucht und Gewalt: „Jesu Wort ist darum kein erdrückendes Gesetz, sondern ein Angebot, eine Einladung, ein Zuspruch und ein Geschenk, den ursprünglichen Sinn der Ehe in lebenslanger Treue zu verwirklichen."

Den Bischöfen zufolge habe die Kirche freilich schon früh erfahren müssen, daß die Macht der Sünde auch in den Reihen der Getauften weiterwirkt und daß auch Ehen unter Christen scheitern können. Die Kirche könne das Wort von der Unauflöslichkeit der Ehe nicht zur Disposition stellen, sie könne aber auch vor dem Scheitern vieler Ehen nicht die Augen verschließen: „Denn wo immer Menschen hinter der Wirklichkeit der Erlösung zurückbleiben, begegnet ihnen Jesus barmherzig mit Verständnis für ihre Situation. Er eröffnet auch in Scheitern und Schuld den Weg zur Umkehr und zu neuem Leben." Daher müsse die Kirche sich fragen, wie sie hilfreiche Weggefährtin sein kann.

Die oberrheinischen Bischöfe fordern die Christen auf, dem Trend der Zeit entgegenzuwirken und treu zu leben, aber auch Solidarität denen entgegenzubringen, die in ihrer Ehe gescheitert sind. Selbst Papst Johannes Paul II. hat 1981 („Familiaris consortio") geschrieben, bei Wiederverheirateten gelte es, „die verschiedenen Situationen gut zu unterscheiden". Es sei ein Unterschied, ob jemand zu Unrecht verlassen wurde oder ob jemand eine Ehe durch eigene schwere Schuld zerstört habe. Doch wer kann das gerecht beurteilen, darf es überhaupt? Wer sieht in die Herzen der Menschen? Im Hirtenbrief der oberrheinischen Bischöfe wird den Pfarrgemeinden die schwere Aufgabe gestellt, Wiederverheiratete nicht nur anzunehmen, sondern ihnen auch zu helfen, Lebens- und Glaubensgeschichte aufzuarbeiten, Schuld anzuerkennen, aber auch Versöhnung und Gemeinschaft zu erfahren. In Erinnerung gerufen wird, daß kirchliche Verlautbarungen keine generelle Zulassung wiederverheirateter Geschiedener zum eucharistischen Mahl gestatten, das kirchliche Recht könne aber „nur eine allgemein gültige Ordnung aufstellen, es kann jedoch nicht alle sehr komplexen einzelnen Fälle regeln."

Der Hirtenbrief hat in konservativen Kreisen höchste Empörung ausgelöst. Da würden, hieß es, geschiedene Wiederverheiratete zur Kommunion zugelassen, was nicht ginge, außer die Partner hätten vorher versprochen, in Hinkunft keinen sexuellen Kontakt mehr miteinander zu pflegen...

Nach den Aussagen des St. Pöltner Bischofs Kurt Krenn, wonach Wiederverheiratete nicht zur Kommunion gehen dürften, weil dies „die tiefste Vereinigung mit Christus" sei, nahm der Vorstand des Instituts für Kirchenrecht an der Katholisch-Theologischen Fakultät der Universität Wien, Bruno Primetshofer, in der Tageszeitung „Die Presse" Richtigstellungen vor. Die Auffassung der Kirchenväter sei kontrovers gewesen, Päpste hätten oft erhebliche Zugeständnisse gemacht. Das Konzil von Florenz habe 1439 eine Union mit Teilen der vierhundert Jahre lang getrennten Ostkirchen in die Wege geleitet. Die Einheit mit der katholischen Kirche kam zustande, obwohl die Ostkirchen ihre bisherige Praxis, aus bestimmten Gründen Scheidung und Wiederverheiratung zu gestatten, nicht aufzugeben bereit waren. Diese Regelung sei bis zu Papst Pius IX. (1846-1872) geduldet worden: „Nun sind aber die einzelnen Rituskirchen, d. h. die lateinische Kirche und die verschiedenen orientalischen Kirchen, unter sich völlig gleich; eine Vorherrschaft der einen über die andere gibt es nicht.

Daraus folgt aber, daß die eine katholische Kirche mit dem Papst an der Spitze bereits jahrhundertelang eine Praxis zugelassen hat, die mit dem heutigen Kirchenrecht nicht übereinstimmt. Offensichtlich meinten aber die Päpste, daß diese von ihnen geübte Toleranz nicht im Widerspruch zum Willen Christi stehe."

Im Klartext heißt das, daß mehr als dreihundert Jahre lang Katholiken eine Zweitehe eingehen konnten, ohne daß sie deshalb von den Sakramenten ausgeschlossen worden wären.

Die Kirchen des Ostens haben nie die Unauflöslichkeit der Ehe geleugnet, jedoch eine Reihe von Scheidungsgründen akzeptiert, z. B. wenn ein Partner den anderen böswillig verlassen habe, und eine Zweitehe gestattet.

Theologen und Bischöfe, Konservative und Liberale werden noch lange in der Kirche über die „Wiederverheirateten" diskutieren. Solange, bis es niemanden mehr interessiert.

Wenngleich es heute an der Basis viele katholische Seelsorger gibt, die - als ein unbewußt eingeschlagener Weg der
Ökumene zwischen Ost- und Westkirche - geschiedenen Wiederverheirateten „orthodoxe Wege" weisen, so zählt in der Öffentlichkeit doch viel mehr das TV-gerechte Hartbleiben vieler
Bischöfe. Gerade jene Oberhirten, die so gern und fortwährend
den schlimmen Einfluß der Medien beklagen, nutzen diese in
Wirklichkeit zur permanenten Verbreitung ihrer Lehren. Nachdem „only bad news are good news" gilt und es immer noch
sensationell erscheint, der kirchlichen Botschaft der Liebe hart-
herzige Sprüche ihrer Vertreter gegenüberzustellen, finden sich
stets Foren, Unbarmherzigkeit zu verkünden. Die Betroffenen
aber wenden sich ab und verlassen schweigend die Kirche.

Der Fastenhirtenbrief des St. Pöltner Bischofs Franz Zak lud
im Frühjahr 1991 Christen, „welchen aus verschiedenen Gründen der Zugang zum Bußsakrament vorübergehend oder auf Dauer
nicht möglich ist" ein, „sich mit einem Priester ihres Vertrauens
zu beraten." Im darauffolgenden Pfarrblatt meiner Pfarre gab ich
diese Einladung an die wiederverheirateten Geschiedenen weiter. Ich hoffte, damit aufzurütteln und manchen den Weg zur Kirche, die für sie uninteressant geworden war, neu zu zeigen. Doch
meine Enttäuschung war groß: Im wesentlichen reagierten nur
vorgesetze Geistliche - natürlich negativ. Die Wiederverheirateten interessierte meine Initiative so gut wie gar nicht. Kein Wunder, denn jahrelang waren sie von der Kommunion und damit in
Wirklichkeit von der Gemeinschaft ausgeschlossen gewesen.
Manche hatten peinliche Szenen hinter sich. Sie wurden mancherorts von der Kommunionbank weggeschickt, die Kommunion wurde ihnen öffentlich verweigert. Als Paten, ja selbst als Trau-
zeugen wurden sie abgelehnt. Zu den tiefen Wunden einer ge-
scheiterten Beziehung kamen noch die Wunden, die von liebe-
predigenden Priestern geschlagen wurden. Da verliert man das
Interesse an dieser „Botschaft der Liebe" und an der Kirche, mit
der dann in erster Linie Scheinheiligkeit verbunden wird.

Was viele wiederverheiratete Geschiedene beeindruckt, ist
nicht die Diskussion, zu der manche in der Kirche plötzlich be-

reit sind, auch nicht das vernünftige Verhalten vieler Pfarrer, sondern die in ihren Augen unbarmherzige und ungerechte Kirche.

Angenommen, eine kinderlose Ehe zerbricht. Der Mann heiratet wieder und der neuen Verbindung entspringen vier Kinder. Nach konservativer Anschauung darf der Mann erst wieder zur Kommunion gehen, wenn er die Frau mit den vier Kindern verlassen hat - wobei belanglos ist, ob ihn die frühere Gattin überhaupt noch will oder nicht. Ist das gerecht und barmherzig?

Angenommen, der Katholik Adolf Hitler hätte am Ende des von ihm verschuldeten Zweiten Weltkriegs, der 50 Millionen Menschen das Leben gekostet hat, eine Beichte abgelegt. Daraufhin hätte er - nach gut katholischem Brauch - wieder zur Kommunion gehen dürfen, obgenannter Familienvater jedoch nicht...

Der Fall dreier Mädchen gab mir zu denken: U. wurde mit 17 schwanger und wollte das Kind zur Welt bringen, die Umgebung drängte zur Heirat, mit 19 hatte sie zwar das Kind, jedoch keinen Mann mehr. Die Ehe war in Brüche gegangen. Heiratet sie wieder, ist sie - auch wenn der zweite Mann ihrem Kind ein liebender Vater ist - nach dem Kirchenrecht von den Sakramenten ausgeschlossen.

Dem Mädchen L. erging es ähnlich. Ihre zwar katholischen, aber nicht praktizierenden Eltern hielten eine zivile Trauung für gut („Damit das Kind einen Namen hat!"), mehr jedoch nicht. Die Ehe ging in Brüche, das Mädchen konnte sieben Jahre später mit einem anderen Partner festlich kirchlich getraut werden.

Das Mädchen M. ließ ihr Kind abtreiben. Das kostete zwar einem jungen Menschen das Leben, war jedoch - für den Fall, daß sie überhaupt an das Bußsakrament dachte - in der Beichte zu beheben. Kirchenrechtliche Probleme wie spätere Verweigerung von Sakramenten ergaben sich keine.

Irgendwie ist wohl jedem beim Vergleich der drei Fälle nicht wohl zumute, oder?

Es gibt Dinge im Leben, die wieder gutgemacht werden können. Dazu sind wir Christen auch verpflichtet, sonst ist Beichte sinnlos und ungültig. Es gibt jedoch Dinge, da läßt sich nichts mehr machen, sie sind unkittbar zerbrochen. Die Veruntreuung von 50 Millionen Schilling kann nie mehr wettgemacht, die Tötung eines Menschen kann nie wieder rückgängig gemacht werden. Dennoch gibt es in beiden Fällen die kirchliche Chance auf Vergebung und Neubeginn. Niemand kommt auf die Idde, damit würden Gebote Gottes abgeschafft, jeder empfindet das als Ausfluß göttlicher Barmherzigkeit.

Zahllose Ehen sind ebenso tot wie ein Ermordeter. Mißbrauchtes Vertrauen und in Haß umgewandelte Zuneigung rufen bisweilen psychische Mondlandschaften hervor, wo nichts mehr gedeiht. Sollen Menschen aus diesen - ob verschuldet oder nicht, steht gar nicht zur Debatte - Situationen herauskommen und neu anfangen dürfen? Oder sind die ohnehin Bestraften zu einem gemeinschaftslosen („Kommunion" heißt Gemeinschaft) Leben in einer christlichen „Gemeinschaft" verurteilt? Es kann doch nicht wahr sein, daß jemand, der seine Frau ermordet und dann zur Beichte geht, die Hl. Kommunion empfangen kann, ein anderer aber nicht, der sie nach zerbrochener Ehe verlassen und eine andere geheiratet hat.

Jesus wurde eines Tages unsanft mit Ehebruch konfrontiert. Schriftgelehrte brachten eine Frau zu ihm mit der Behauptung, sie wäre beim Ehebruch auf frischer Tat ertappt worden. Mose, so sagten sie, verlange die Steinigung, und Jesus - würde er sich gegen das Gesetz stellen? Doch der Mann aus Nazareth gab den Gesetzestreuen aus Jerusalem keine Antwort. Als sie hartnäckig weiterfragten, sagte er zu ihnen: „Wer von euch ohne Sünde ist, werfe als erster einen Stein auf sie." Daraufhin ging einer nach dem anderen fort. Der Evangelist vermerkt zynisch, daß dabei die Ältesten die ersten gewesen wären. Der erstaunten Frau erklärte Jesus, daß auch er sie nicht verurteile, er ermahnte sie nur, nicht mehr zu sündigen (Joh 8, 1-11).

Würde nicht auch wiederverheirateten Geschiedenen gegenüber schweigendes Weggehen von der Richtertribüne besser anstehen als unbarmherziges Palaver?

Der Kirchenbeitrag, die Weltkirche und Wiederverheiratete

Der „Kirchenbeitrag" zählt zu jenen „katholischen Themen", über die in Wien und München am Stammtisch heiß debattiert wird, die jedoch die Welt nicht bewegen. Gut 96 Prozent der Katholiken der Welt haben noch nie einen verordneten „Kirchenbeitrag" bezahlt, den meisten ist das seit der NS-Ära in Deutschland und Österreich existierende System auch völlig unbekannt. „Ohne Geld keine Musik!" Dieser Spruch hatte schon zur Zeit der Apostel Gültigkeit. Jesus und die Seinen benötigten auf ihrer Wanderung durch das Land Menschen, die sie materiell versorgten - und sie fanden sie vor allem in einer Gruppe von Frauen, die sie „unterstützten, mit dem, was sie besaßen" (Lk 8,3). Gegen das Beitrags- und Steuersystem seiner Zeit hat sich Jesus nicht ausgesprochen. Auf die Frage nach der Erlaubtheit, dem heidnischen Kaiser Steuer zu zahlen, antwortete er: „Gebt dem Kaiser, was dem Kaiser gehört, und Gott, was Gott gehört" (Mt 22,21). Obwohl Jesus mit Tempelpriestern und Schriftgelehrten auf Kriegsfuß stand, zahlte er doch die Tempelsteuer - „um bei niemandem Anstoß zu erregen" (Mt 17,27).

In den ersten christlichen Jahrhunderten brachten die Gläubigen vorwiegend Naturalien zur wöchentlichen Eucharistiefeier. Der Priester nahm sie bei der Gabenbereitung in Empfang - heute gehen Ministranten mit Körbchen herum - und wusch sich anschließend die Hände. Letzteres ist heute, obwohl eigentlich überflüssig, immer noch üblich. Die Gaben wurden aufgeteilt: einige erhielt der Priester für den Lebensunterhalt, andere wurden für den Kult verwendet, der Rest ging an die Armen.

Der im 20. Jahrhundert in Österreich eingehobene Kirchenbeitrag wird zum Bau und zur Erhaltung von Kirchen und Pfarrhöfen samt Seelsorgsräumen und für die Besoldung der Priester und kirchlichen Angestellten verwendet. Der Klingelbeutel verbleibt zur Gänze in der Pfarre, den Armen kommen die diversen Sammlungen (z. B. Caritas) zugute.

Erst nach Ende der Verfolgungsära und mit Beginn der Konstantinischen Wende benötigte die Kirche immer größere Gotteshäuser mit immer stärkeren Personalständen. Zur Finanzierung dienten vorwiegend Erträge aus Grund und Boden. In der Folgezeit wurde die Stiftung von Landbesitz die Voraussetzung zur Errichtung einer Pfarre. Das blieb in Österreich so bis Kaiser Joseph II. (1780-1790), der das gesamte Leben - so auch das kirchliche - in seinem Reich zu reformieren gedachte. Hunderte Stifte und Klöster löste er auf und bildete aus deren Vermögen den „Religionsfonds", aus dessen Mitteln neue Pfarren gegründet und dort angestellte Priester bezahlt werden konnten. Der einst für religiöse Institute gestiftete und vom Kaiser verstaatlichte Kirchenbesitz wurde auf diese Weise nicht gänzlich zweckentfremdet, sondern zu Seelsorgszwecken verwendet. Bis zur Machtübernahme durch die Nationalsozialisten blieb dieses System, das (alte) reiche und (neue) arme Pfarren kannte, in Österreich aufrecht. Das NS-Regime beschlagnahmte den „Religionsfonds", erlaubte der Kirche jedoch, eigene Beiträge einzuheben. Doch die Rechnung der Kirchengegner - Schwächung der finanziellen Basis und Massenaustritte - ging nicht auf. Die Kirche konnte sich nicht nur finanziell über Wasser halten, viele Fernstehende zahlten ihre Beiträge als Zeichen der stillen Opposition gegen die Staatsführung.

Der Kirchenbeitrag überlebte das Jahr der Befreiung vom NS-Joch. Einerseits konnte 1945 die Kirche vom am Boden liegenden österreichischen Staat kein Zurückgehen zum bis in die Erste Republik geltenden System verlangen, andererseits hatte der Kirchenbeitrag der Kirche des Landes etwas gebracht, was sie in ihrer Geschichte noch nie besessen hatte: Freiheit vom Staat, Unabhängigkeit von der politischen Macht. Anbiedern an politische Parteien war überflüssig geworden.

Das heimische Kirchenbeitragssystem bescherte der Kirche Österreichs Wohlstand. Ihre Gotteshäuser stehen in der Regel vorzüglich renoviert da, Priester und Angestellte werden passabel entlohnt, darüber hinaus können auch Sozialprojekte und der Vatikan unterstützt werden. Die oft so genannten „reichen Stifte" hängen mit dem Kirchenbeitragssystem in keiner Weise zusammen, profitieren von ihm nicht, sondern ermäßigen dank ihrer Pfarrsubventionen sogar die Beitragsforderungen an die Gläubigen.

Vermehrt verlangen in den letzten Jahren die Gläubigen, ihre Beiträge „zweckwidmen" zu können, sie wollen den Weg, den ihre Gelder gehen, mitbestimmen können. Leider gibt es mancherorts in Diözesen noch starke Geheimniskrämerei. Demokratisierung und Offenlegung würden da vieles verbessern und vermutlich auch den Gegnern des Beitragssystems den Wind aus den Segeln nehmen. Es könnte ein diözesaner Kirchenrat gebildet werden, in dem die Pfarrkirchenratsobleute Sitz und Stimme haben sollten. Diesen in ihren Pfarren für Baulichkeiten und Finanzen zuständigen Laien wäre allein aus pfarregoistischen Gründen gewiß nie ein Beschluß zur Abschaffung des Kirchenbeitrags abzuringen. Innerkirchliche Demokratisierungsmaßnahmen würden das derzeitige System nicht in Frage stellen, sondern legitimieren.

Und doch müßte es in Frage gestellt werden. Gerichtliche Klagen und Pfändungen sind mit dem Evangelium nicht in Einklang zu bringen. Kürzlich fand sich folgendes Inserat in einer Tageszeitung: „Die Erzdiözese Wien sucht für die Abteilung Mahnwesen der Finanzkammer der Erzdiözese Wien eine/n junge/n ambitionierte/n JuristenIn. Abschluß des Gerichtsjahres ist Anstellungsvoraussetzung. Wir bieten eine interessante und abwechslungsreiche Tätigkeit" (Kurier, 21.5.1994). Auf einen Katholiken, der dies gelesen und die Stelle erlangt hat, sind vermutlich viele gekommen, die darüber von Herzen erbost waren.

Das Mahnen, Klagen und Pfänden von Gläubigen durch ihre Kirche ist zur „interessanten, abwechslungsreichen Tätigkeit" geworden! Im Mittelalter hatte sich ein allgemeines System der Besteuerung der Christenheit entwickelt. Ausgangspunkt waren die Steuern und Zehenten, die anläßlich der Eröffnung der Kreuzzüge erfunden worden waren (H III,2,337-361 f). Mit Abschluß der kriegerischen Unternehmungen fand jedoch die Besteuerung kein Ende...

Von der römischen Besteuerung waren die Christen des in viele Kleinstaaten zerfallenen Deutschland weitaus schlimmer betroffen als z. B. jene in Frankreich, wo ein starker König Geldausfuhren ins Ausland von seinem guten Willen abhängig machte. Die ab Mitte des 15. Jahrhunderts einsetzenden Beschwerden gegen das Zur-Kassa-Bitten der Deutschen durch die römische Kurie waren mit ein Grund zur Reformation im (H IV,8 ff).

Um die zur Befriedigung der römischen Kurie nötigen Horrorsummen aufbringen zu können, wurde schwunghafter Handel mit Ablässen getrieben. Auch Todsündern wurden Ablässe gewährt, so sie nur zu spenden bereit waren.

Als der Mainzer Erzbischof 1513 24.000 Dukaten Richtung Rom zu schicken hatte, zeigte ihm die Kurie auch, wie diese aufzubringen wären. Der Bischof sollte das Geld beim Bankhaus der Fugger aufnehmen und in Rom abliefern. Dafür erhielt er das Privileg, acht Jahre lang Ablaß zugunsten der Peterskirche predigen lassen zu dürfen, wobei er sich die Hälfte der Spenden behalten konnte. Mit den Predigern zogen die Bankangestellten von Ort zu Ort, um ihre Anteile zu kassieren... (H IV,46). So heizten Finanzforderungen die ohnehin vorhandenen antirömischen Affekte noch auf.

Heute fragt sich auch mancher Gläubige in Österreich und Deutschland, warum er mit seinen Beiträgen Rom unterstützen soll, das ihm Bischöfe schickt, die ihm keinerlei religiösen Nutzen bringen.

Doch das ist nicht das Hauptproblem des Systems „Kirchenbeitrag". Das liegt beim „Zwang", dem vier Prozent der Katholiken der Welt unterworfen sind, 96 Prozent jedoch nicht. Die Kirche benötigt in jedem Land Geld, in den meisten Ländern wird dies freiwillig gespendet. Rom hat bisher das Zwei-Klassen-System geduldet, das der Katholizität der Kirche eindeutig widerspricht. Es kann doch nicht möglich sein, daß ein US-Millionär weiterhin Kirchenmitglied bleiben kann, obwohl er keinen Cent der Kirchenkassa spendet, ein österreichischer Hilfsarbeiter jedoch gepfändet wird, wenn er einen festgelegten Betrag nicht entrichtet. Das ist eine Ungerechtigkeit, die eine demokratische

Diözesanverwaltung unter Umständen aufrecht erhalten, eine gesamtkirchliche Führung jedoch nicht dulden kann.

Auch das neue Kirchenrecht kennt keinerlei Unterschiede der Katholiken nach Hautfarbe oder Nationalität: „Unter allen Gläubigen besteht, und zwar aufgrund ihrer Wiedergeburt in Christus, eine wahre Gleichheit in ihrer Würde und Tätigkeit, kraft der alle je nach ihrer eigenen Stellung und Aufgabe am Aufbau des Leibes Christi mitwirken" (CIC, Can 208). Wenn ein Katholik in den USA öffentlich sagt, in absehbarer Zeit keinen finanziellen Beitrag leisten zu können, gilt das keineswegs als Glaubensabfall. Will ein Österreicher ähnliches bezwecken, genügt kein persönlicher Vorsatz, sondern er muß dies vor der Bezirkshauptmannschaft schriftlich kundtun, was gleichzeitig als Kirchenaustritt und Glaubensabfall gewertet wird.

Warum ist Rom gegen diese Ungleichheit noch nicht vorgegangen? Vermutlich deswegen, weil es vom österreichisch-deutschen System keinen Nachteil hat. Wer schreitet schon ein, wo damit ein Vorteil abhandenzukommen droht? Wiederverheiratete Geschiedene beklagen sich oft, daß sie zwar keine Sakramente empfangen oder Patenämter annehmen dürfen, jedoch weiterhin wie alle anderen Kirchenbeitrag zu zahlen haben. Ihre Beschwerden sind nicht unberechtigt. Noch im 4./5. Jahrhundert durften Büßer von schweren Sünden nicht zur Kommunion gehen, aber auch keine Opfergaben spenden. Übertragen auf heute würde das bedeuten: Wiederverheirate Geschiedene bräuchten nicht nur, sondern dürften gar keinen Kirchenbeitrag leisten. Die strenge Kirche müßte ihnen das Zahlen wegen der Schwere ihrer Sünden eigentlich verwehren.

Gott sei Dank, wird sich so manches aus Kirchenbeitragsgeldern auch Wiederverheirateter renovierte Gotteshaus denken, ist die Kirche in diesem Punkt ein wenig nachsichtiger geworden...

Schwören, Titel und Ordensverleihungen

„Zwar ist die Sittsamkeit und Jungfräulichkeit im Alten und Neuen Bund in Ehren, aber ohne die Tugend der Barmherzigkeit gilt sie nichts!" Davon war der armenische Kirchenvater Johannes Mandakuni überzeugt (Armen KV II,87). In der Kirche hat sich freilich der Gedanke der sexuellen Enthaltsamkeit eine Position errungen, die echte Anweisungen Jesu in den Schatten rückte. Seine harten Worte über Schwören, Titel, Macht und Besitz verhallten zum Teil ohne jedes Echo. „Ihr habt gehört, daß zu den Alten gesagt worden ist: Du sollst keinen Meineid schwören, und: Du sollst halten, was du dem Herrn geschworen hast. Ich aber sage euch: Schwört überhaupt nicht, weder beim Himmel, denn er ist Gottes Thron, noch bei der Erde, denn sie ist der Schemel für seine Füße, noch bei Jerusalem, denn es ist die Stadt des großen Königs. Auch bei deinem Haupt sollst du nicht schwören; denn du kannst kein einziges Haar weiß oder schwarz machen. Euer Ja sei ein Ja, euer Nein ein Nein; alles andere stammt vom Bösen" (Mt 5,33 ff).

Die unter Karl d. Gr. verfestigte Beziehung zwischen staatlicher Macht und Papsttum führte bereits unter dessen Sohn Ludwig d. Frommen (†840) dazu, daß sämtliche Bischöfe und Reichsäbte dem König den Treueeid zu leisten hatten (H III,1,315). Mitte des zweiten Jahrtausends galt dann die Regel: Wenn jemand „nicht schwören will, weil er in verdammungswürdiger(!) Hartnäckigkeit die Eidesverpflichtung (!) verachtet", sei er „schon deshalb als Ketzer erachtet" (HH 3,41). Wer also das Wort Jesu, nicht zu schwören, ernstnahm, wurde als Irrlehrer gebrandmarkt - und verbrannt.

Seit 1972 muß jeder zum Bischof ernannte Kandidat einen Schwur ablegen. Darin verpflichtet sich der Geistliche feierlich, den Päpsten stets treu ergeben zu sein: „Ihnen werde ich nicht nur höchste (!) Ehre erweisen, sondern werde auch dafür sorgen, soweit es an mir liegt, daß ihnen die schuldige Ehre gezollt und jedes Unrecht von ihnen abgewehrt wird. Ich werde darauf bedacht sein, die Rechte und die Autorität der römischen Päpste auszudehnen (!) und zu verteidigen; ebenso (!) die Vorrechte ihrer Gesandten und Statthalter. Was jedoch dagegen von welcher Seite auch unternommen wird, werde ich dem höchsten Pontifex (!) selbst aufrichtig melden (!)..." (Boberski, 27).

Die Rufzeichen im Text stammen selbstverständlich nicht von den römischen Autoren des Textes. Die Bischöfe der letzten mehr als 20 Jahre mußten also schwören, einem Menschen höchste Ehre zu erweisen, seine Macht ausdehnen zu helfen, ihn als höchsten Priester anzuerkennen und Andersdenkende postwendend zu denunzieren... Haben sich die Ersteller vatikanischer Texte schon einmal gefragt, warum bei ihnen der Papst mit „pontifex maximus" (allerhöchster Priester) tituliert wird, während es Jesus in der Bibel (Hebräerbrief) nur bis zum „pontifex" (Priester) und ausnahmsweise bis „pontifex magnus" (großer Priester) gebracht hat?

Der kirchliche Schwur und die unpassenden Titelrelationen (Jesus = magnus; Papst = maximus) sind an der bevorstehenden Jahrtausendwende selbstverständlich von der Kirche abzulegen. Wo sich selbst weltliche Lexika (z. B.: Der Große Brockhaus, 18. Aufl, 339) daran erinnern, daß der Eid von Jesus abgelehnt wird.

Ein eigenes Kapitel stellt in der Kirche die Sucht nach Titeln und Ordensauszeichnungen sowie deren bereitwillige Verleihung dar.

„Ihr aber sollt euch nicht Rabbi nennen lassen, denn nur einer ist euer Meister, ihr alle aber seid Brüder. Auch sollt ihr niemanden auf Erden euren Vater nennen; denn nur einer ist euer Vater, der im Himmel. Auch sollt ihr euch nicht Lehrer nennen lassen, denn nur einer ist euer Lehrer, Christus" (Mt 23,8).

An diese Weisung Jesu hat sich die Kirche die längste Zeit gehalten. Noch im Mittelalter wurde „Herr Papst" gesagt - heute ist „Heiliger Vater" üblich. Noch im Mittelalter wurden alle Mönche eines Klosters - vom Laienbruder bis zum Abt - „Frater" genannt; heute wird klar unterschieden zwischen Bruder, Frater (Novize, Student), Pater (Diakon, Priester) und Obrigkeit.

Kirchliche Titel sind keineswegs belanglos, sie sind Ausdruck einer Klassengesellschaft und bezeichnen zuteilgewordene Machtfülle bzw. ein bestimmtes Niveau der Anerkennung, das erreicht wurde.

Der Titel „(Erz-)Bischöflicher Geistlicher Rat" wird in Österreichs Diözesen praktisch jedem Priester irgendwann einmal zuteil, je früher, desto größer ist die Wertschätzung durch die Bistumsleitung.

Nichterlangung gilt als offener Beweis dafür, daß der Priester „sich etwas zuschulden kommen hat lassen", sonst hätte ja das gute Ordinariat...

Doch nicht nur Personen werden Titel verliehen, auch Kirchen kommen hin und wieder in deren Genuß. Mit Stolz verweist die Geistlichkeit dann darauf, daß ihr Gotteshaus nun keine gewöhnliche Dorf-, Wallfahrts- oder Gnadenkirche ist, sondern eine privilegierte „Basilica minor" wenn nicht gar eine „Basilica maior". Daß über derlei Unsinnigkeiten innerhalb der Kirche keiner mehr lacht, zeigt, wie sehr das Unjesuanische schon als ganz normal empfunden wird.

Das Verleihen von Ordensauszeichnungen durch die Kirche ist bisweilen noch peinlicher als unbiblisch. Im Jahr 1987, berichtete die prominente ORF-Journalistin Dolores Bauer, fand in Bischof Kräutlers brasilianischer Diözese eine Polizeiaktion statt. Unwillkommene, landlose Bauern wurden von Fazendas mit Gewalt vertrieben. Dabei wurden Frauen sexuell belästigt, Männer an Pfähle gebunden und Kinder an den Haaren aufgehängt. Eine dieser Fazendas gehört einer Großbank, die durch die Bereitstellung von Autos, Radios, Funktelefonen, Verpflegung und Unterkunft diese Aktion erst möglich gemacht hatte. Der Präsident dieser Bank kandidierte dann für einen Senatsposten und bekam kurz vor der Wahl eine höchst willkommene Unterstützung: Der päpstliche Nuntius überreichte ihm den „Heiligen Orden des Papstes Gregor des Großen" (KI, 16/1991).

Sinnigerweise ist die höchste päpstliche Auszeichnung nach dem benannt, der so etwas nie wollte: „Christusorden". Hier darf zur Jahrtausendwende keine Reform Platz greifen, sondern nur eine „Annullierung"...

Der Sozialismus der Kirchenväter

Der Ursprung des Bösen in der Welt ist in der Bibel ganz klar benannt: „Die Wurzel aller Übel ist die Habsucht. Nicht wenige, die ihr verfielen, sind vom Glauben abgeirrt und haben sich viele Qualen bereitet" (1 Tim 6,10).

Auf dem Höhepunkt päpstlicher Machtentfaltung wurde im 14. Jahrhundert heftig darüber diskutiert, ob das Privateigentum erst nach dem Sündenfall entstand oder göttlicher Anordnung von Urbeginn an entsprach. Hatte Christus als Mensch kein Eigentum und auf die Ausübung von Herrschaft über Menschen und Dinge verzichtet, dann - so forderten Reformer - müsse das auch Konsequenzen für seinen Stellvertreter auf Erden und für alle haben, die in seinem Namen die geistliche Vollmacht ausübten. Demgegenüber betonte Papst Johannes XXII. 1329 in seiner Bulle „Quia vir reprobus", daß Christus auch eine Herrschaft über irdische Güter gehabt habe (H III,2,457 f).

„Ein Reicher wird nur schwer in das Himmelreich kommen" (Mt 19,23); deshalb riet Jesus auch dem reichen Jüngling, alles zu verkaufen, den Erlös den Armen zu geben und ihm nachzufolgen (Mt 19,16 ff). Der Vergleich mit dem Nadelöhr, durch das ein Kamel leichter hindurchkomme als ein Reicher ins Reich Gottes, machte die Apostel zutiefst bestürzt. Jesus insistierte: „Viele, die jetzt die Ersten sind, werden dann die Letzten sein, und die Letzten werden die Ersten sein" (Mt 19,30).

Jesus liebte die sozial Schwachen, daher belehrte er einmal einen Gastgeber, der nur Vornehme geladen hatte, die sich obendrein um die Ehrenplätze stritten: „Wenn du mittags oder abends ein Essen gibst, so lade nicht deine Freunde oder deine Brüder, deine Verwandten oder reiche Nachbarn ein, sonst laden auch sie dich ein, und damit ist dir wieder alles vergolten. Nein, wenn du ein Essen gibst, dann lade Arme, Krüppel, Lahme und Blinde ein. Du wirst selig sein, denn sie können es dir nicht vergelten; es wird dir vergolten werden bei der Auferstehung der Gerechten" (Lk 14,12 ff). Die Idee von den „richtigen Gästen" bewog das Mönchstum vom Anfang seiner Existenz an zu höchster Gastfreundschaft für Minderbemittelte. Die gotischen Stiftsanlagen wiesen als bedeutenden Klostertrakt das „Hospital" (für Arme und Kranke) auf, das in den Barockanlagen meist verschwand. An ihre Stelle traten oft die „Kaiserzimmer"...

Ein geglücktes Leben bedeutete für Jesus weit mehr als Ansammeln von Reichtum: „Hütet euch vor jeder Art von Habgier. Denn der Sinn des Lebens besteht nicht darin, daß ein Mensch aufgrund seines großen Vermögens im Überfluß lebt" (Lk 12,15). Wer Armen gibt, schafft sich „einen Geldbeutel, der nicht zerreißt", ein Kapital, dessen Wert nie sinkt, dessen Zinsen gesichert sind und dem kein Räuber etwas anhaben kann. Vor allem jedoch gilt: „Wo euer Schatz ist, da ist euer Herz" (Lk 12,33 f).

Die ersten Christen nahmen Jesu Worte so ernst, daß sie alles verschenkten und dann selbst in Not gerieten. Paulus mußte deshalb bei griechischen Christen eine Sammlung zugunsten der Gemeinde von Jerusalem veranstalten. Er erklärt den Korinthern, wie sie spenden sollen: „Es geht nicht darum, daß ihr in Not geratet, indem ihr anderen helft; es geht um einen Ausgleich" (2 Kor 8,13).

Jakobus warnt die Reichen vor der Strafe, der sie nicht entrinnen werden: „Euer Reichtum verfault, und eure Kleider werden von Motten zerfressen. Euer Gold und Silber verrostet... Noch in den letzten Tagen sammelt ihr Schätze. Aber der Lohn der Arbeiter, die eure Felder abgemäht haben, der Lohn, den ihr ihnen vorenthalten habt, schreit zum Himmel" (Jak 5,1 ff). Derselbe Apostel schärft den Christen ein: „Glauben ohne Werke ist nutzlos" (Jak 2,20) und bringt ein Beispiel: „Wenn ein Bruder oder eine Schwester ohne Kleidung ist und ohne das tägliche Brot und einer von euch zu ihnen sagt: Geht in Frieden, wärmt und sättigt euch!, ihr gebt ihnen aber nicht, was sie zum Leben brauchen - was nützt das? So ist auch der Glaube für sich allein tot, wenn er nicht Werke vorzuweisen hat" (Jak 2,14 ff). Der Glaube an Jesus, so Jakobus, muß freigehalten werden von jedem Ansehen der Person - vor allem in der Kirche. Das Gegenteil sei nicht nur lieblos, sondern auch unvernünftig: „Sind es nicht die Reichen, die euch unterdrücken und vor die Gerichte schleppen?"

(Jak 2,6). Die Kirchenväter des 4. Jahrhunderts beschworen die Habsucht als Wurzel alles Bösen. Zenon von Verona († ca. 371): „Die Menschheit schluckt das Kamel und seiht die Mücke. Die Tropfen der Verbrechen schüttelt sie ab, den Quell aber, aus dem die Ströme der Verbrechen fließen, trinkt sie aus: den Quell der Habsucht" (Zeno I, S.133).

Die Kritik des Mönchs- und Kirchenvaters Basilius († 379) ist Ansichten moderner südamerikanischer Befreiungstheologen nicht unähnlich: „Wem tue ich Unrecht, fragt der Geizige, wenn ich das meinige zusammenhalte? Aber sag mir, was ist denn dein? Wie hast du es bekommen und in die Welt gebracht? Wie wenn einer im Theater, der bereits seinen Platz hat, die nachher Eintretenden fernhalten und den allgemein zugänglichen Raum als sein Eigentum ansprechen wollte, so ähnlich gebärden sich die Reichen. Die gemeinsamen Güter nehmen sie zuerst in Beschlag und machen sie durch diese Vorwegnahme zu ihrem Privateigentum. Würde jeder nur soviel nehmen, als er zur Befriedigung seiner Lebensbedürfnisse braucht, das übrige aber den Bedürftigen überlassen, dann gäbe es weder Reiche noch Arme. Bist du nicht nackt aus dem Mutterschoß gekommen, und wirst du nicht nackt wieder zur Erde zurückkehren" (Basilius II,237). Die Idee des „christlichen Kommunismus" ist in Basilius tief verankert: „Wer ist Räuber? Wer jedem das seinige nimmt. Bist du kein Räuber, wenn du das, was dir in Verwaltung gegeben worden, als dein Eigentum ansprichst? Wer einen Nackten nicht kleidet, obschon er es machen könnte, verdient der etwa eine andere Bezeichnung? Dem Hungrigen gehört das Brot, das du zurückhältst" (Basilius II,237).

Vielleicht der fulminanteste Sozialkritiker und -politiker (er ließ als Bischof von Konstantinopel Armeninstitute, Krankenhäuser und Pilgerhospize erbauen) des kirchlichen Altertums war Johannes Chrysostomus († 407). In einem Kommentar zum ersten Timotheusbrief (1 Tim 6,10) geißelt er die Begierde nach Hab und Gut: „Sie ist es, die nicht allein Stadt und Land, sondern auch Wege, bewohnte und unbewohnte Gegenden, Berge, Schluchten und Hügel, kurz alles mit Blut und Mord erfüllt" (Chrysostomus V,204). Die nach der Konstantinischen Wende zu Macht, Reichtum und Ansehen gelangte Kirche klammert er aus seiner Kritik keineswegs aus: „Die Worte ‚Verkaufe, was du hast, gib es den Armen und dann komm und folge mir!' (Mt 25,42) dürfte man jetzt auch zu den Vorstehern der Kirche sprechen, weil die Kirche Vermögen besitzt. Man kann ja doch nicht mit der gehörigen Weise dem Herrn folgen, wenn man nicht die groben Sorgen um das Weltliche aufgibt. Jetzt aber sitzen die Priester Gottes bei der Weinlese, bei der Ernte... So geschieht es, daß die Heilige Schrift vielfach vernachlässigt, das Gebet schlecht verrichtet, aber auch die anderen Obliegenheiten geringgeschätzt werden" (Chrysostomus IV,182 f).

Den Christen, die in prunkvollen Kleidern zum Gottesdienst kamen, schleuderte er entgegen: „Willst du Christi Leib ehren? Geh nicht vorüber, wenn du ihn nackt siehst. Ehre ihn nicht hier (in der Kirche) mit seidenen Gewändern, während du dich draußen auf der Straße nicht um ihn kümmerst, wo er vor Kälte und Blöße zugrundegeht" (Chrysostomus III,107). Die krassen Gegensätze zwischen Arm und Reich waren ihm ein Dorn im Auge: „Während der eine Hunger leidet, ist der andere toll und voll. Während der eine auf Silber seine Notdurft verrichtet, hat der andere nicht einmal ein Stück Brot. Welche Verrücktheit! Welche grenzenlose Verwilderung" (Chrysostomus VII, 340). Die christlichen Großgrundbesitzer nennt Johannes Chrysostomus Ausbeuter, die noch schlimmer wären als die heidnischen Barbaren: „Die Besitzer von Grund und Boden, welche von der Erde ihren Reichtum ziehen - kann es noch ungerechtere Menschen geben als sie? Wenn man nämlich untersucht, wie sie mit den armen und elenden Landleuten verfahren, kommt man zur Überzeugung, daß sie unmenschlicher sind als Barbaren. Den Leuten, die ihr Leben lang hungern und sich quälen müssen, legen sie fortwährend unerschwingliche Abgaben auf, binden auf ihre Schultern mühsame Dienstleistungen und gebrauchen sie wie Esel und Maultier, ja wie Steine, gestatten ihnen auch nicht die mindeste Erholung, und gleichviel, ob die Ernte Erträgnis abwirft oder nicht, man saugt sie aus und kennt keine Nachsicht... Von ihren Arbeiten, von ihrem Schweiß füllt man Speicher und Keller, ohne sie auch nur ein weniges mit heim nehmen zu lassen. Man heimst vielmehr die ganze Ernte in die eigenen Truhen und wirft jenen ein Spottgeld als Lohn dafür hin..." (Chrysostomus III,271 f). Das üppige Leben hindere nicht nur auf dem Weg zu Gott, sondern „stumpft das Gefühl ab, lähmt selbst einen scharfblickenden Verstand und verursacht häufigen Stuhlgang... Warum mästest du so deinen Leib? Glaubst du, wir müßten dich als Schlachtopfer darbringen oder gar für die Mahlzeit selbst zubereiten? Bei den Hühnern ist es ganz gut, wenn du sie mästest - ja, eigentlich ist es nicht einmal da recht am Platz, denn wenn sie fett geworden, ist ihr Genuß nicht mehr ganz gesund" (Chrysostomus III,30).

Ambrosius (†397) - vor seiner Wahl zum Bischof ein sozial eingestellter Politiker - beklagt, daß es heute „so Sitte geworden, daß niemand mehr als der Reiche für ehrenwert gilt" (Ambrosius III,192). In beinahe marxistischer Diktion weist dieser den damals gängigen Privateigentumsbegriff zurück. Er wendet sich gegen die heidnischen Philosophen, die in privaten Gütern privaten Besitz erblicken: „Das entspricht nicht der Natur. Denn die Natur bringt alle Erzeugnisse zum gemeinsamen Gebrauch für alle hervor. Denn Gott ließ alle Erzeugnisse zu dem Zweck sprossen, daß jedermann sich der gemeinsamen Nahrung erfreue und die Erde gleichsam der gemeinsame Besitz aller sein sollte. So schuf also die Natur ein gemeinsames Besitzrecht für alle. Anmaßung macht daraus ein Privatrecht" (Ambrosius III,73 f).

Über weiteste Strecken des zweiten Jahrtausends nach Christus hat sich die vom Papsttum geführte Kirche an diese Warnungen der Bibel und der Kirchenväter nicht gehalten, sondern von staatlichen Strukturen und Wertvorstellungen übernommen, was nur immer im weltlichen Sinn Vorteile zu erbringen versprach.

Vor Jesus und den Vätern kann ein mit einem marxistischen Gewerkschafter sympathisierender brasilianischer Befreiungstheologe eher bestehen als ein Apostolischer Nuntius, der einem menschenrechtsverachtenden Bankpräsidenten einen päpstlichen Orden umhängt.

Heilige und Opfer der Kirche

Im Alten Testament wird das Prädikat „heilig" im absoluten Sinn ausschließlich auf Gott bezogen. Gottes Heiligkeit drückt eine unerschaffene, unantastbare Herrlichkeit und Majestät aus. Gleichzeitig steht sie als sittliche Größe vor der menschlichen Schwäche. Im Gegensatz zu heidnischen Götzen, deren Charakterzüge oft ausgesprochen unsittlich sind, sah das alte Israel in seinem Gott den Inbegriff der Heiligkeit. Weil Israel Gottes Eigentum ist, soll es „heilig" leben, anders als die Völker ringsum.

Im Neuen Testament wird Gottes Heiligkeit selten erwähnt, öfters - aber doch zurückhaltend - die Heiligkeit Jesu. Gottes Geist wird „heilig" genannt. Von ihm war Jesus durchdrungen, er erfüllte die Urkirche. Durch ihn ist die christliche Gemeinde entstanden, deren Mitglieder sogar „Heilige" genannt wurden.

„Heiligen-Verehrung" hat sich erst im Laufe der Kirchengeschichte entwickelt. Neben der Mutter Maria, den Aposteln und dem „letzten Propheten" Johannes d. Täufer wurden bald auch Christen geehrt, die als Märtyrer ihr Leben für den Glauben gegeben hatten. Der Todestag dieser christlichen „Heroen" blieb als Gedenktag ihres „Geburtstages für den Himmel" in Erinnerung. Später wurden auch Mönche wegen ihres strengen, asketischen Lebens oder führende Persönlichkeiten der Kirche in Gottesdiensten, Bildern und Schriften geehrt. Bisweilen weiß man über einen „Heiligen" so gut wie keine historischen Daten, jedoch einen Kranz von legendenhaften Erzählungen, die im Volk weitergegeben wurden und letztlich seine ungebrochene Popularität unter Beweis stellten - wie es bei Nikolaus von Myra der Fall ist.

Wer Verehrung erfuhr, entschied letztlich das christliche Volk. Bischof Ulrich von Augsburg war der erste, der im Jahr 993 von einer römischen Synode „heiliggesprochen" wurde, seit 1234 ist ein solcher Akt dem Papst reserviert.

Manche Heiligsprechungen waren rein politisch motiviert - so die des Kaisers Karl des Großen im Jahr 1165, der den Sachsen als brutaler Schlächter in Erinnerung geblieben ist. Bisweilen sollte ein Begnadeter rasch „vereinnahmt" werden - so etwa Franz von Assisi, der rasch nach seinem Tod zu dieser Ehre gelangte.

Heiligsprechungen waren im 2. Jahrtausend immer auch ein Mittel der Kirchenpolitik. Von der Kanonisierung des Dominikus de Guzmann (1234) bis zur Seligsprechung Escrivas de Balaguer spannt sich ein weiter Bogen. Durch die Hervorhebung des Dominikus sollte dessen Orden gefördert werden, dem die Inquisition anvertraut wurde, mit der Ehrung des Spaniers de Balaguer sollte die Wertschätzung gegenüber seiner Gründung „Opus Dei" zum Ausdruck gebracht werden, von der sich Johannes Paul II. eine ähnlich gegenreformatorische Wirkung in unserer Zeit erhofft wie seine Vorgänger im 16./17. Jahrhundert vom Jesuitenorden.

Auffallend ist im 2. Jahrtausend die Heiligsprechung zahlreicher Päpste, Bischöfe und Ordensleute. Ehepaare aus nicht fürstlichem Haus und Pfarrer hatten mangels potenter „pressure groups" nur wenig Chancen...

Das Pontifikat des Papstes aus Polen brachte einen regelrechten „Boom" an Heilig- und Seligsprechungen. Binnen 16 Jahren wurden etwa 900 Verfahren positiv erledigt. Pius XII. hatte es in 19 Jahren auf 55, Paul VI. in 15 Jahren auf 52 und Johannes XXIII. in seinen fünf Jahren gar nur auf 14 Heilig- und Seligsprechungen gebracht.

An erster Stelle der Heiligen steht die Mutter Jesu: von den Kirchenvätern des Altertums bis zum Befreiungstheologen Leonardo Boff, der ihre einzigartige Beziehung zum Heiligen Geist hervorhebt. Unisono behaupten der Reformator Martin Luther und der im KZ Auschwitz für einen Familienvater freiwillig im Hungerbunker gestorbene Maximilian Kolbe, daß niemand Größeres über sie sagen könne als „Gottes Mutter" - was „im Herzen auch wohl bedacht sein möge" (Luther). Während Roger Schutz, der charismatische Gründer der ökumenischen Brüdergemeinschaft von Taize, Maria als Mutter der Versöhnung sieht, versuchen Erzkonservative sie für sich zu vereinnahmen, um mit ihr gegen alles Nichtkatholische ins Feld zu ziehen. Für Roger Schutz, der gemeinsam mit Mutter Teresa von Kalkutta ein Buch über Maria publiziert hat (Herder, 1985), sorgt die Frau aus Nazareth „dafür, daß es in der Kirche Mütterlichkeit gibt". Kirchliche Rechtskreise dagegen verbreiten aufgrund von mysteriösen Botschaften angeblicher Marienerscheinungen Angst und Schwarzmalerei.

An Maria scheiden sich heute die Geister: Konservative sehen in ihr die im Goldglanz thronende Himmelskönigin, die in Erscheinungen mahnend und drohend auftritt. Sie klammern sich an sie als vorgebliche Garantin dafür, daß die Kirche einen in der barocken Epoche der Gegenreformation angenommenen Charakter auf Dauer behält. Progressivere Katholiken sehen in der Mutter Jesu die vom Heiligen Geist erfüllte Arbeiterfrau aus Nazareth, die „Schwester aller Menschen", in der „die Frau die höchste aller Würdigungen erfährt, ähnlich der des Mannes in Jesus." Boff geht in seiner Trinitätslehre (Patmos, 1991) sogar so weit zu fragen, ob nicht der Vergöttlichung des Männlichen durch Jesus eine Vergöttlichung des Weiblichen durch Maria entsprechen könnte. Die von Konservativen so gern vertretene These, nur sie wären treue Verfechter der Marien- und Heiligenverehrung, stimmt genauso wenig, wie sie sich als die einzigen Hüter der kirchlichen Tradition ausgeben können.

1995 soll in Rom ein neues „Martyrologium" erscheinen, ein etwa 10.000 Heilige und Selige umfassendes Verzeichnis. Ab dem fünften Jahrhundert wurde im Anschluß an Weihnachten ein „Gedenktag der unschuldigen Kinder" gefeiert, der an den Kindermord durch König Herodes in Bethlehem erinnern sollte.

Am Ende des 20. Jahrhunderts wäre es recht und billig, einen jährlichen Besinnungs- und Gedenktag einzuführen, der den Opfern falsch verstandenen Christentums im zweiten Jahrtausend gewidmet ist. Die von der Inquisition gefolterten und verbrannten Hexen und Andersdenkenden sowie die unter missionarischen Vorzeichen ausgerotteten Indios und versklavten Neger dürfen genausowenig vergessen werden wie die unzähligen Namenlosen, denen mit pharisäerhaften moralischen Angstparolen die

Freude des Lebens genommen worden ist. Unter religiösen Vorzeichen sind Unterdrückung und Mord am schrecklichsten. Hier wird dem Angeklagten sogar das „Gewissen" abgesprochen und ihm suggeriert, daß Folter und Tod dem „Willen des guten Gottes" entsprechen. Da zeigt sich - im Iran des 20. Jahrhunderts wie im Mitteleuropa des 17. Jahrhunderts - eine nicht mehr zu überbietende Perversion dessen, was Religion sein soll.

Wenn schon sonst kein „Reueakt" am Ende des Jahrtausends gesetzt wird, so sollte doch mittels eines „Gedenktages" wenigstens Respekt vor Leben und Gewissen der Unschuldigen bekundet werden. Und zugegeben werden, daß dies alles in totaler Diskrepanz zu Jesus von Nazareth und zu seiner „Frohen Botschaft" steht.

Gewissen, Gehorsam, Angst und Kritik

„...Da sah die Frau, daß es köstlich wäre, von dem Baum zu essen, daß der Baum eine Augenweide war und dazu verlockte, klug zu werden. Sie fällte eine Gewissensentscheidung, nahm von den Früchten und aß sie; sie gab auch ihrem Mann, der bei ihr war. Auch er entschied in seinem Gewisen und aß... Als sie Gott, den Herrn, einherschreiten hörten, blieben sie ruhig und aßen weiter. Gott, der Herr, rief Adam zu und sprach: Hast du von dem Baum gegessen, von dem zu essen ich dir verboten habe? Adam antwortete: Allerdings, meine Frau und ich haben mit der Schlange darüber gesprochen, wir haben die Gründe abgewogen und uns dann in unserem Gewissen entschieden zu essen. Gott, der Herr, war mit dieser Antwort sehr zufrieden und lobte die Mündigkeit Adams und Evas, die glücklich und frei im Paradies weiterlebten und nach ihrem Gewissen von allen Bäumen aßen." Der Text des bekannten konservativen Moraltheologen Andreas Laun ziert nicht von ungefähr die letzte Seite der Juli/August (1994)-Nummer von „Der gerade Weg". Dieses Blatt ist die Jugendzeitschrift der ultrakonservativen Kirche des im Schisma gestorbenen Ex-Erzbischofs Lefebvre.

Launs Umgang mit dem biblischen Bericht über den Fall des Menschen spiegelt die in rechten Kirchenkreisen immer stärker zum Vorschein kommende Tendenz wider, dem menschlichen Gewissen mißtrauisch gegenüberzustehen. Als ein dem Zugriff der Hierarchie entzogenes Instrument erweckt es Skepsis und kann nur dann uneingeschränkt akzeptiert werden, wenn seine Äußerungen mit dem des Lehramtes vollkommen in Einklang zu bringen sind. Über die natürlich vorhandene Möglichkeit, daß es auch ein irrendes Gewissen geben kann, wird die historische Tatsache gänzlich übersehen, daß auch kirchliche Äußerungen im Laufe der Zeit wankelmütig, verbesserungsbedürftig, ja irrig gewesen sind. Wäre im 15. Jahrhundert ein Bogen zur Überprüfung von Bischofskandidaten erstellt worden, so wäre darin noch keine Zustimmung zu „Humanae vitae", wohl aber zur „gut katholischen These, daß es Hexen gibt" verlangt worden.

Menschen, die wirklich nach ihrem Gewissen lebten - z. B. Friedrich von Spee - haben unter Einsatz ihres Lebens gegen damals anerkannte katholische Anschauungen angekämpft.

Ich möchte den Ultrarechten ins Stammbuch schreiben: Wer das Gewissen verspottet, verachtet Gott!

Der Bericht über die erste Sünde des Menschen bringt keineswegs zum Ausdruck, daß hier auf Grund einer Gewissensabwägung gehandelt worden wäre, sondern schildert sogar das Gegenteil: ein Gewissen, das den Sündern nach ihrer Handlung die Augen aufgehen ließ und heftige Qualen bereitete (Gen 3,7). Jesus stellt dem jüdischen Gesetz als der einzigen Norm menschlichen Handelns das Gewissen als erste und unmittelbare Norm gegenüber. Den Heiden ist das Gewissen Ersatz für das jüdische Gesetz, sagt Paulus (Röm 2,14 f). Das Gewissen ist die „innere Überzeugung", der auch gefolgt werden muß, wenn sie irrt.

Aus tiefster Überzeugung hat Jesus Mißstände seiner Zeit - vor allem im religiösen Bereich - angeprangert. Die Worte gegen die Schriftgelehrten und Pharisäer (z. B.: Mt 23) gerieten zu einem Fanal. Die „Narren", „Heuchler", „blinden Führer" würden selbst keinen Finger rühren, um die Lasten zu tragen, die sie anderen auferlegen, und hindern damit auch noch andere, ins Himmelreich zu gelangen... „Freimütig zu reden", sahen auch die Apostel als ihre „Pflicht" (Eph 6,20) an.

War die „apostolische Überlieferung" in Gefahr, schreckte schon der „erste Theologe des Westens", Tertullian, nicht vor kühner Kritik am römischen Bischof zurück (H I,281). Mit dem Ende der Christenverfolgungen ist nicht automatisch die Freiheit gekommen, „freimütig zu reden". Augustinus beklagte, daß kaum jemand es wage, christlichen Senatoren die Wahrheit ins Gesicht zu sagen; dies wäre zu gefährlich (H II,1,423).

Eine Wirkung des Geistes Gottes ist es, (angst-)frei zu werden: „Alle, die sich vom Geist Gottes leiten lassen, sind Söhne Gottes. Denn ihr habt nicht einen Geist empfangen, der euch zu Sklaven macht, sodaß ihr euch immer noch fürchten müßtet, sondern ihr habt den Geist empfangen, der euch zu Söhnen macht, den Geist, in dem wir rufen: Abba, Vater" (Röm 8,14 ff).

Der Prophet Jesaja beteuert: Wer Gott fürchtet, der fürchtet sich vor sonst niemandem mehr (Jes 8,12 f). Der alttestamentliche Beter ist überzeugt: Gott überwindet jede menschliche Furcht (Ps 112,1-8).

Gottes Wort „Fürchte dich nicht!" zieht sich durch die gesamte Heilige Schrift: von Abraham, der ersten historisch faßbaren Gestalt der Bibel, über Mose und die Propheten bis hin zu Maria und den Aposteln wurde allen diese Ermutigung zuteil. Dennoch herrscht heute in der Kirche unsagbar viel Angst. Nur nicht sagen, was man denkt! Und wenn schon, dann in kleinem Kreis!

Das Beispiel eines Dechanten ist mir vor Augen, der sich vor einer Bischofsernennung laut vernehmen ließ, er würde sofort alle Ämter zurücklegen, sollte ein bestimmter Mann kommen. Der Mann kam, der Dechant schwieg, legte selbstverständlich nichts zurück - und wurde mit höchsten Posten in der Diözese reich belohnt...

Doch nicht nur der niedere Klerus hat Angst, beim höheren ist es noch schlimmer. Klar, denn ein Bischof ist wesentlich leichter von Rom abzusetzen als ein Landpfarrer. In ersterem Fall genügt ein Brieflein, ein ordnungsgemäß eingesetzter Dorf-Weltpriester hingegen ist nicht ohne Prozeß loszuwerden.

Die Bischöfe haben Angst. Anders ist es nicht zu erklären, daß Österreichs Oberhirten kuriose Behauptungen eines Amtskollegen darüber, was „ganz normale Lehre der Kirche sei", nicht postwendend zurückgewiesen haben. Lieber nimmt man einen Schaden für die Kirche im Land als einen Imageverlust in Rom in Kauf. Es könnte ja sein, daß dann Rom böse wird und die Diözese demnächst mit einem Bischof bestraft, den niemand wollte. Sippenhaftung und Kollektivstrafen sind in Österreich nur in Schulen verboten, nicht in der Kirche. Es muß ja doch ein Unterschied sein, ob ein Wiener Staats- oder ein Vatikanisches Kirchenministerium Maßnahmen zu erlassen geruht.

Angst ist schrecklich und schrecklich unchristlich. Sie hat die Kirche wie eine ansteckende Krankheit befallen. Bischöfe, die davon frei sind, werden von Rom nicht gelobt, sondern „geschnitten". Der ehemalige Primas des Benediktinerordens, Erzbischof Rembert Weakland von Milwaukee, kann davon ebenso ein Lied singen wie Bischof Jacques Gaillot in Evreux (Frankreich).

Wer die Angst von Bischöfen überdenkt, ist ihnen normalerweise (außer die Angst ist mit Karrieredenken gekoppelt) gar nicht extrem böse. Die größere Schuld liegt im System, das Angst nicht nur nicht bekämpft, sondern noch fördert, weil sie der eigenen Erhaltung dient. Die Katze beißt sich allerdings in den Schwanz: Solange unter den Bischöfen die Angst vorherrscht, wird das System nicht geändert, das diese Angst wieder hervorbringt. Meine einzige Hoffnung, daß dieser Teufelskreis aufgebrochen wird, ist - der Heilige Geist, dem im Laufe der Kirchengeschichte trotz vieler Präventivmaßnahmen so mancher Überraschungscoup gelungen ist.

Ein Wort ist immer wieder geeignet, Ängstliche in ihrer Untätigkeit zu belassen und Aufmüpfigen die Gottlosigkeit ihres Verhaltens vor Augen zu führen: „Gehorsam!" Mit kaum einem anderen Schlagwort wurde so vieles niedergeschlagen wie mit diesem. Kaum ein anderes hat Liebe an erster Stelle kirchlicher Erziehung so apart zu ersetzen gewußt.

„Jesus war gehorsam bis zum Tod, bis zum Tod am Kreuz" (Phil 2,8). Dieses Paulus-Wort, verbunden mit dem vorwurfsvollen „...und Du?", dient Ultrarechten wie eine Peitsche, mit der kritische Seelen zur Räson gebracht werden sollen. Derlei „Waffenbesitzer" gibt es fürwahr nicht nur in strengen Frauenklöstern, noch viel mehr davon leben außerhalb von Klausuren. In Wirklichkeit bringt dieses Bibelzitat jedoch niemanden zur Strecke, es ist ein „konservativer Rohrkrepierer."

Jesus kam nur deswegen ans Kreuz, weil er, um dem Vater im Himmel zu gehorchen, Menschen gegenüber ungehorsam war. Hätte er brav nachgeplappert, was die Pharisäer lehrten, niemand hätte ihm nach dem Leben getrachtet. Er hätte einfach die Zehn Gebote einschärfen und die Leute mit der Begründung, daß es doch überall Fehler gäbe, zur Freude in der Gemeinschaft mit Tempel und Synagoge auffordern können - nichts wäre ihm passiert. Doch weil er auf die religiöse Autorität seines Volkes nicht zu hören bereit war, mußte er sterben...

Ein Wort für unser „Gehorchen" gab es im AT-Hebräischen gar nicht. Um einen entsprechenden Gedanken auszudrücken, wurden andere Verben verwendet - mit der Bedeutung von „hören", „antworten" und Aufgetragenes „tun". Gehorsam ist im Alten Testament die Antwort auf Gottes Anruf.

Im Neuen Testament wird das Hören auf Jesus zum Fundament des christlichen Lebens (Mt 7,24). Nur wer sein Kreuz auf sich nimmt, kann sein Jünger sein (Mk 8,34), wobei auch dieses Kreuz eine Folge des Ungehorsams gegen Menschen sein kann. „Was nützt es einem Menschen, wenn er die ganze Welt gewinnt", Karriere macht, Positionen und Titel einheimst, „dabei aber sein Leben einbüßt?" (Mk 8,36). Für Jesus hört der auf Gott, der das Gebot der Gottes- und Nächstenliebe verwirklicht, von Kirchenrecht, Statuten oder Ordensregeln ist noch keine Rede.

Gehorsam, das weiß schon die Apostelgeschichte, muß der Christ auch der rechtmäßigen Autorität erweisen, solange sie nichts Gottwidriges verlangt. Anordnungen, die Jesus und dem Evangelium widersprechen, dürfen nicht nur keinen Gehorsam beanspruchen, sondern fordern den aktiven Widerstand des Christen heraus.

Eine Erziehung zu falsch verstandenem Gehorsam hat über die Menschheit viel Leid gebracht. Papst Leo XIII. hat 1878 die Staatsbürger zum unbedingten Gehorsam gegen die Obrigkeiten aufgefordert: Auch wenn die Lage hoffnungslos sei, bleibe nur die christliche Geduld und das Gebet, um die Rettung zu beschleunigen (H VI,2,245). Fatale Auswirkungen zeigten sich dann in der ersten Hälfte des 20. Jahrhunderts. Der Gehorsam war in den Christen Mitteleuropas so tief verwurzelt, daß der Widerstand gegen das Mordsystem des Nationalsozialismus gering blieb. Die wenigen christlichen Widerstandskämpfer können nicht darüber hinwegtäuschen, daß die „christlichen Massen" anders erzogen waren und daher sich eines Auftrags zum Aufstehen gar nicht bewußt waren. Es hat keinen einzigen bischöflichen Hirtenbrief gegeben, der zum Widerstand aufgerufen hätte (E. Weinzierl, Kathpress, 7.5.1994).

Leichter wird eine unbekannte, gehorsame Nonne des 17. Jahrhunderts heiliggesprochen als 50 Jahre nach dem Holocaust der oberösterreichische Bauer Franz Jägerstätter, der nicht bereit war, für Hitler zu töten und deshalb hingerichtet wurde.

„Blinden Gehorsam verlangt ja keiner!" wird von Kirchenvertretern immer wieder versichert. Doch wie sonst sollte man das nennen, wenn z. B. ein junger, nicht unaufgeschlossener Kaplan den zur Firmvorstellung versammelten Jugendlichen keine Predigt hält, sondern ihnen einen langatmigen Hirtenbrief gegen Scheidung und Wiederverheiratung vorliest, nur weil der Bischof das gerade für jenen Tage vorschreibt?

„Der Bürger hat die Gewissenspflicht, die Vorschriften der staatlichen Autoritäten nicht zu befolgen, wenn diese Anordnungen den Forderungen der sittlichen Ordnung, den Grundrechten des Menschen oder den Weisungen des Evangeliums widersprechen." Das behauptet sogar der Weltkatechismus. Daher ist auch berechtigter Ungehorsam gegen kirchliche Autoritäten legal, wenn diese den Weisungen des Evangeliums widersprechen. Nicht staatlichen, sondern seinen religiösen Vorgesetzten schleuderte Petrus den Satz entgegen: „Man muß Gott mehr gehorchen als den Menschen"(Apg 5,29).

Die Selbstverstaatlichung einer Bewegung

„Verachtet sind die Lehren der Väter, Erfindungen neuerungs-
süchtiger Menschen machen sich geltend in der Kirche. Die Weisheit der Welt ist obenan, die Verherrlichung des Kreuzes ist zu-
rückgestellt. Die Alten jammern, wenn sie die einstige Lage mit
der heutigen vergleichen." Diese Sätze stammen nicht von einem
nach dem Zweiten Vatikanischen Konzil enttäuschten Konservativen unserer Tage. Basilius, einer der vier großen Kirchenväter
des Ostens, hat sie um das Jahr 372 zu Papier gebracht (Basilius
I, 133).

Etwa vier Jahre vorher hatte er schon beklagt, daß das Sakrament der Buße nur noch von den „unmündigen, unschuldigen
Kindern" geschätzt und nur geringer Eifer bei der Mitfeier der
hl. Messe beobachtet würde. „Nur wenige beten mit mir, und diese sind mit ihren Gedanken anderswo, gähnen, wenden sich fortwährend hin und her und können es kaum erwarten, bis der
Psalmensänger mit den Versen fertig ist. Dann flüchten sie aus
der Kirche wie aus einem Kerker" (Basilius I,262).

Basilius stammte aus einer angesehenen christlichen Familie,
wurde aber dennoch erst in reifem Alter getauft. Nach dem Studium an mehreren Hochschulen wurde er Mönch und verfaßte
Regeln für ein gemeinsames Leben von Mönchen. Mit 34 Jahren
wurde er Priester, sechs Jahre später Erzbischof seiner Heimatstadt Cäsarea (heute: Kayseri, Türkei). Kaum 49 Jahre alt, starb
er, der die „Basilias" erbauen ließ, die ein Pilgerheim, ein Kran-
kenhaus für Arme und eine medizinische Versuchsanstalt umfaß-
te. „Tausend Sorgen um die Kirche" bedrängten ihn, der miterle-
ben mußte, wie die Kirche nach dem Jahr 313 zwar mächtig an
Einfluß, Macht und Privilegien zulegen konnte, den „alten
Schwung" jedoch zusehends verloren hatte.

Überwältigt von der Freude, kein verachtetes oder gar unter-
drücktes Randdasein im Römischen Reich mehr führen zu müssen, tat die Kirche damals genau das, wovor Paulus einst die
Römer gewarnt hatte: „Gleicht euch nicht dieser Welt an" (Röm
12,2). Von den Kaisern gedrängt, aber auch freiwillig nahm sie

immer mehr staatliche Strukturen und Lebensformen an. Wie in der Politik wurde langsam aber sukzessive der Einfluß des Volkes, der Gemeinde, immer mehr zurückgedrängt zugunsten der Macht einzelner. Das Schlimmste aber war, daß die Kirche im Rausch des Triumphes bisher geltende grundlegende Überzeugungen über Bord warf. Die religiöse Gemeinschaft, die vor kurzem noch von der Staatsmacht verfolgt und deren Gotteshäuser zerstört worden waren, begann plötzlich, sich desselben weltlichen Armes zu bedienen, um Andersdenkende zu „bekehren". Heidnische Tempel wurden vernichtet oder „umgebaut".

Nicht nur, aber besonders deutlich kann man religiösen Wahnwitz an der „Hagia Sophia" in Istanbul, dem einstigen Konstantinopel, studieren. Zur Erbauung dieser Hauptkirche des Ostens brachte man im 6. Jahrhundert aus allen Teilen des Reiches Marmorwandverkleidungen und Säulen, die von zerstörten Tempeln stammten, vor allem vom Artemisheiligtum in Ephesus und vom Jupitertempel in Baalbek. Nach der Eroberung Konstantinopels durch die moslemischen Türken (1453) kam es zu einem erneuten „Umbau". Die Kirche wurde eine Moschee, seit 1934 ist sie Museum. Ein- und dieselben von Touristen bewunderten Säulen ehrten Jupiter, Christus und Allah - und sind Zeugen religiöser Intoleranz.

Doch nicht nur Heiden hatten unter der in relativ kurzer Zeit von einer schwachen Minorität zu einer mächtigen Majorität mutierten Christenschar zu leiden, genauso und noch mehr die Andersdenkenden in der Kirche selbst. Konnten sie vor 313 nur aus der Gemeinde ausgeschlossen werden, so drohten ab nun auch Kerker, Verbannung und Enteignung. Freilich wechselten die Fronten nicht selten: War der Kaiser katholisch, wurden Arianer oder Monophysiten bedrängt. Andernfalls hatten die Katholiken zu leiden.

Der für heutige Betrachter atemberaubende Siegeszug des Islam - 100 Jahre nach Mohammeds Tod hatte er ganz Nordafrika und die Iberische Halbinsel erobert und stand im Herzen des Frankenreiches - ist ohne diese Weltangleichung der Kirche nicht zu verstehen. Theologische Auseinandersetzungen führten in dem einst blühenden christlichen Karthago zu Haß und Ablehnung gegen den katholischen Kaiser in Konstantinopel. Der politische Zwist ließ den Arabern die römische Provinz Africa wie eine reife Frucht in den Schoß fallen (696), das Christentum ging rasch unter (H II 2,190).

Die islamischen Eroberer gingen nicht planmäßig daran, alles Christliche auszumerzen. Sie gewährten im Gegenteil freie Religionsausübung und eine gewisse Selbstverwaltung. Wenngleich sie einige Hauptkirchen in Moscheen umwandelten, wurde doch das kirchliche Leben nicht wesentlich gestört. Zwangsbekehrungen und Martyrien waren Ausnahmeerscheinungen, erst später wurde die Lage härter. Das islamische Recht brachte eine Gleichstellung der christlichen Konfessionen und entzog ihnen damit die Möglichkeit, sich mit Hilfe des Staates gegenseitig zu bekämpfen (H II 2, 91 f). Der monophysitische Christ Ägyptens konnte unter einem moslemischen Kalifen friedlicher leben als unter einem „rechtgläubigen" Kaiser.

Die mit der Staatsmacht verbündete und sich in der Verteidigung des wahren Glaubens nunmehr auf sie stützende Kirche verlor im 7. Jahrhundert Gebiete, die seit den Tagen der Apostel christlich waren. Die großen Patriarchensitze Antiochia und Alexandria gingen für immer für die Reichskirche verloren, was u. a. zur Folge hatte, daß das bis dahin ranggleiche Rom immer höher in den Himmel wuchs und letztlich zur Kirchenzentrale schlechthin wurde. Die Verehelichung der Mutter Kirche mit Vater Staat hatte eben viele Folgen.

An der Wende vom ersten zum zweiten Jahrtausend verblassen im Bild der Kirche die Züge der Gottesfamilie, die hierarchischen Linien treten umso stärker hervor, der Abstand zwischen Priestern und Volk vergrößert sich. Kirche und christliche Ordnung erscheinen nun vor allem als Sache des Gesetzes, nicht unähnlich dem Staat, von dem sie sich nur undeutlich abhebt. Das Christentum bekommt einen moralistischen Zug und eine düstere Grundstimmung. Der bedrängte Mensch muß nun umsomehr seine Zuflucht zu Heiligen nehmen, als der Mittler Jesus Christus im Glanz seiner Gottheit den Blicken entschwindet (H III 1,361).

Die immer stärker werdende Macht der Kirche rief später Reformbewegungen auf den Plan. Manche wurden geduldet und domestiziert wie die des Franz von Assisi, andere wurden blutig verfolgt. Doch der Schrei „Zurück zu den Quellen!" verstummte nie. Humanismus und Reformation rückten Bibel und Kirchenväter stark in den Vordergrund. Leider zeigte sich in den kirchlichen Auseinandersetzungen immer wieder ein ähnliches Verhalten wie in demokratischen Parlamenten des 20. Jahrhunderts. Eine Idee kann noch so gut sein, wird sie von der Opposition vorgebracht, muß sie bekämpft werden und wird bestenfalls dann aus der Schublade hervorgezaubert, wenn niemand mehr weiß, wer ihr Vater ist.

Reformation und Gegenreformation haben auf vielen Gebieten dazu geführt, einen konfessionellen Stellungskrieg aus Bunkern heraus zu führen. Heiligenverehrung, auch wenn in der alten Kirche vorhanden, mußte - weil von den Katholiken gefördert - von den Protestanten abgelehnt werden. Volkssprache im Gottesdienst, auch wenn in der alten Kirche vorhanden, mußte - weil von den Protestanten geübt - von den Katholiken verworfen werden.

Der Blick zurück war getrübt, strukturellen Reformen war für Jahrhunderte ein Riegel vorgeschoben.

Das mit der Idee in der Schublade, die man als „vaterlos" wieder hervorholen könnte, funktioniert in der Religion nicht. Denn: Wenn alle vergessen können, die Kirche vergißt nicht!

Daß dieser konfessionelle Kampf in Mitteleuropa allmählich einen „dritten Haufen" entstehen ließ, der weder katholisch noch protestantisch, sondern atheistisch war, bemerkten im 16. Jahrhundert bereits Zeitgenossen (H IV,442). Für die katholische Kirche unglückselig war der Umstand, daß sie nach dem massiven Einsatz der Bibel durch den Protestantismus das eigene Volk von der Heiligen Schrift fernzuhalten trachtete. Das Wort Gottes sollte ausgewählt, ja gesiebt via Klerus den Laien zuteil werden.

Im Kampf gegen die Reformatoren wurde die Hilfe des Staates in Anspruch genommen, der sich in der Folge immer mehr zum Herrn über die Kirche entwickelte.

Die Kirchenführung erkannte die im 17. Jahrhundert entstehende Geistesbewegung der Aufklärung nur ungenügend. Ihre Grundanliegen - z. B.: kritische Prüfung statt Autoritätsgläubigkeit, Toleranz und praktische Humanität - wurden mit Mißtrauen und Ablehnung bedacht. Kirche und Papsttum mußten so immer mehr als rückständig erscheinen. Je stärker die Kirche war - und ihre Macht zeigte sich am deutlichsten im Kirchenstaat - desto weniger konnte sich der Geistesaufbruch entfalten (H V,123). Am Ende des 18. Jahrhunderts bestand ein arges Mißverhältnis zwischen einer Welt, die sich in voller wirtschaftlicher, gesellschaftlicher und kultureller Entwicklung befand, und einer kirchlichen Hierarchie, die nicht zu unterscheiden vermochte zwischen den wirklichen Erfordernissen des Glaubens und dem unwesentlichen Zubehör, und die sich völlig an überholte Positionen klammerte.

Der Schock der Revolution im Frankreich, wo 1789 ein Viertel der katholischen Christenheit lebte, bewirkte, daß die Kirchenführung sich noch weniger beweglich zeigte und ihr Heil im Bündnis mit den konservativen Regimen suchte, die aber andererseits das Leben der Kirche in ihrem Land unter Kontrolle hielten.

Was für die Päpste des 8. Jahrhunderts gilt, muß auch für die des 19. Jahrhunderts gesagt werden. Erstere hielten lange an der spätrömischen Reichsidee fest, daß das Heil der Kirche unlösbar verbunden ist mit dem römischen Imperium. Letztere waren so mit den Monarchien verbunden, daß sie sich Kirche in Demokratie nicht vorstellen konnten.

Der Zusammenbruch der alten Regime als Folge des Ersten Weltkriegs wurde zu einem weiteren Trauma, dem man durch Anklammern an bzw. Beherrschen von christlichen Parteien zu entrinnen hoffte.

Die politische Entwicklung unserer Zeit brachte der Kirche vielerorts Befreiung von der Bevormundung durch den Staat. Perfekt wurde diese Freiheit in Europa erst in den vergangenen Jahr(zehnt)en: im Westen nach 1945, im Osten ab 1989.

Freilich: Der eigenen Verknechtung von Kaiser Konstantin bis zum Josephinismus ist sich die Kirche nicht so recht bewußt geworden, und sie hat sich gegen diese, weil sie schließlich immer wieder auch süße Privilegien ohne Zahl brachte, nur wenig zur Wehr gesetzt. Äußere Feinde wie Luther, Aufklärung, Französische Revolution und Kommunismus hatten als Angriffsziele stets Priorität.

Am Ende des 20. Jahrhunderts hat Europas Kirche die wunderbare Chance, frei zu sein. Kein Staat regiert in sie hinein. Sie hat auch die Freiheit zur Selbstreform, zum Abschütteln aller nach 313 freiwillig angenommenen oder aufgezwungenen „Angleichungen an die Welt", an staatliche Strukturen und Ausübung von Staatsmacht.

Im Jahr 313 war die Kirche eine Gemeinschaft voll von demokratischen Einrichtungen inmitten eines totalitären Staates.

Fast 1700 Jahre später bietet Europa ein entgegengesetztes Bild: Eine zentralistisch verwaltete Kirche, der die Laienmitsprache der ersten Jahrhunderte als schier gotteslästerlich vorkommt, inmitten von demokratischen Systemen.

Mit Leichtigkeit müßte es der Kirche gelingen, sich des Anfangs zu erinnern: Jesus, seiner Worte, der Kirchenväter und des Lebens der Christen, bevor die „Verstaatlichung" begann. Zur Jahrtausendwende ist eine „Entstaatlichung" angesagt, eine „Privatisierung". Die Gemeinschaft der Kirche ist „Privateigentum" des Jesus von Nazareth.

Ihm allein sollte sie sich verpflichtet fühlen.

Teil 2

Nachdenkphase

oder

Die Anrufung des Heiligen Geistes

Darf die Kirche sich bekehren?

Leben und Leiden der Europäer des 20. Jahrhunderts waren geprägt von drei Menschen, die in ihrer Jugend christlichen Ideen keineswegs abhold waren. Ohne lebendige Beziehungen zu einem Jesus Christus der Bibel wurden sie, ihre Visionen und Gewalttaten jedoch zum Schrecken der Welt.

Karl Marx (†1883) lebte zwar im 19. Jahrhundert, seine Gedanken führten jedoch erst im 20. Jahrhundert zu den proletarischen Revolutionen und kommunistischen Diktaturen, die unendlich viel Leid über die Menschen brachten. Seine schriftliche Maturaarbeit in Religion trägt den Titel „Die Vereinigung der Gläubigen mit Christo nach Joh. 15 1-14, in ihrem Grund und Wesen, in ihrer unbedingten Notwendigkeit und ihren Wirkungen dargestellt" und beginnt mit der Erklärung, die Geschichte, die „große Lehrmeisterin der Menschheit", zeige uns, daß diese schon von den ältesten Zeiten an gesucht habe, sich zu einer höheren Moral zu erheben. „So lehrte uns die Geschichte der Völker die Notwendigkeit der Vereinigung mit Christo. Auch wenn wir die Geschichte der einzelnen, wenn wir die Natur des Menschen betrachten, sehen wir stets einen Funken der Gottheit in seiner Brust, seine Begeisterung für das Gute, ein Streben nach Erkenntnis, eine Sehnsucht nach Wahrheit." Diese natürlichen Instinkte seien zwar von sündigen Begierden überlagert, die aber durch die Vereinigung der Gläubigen mit Christo besiegt werden können, denn diese leihe „eine Freudigkeit, die der Epikureer vergebens in seiner leichtfertigen Philosophie, der tiefere Denker vergebens in den verborgensten Tiefen des Wissens zu erhaschen strebt, die nur das unbefangene, kindliche, mit Christo und durch ihn mit Gott verbundene Gemüt kennt, die das Leben schöner gestaltet und erhebt" (Mc Lellan, 19f).

Josef Stalin (†1953) war fünf Jahre lang Mitglied eines orthodoxen Priesterseminars, ehe er Karriere bei den Bolschewiken machte. Zum Generalsekretär der KPdSU aufgestiegen, baute er die Sowjetunion zur Ein-Mann-Diktatur um.

Auch Adolf Hitler (†1945) trug sich in seiner Kindheit mit

113

dem Gedanken, Priester, Mönch oder gar Abt zu werden: „Da ich in meiner freien Zeit im Chorherrenstift zu Lambach Gesangsunterricht erhielt, hatte ich beste Gelegenheit, mich oft und oft am feierlichen Prunk der äußerst glanzvollen kirchlichen Feste zu berauschen. Was war natürlicher, als daß, genauso wie einst dem Vater der kleine Dorfpfarrer, nun mir der Herr Abt als höchst erstrebenswertes Ideal erschien. Wenigstens zeitweise war dies der Fall." Der Vater hatte für derlei Gedanken jedoch kein Verständnis, und so „verlor sich dann die zeitweilige Sehnsucht nach diesem Beruf sehr bald" (Mein Kampf, 3f). Zweiter Weltkrieg, Rassenhaß und Völkervernichtung werden für immer mit diesem verhinderten Geistlichen verbunden bleiben. Welche Karriere hätte er, begeistert von Kult und Dogmatismus der katholischen Kirche, wohl als Kleriker machen können?

Die Kirchen können nicht verantwortlich gemacht werden für ihre einzelnen Mitglieder: der Protestantismus nicht für Karl Marx, die Orthodoxie nicht für Josef Stalin und der Katholizismus nicht für Adolf Hitler. Beeinflußt von so vielen Faktoren, muß jeder Getaufte selbst Lebensentscheidungen treffen - mit bisweilen horrenden Folgen für die Zeitgenossen.

Die Entwicklung der Einzelpersonen zu bestimmen, steht nicht in der Macht einer Kirchenführung, sehr wohl jedoch trägt diese Verantwortung für die Entwicklung der eigenen Gemeinschaft. Strukturen können helfen, aber auch abwürgen.

Das Jahr 2000 rückt näher, und es soll zum „Heiligen Jahr" proklamiert werden, was etwa 15 Millionen Pilger nach Rom locken dürfte. Das kann aber nicht die alleinige Planung der Kirche für den Schritt ins dritte Jahrtausend sein. Daher rief Johannes Paul II. im Juni 1994 sein oberstes Beratergremium, das Kardinalskollegium, zusammen. Zwei Tage lang berieten 114 Kardinäle aus 54 Ländern über Wege und Themen des Jubiläumsjahren. Einen wahren Paukenschlag setzte der Papst, als er angesichts der bevorstehenden Jahrtausendwende kirchliche Gewissenserforschung und ein „mutiges Eingestehen von Schuld und Versäumnissen" der Christen in der 2000jährigen Kirchengeschichte für notwendig erklärte. Anläßlich des Heiligen Jahres

2000 bedürfe - so der Papst - die Kirche „der Umkehr, der Einsicht in historische Schuld und Versäumnisse ihrer Mitglieder gegenüber den Anforderungen des Evangeliums." Den Kardinälen machte Johannes Paul II. deutlich: „Nur das mutige Anerkennen von Schuld und auch von Unterlassungen, für die die Christen in gewisser Weise verantwortlich sind, wie auch die großzügige Absicht, dies mit Gottes Hilfe wiedergutzumachen", könne die Neuevangelisierung fördern. Ein solcher Schritt könnte nach Ansicht des Papstes den Weg zur christlichen Einheit erleichtern und dem kirchlichen Leben neue und wirksame Impulse geben (Kathpress, 15.6.1994).

Die Anregung zum „Schuldbekenntnis" konnten die Kardinäle schon im vom Vatikan verschickten Vorbereitungspapier lesen, wo Religionskriege, Inquisitionstribunale, Hexenverbrennungen, Unterstützung von Unrechtsregimen, Kollaboration, kirchliche Mitbeteiligung an Greueln der Kolonialmächte und andere Formen der Verletzung der Menschenrechte ausdrücklich erwähnt wurden (Kathpress-Info, 24.4.1994).

Die Kardinäle waren von einem „mea culpa" wenig begeistert und betonten, daß man allgemein keinen großen Sinn darin sehe.

Mißdeutungen und Manipulationen wären zu befürchten. Besser wäre ein Überprüfen von „eventuellen Fehlern, die heute gemacht werden" (Kathpress, 17.6.94). Der Münchner Kardinal Friedrich Wetter winkte ab: „Wir brauchen nicht im Büßerhemd über die Schwelle des dritten Jahrtausends zu schreiten." (Tag des Herren, 16.6.1994)

Irgendwie werde ich bei der Argumentation der Kardinäle den Verdacht nicht los, sie wollten, daß die von der Wissenschaft bloßgelegten Sünden der Kirchengeschichte - die zum Teil ja heute noch fortwirken! - nie offiziell zur Kenntnis genommen werden sollen. Denn christliches Zur-Kenntnis-Nehmen bedingt auch Schuldbekenntnis. Die Formulierung „eventuelle Fehler von heute" und nicht „Wiedergutmachung" läßt alles offen. Daher muß auch alles im Sand verlaufen. Bestenfalls wird hier und dort eine Kommission gegründet, die dann dieses oder jenes Stück Papier verabschiedet ... Merken die Kardinäle den Kollaps nicht?

Und auch nicht, daß das Lob für eine starre Kirche nicht von der richtigen Seite kommt?

Wer den Sieg der nationalsozialistischen Weltanschauung wirklich und ernsthaft wünsche, so Adolf Hitler, habe von der katholischen Kirche zu lernen: „Obwohl ihr Lehrgebäude in manchen Punkten, und zum Teil ganz überflüssigerweise, mit der exakten Wissenschaft und Forschung in Kollision gerät, ist sie dennoch nicht bereit, auch nur eine kleine Silbe von ihren Lehrsätzen zu opfern.

Sie hat sehr richtig erkannt, daß ihre Widerstandsfähigkeit nicht in einer mehr oder minder großen Anpassung an die jeweiligen wissenschaftlichen Ergebnisse liegt, die in Wirklichkeit doch ewig schwanken, sondern vielmehr im starren Festhalten an einmal festgelegten Dogmen, die dem Ganzen erst den Glaubenscharakter verleihen. So steht sie heute fester da als je" (Mein Kampf, 512f).

Henri Boulad, Caritasdirektor von Nordafrika und dem Mittleren Osten, beklagt, die Kirche sei „ein multinationaler Konzern geworden, einer der bestorganisierten." Sogar moslemische Fundamentalisten wollten in den Vatikan fahren, um dort zu lernen, wie man eine weltweite Gemeinschaft verwaltet (Präsent, 5. 5.1994).

Der Gedanke des Papstes, daß die Kirche der Umkehr und Einsicht in historische Schuld bedürfe, mußte auf Ablehnung stoßen - in einer Kirche, die von ihrer Qualität, ja Unfehlbarkeit zutiefst überzeugt ist; in einer Kirche, wo eher der Verlust eines Kontinents in Kauf genommen als ein kirchliches Gesetz zur Bestellung von Priestern geändert wird. Hunger und Durst von Millionen nach Priestern, nach Sakramenten und nach dem Wort Gottes bereitet unbarmherzigen Verwaltern der Schätze Christi keine schlaflosen Nächte.

Letzter Paragraph des Kirchenrechtes „Oberstes Gesetz der Kirche ist das Heil der Seelen" hin oder her: Es scheint, als wären früher Totenerweckungen in Lourdes möglich, als daß zentral eingesetzte, vom Diözesanvolk nicht angenommene Bischöfe abberufen würden. Nur keine Umkehr! Nur nie zugeben, daß

116

auch die Zentrale etwas falsch machen kann! Denn Änderung der Gesinnung wäre schändlich. Wirklich?

Johannes verkündete in der Wüste: „Kehrt um" (Mt. 3,2). Jesus begann seine Verkündigung mit „Kehrt um" (Mt. 4,17). Von Ausnahmen wurde da nichts publik. Etwa, daß Jesus zu den Aposteln gesagt hätte: „Für euch gilt das natürlich nicht. Ihr seid unfehlbar. Solltet ihr von euren Entscheidungen etwas zurücknehmen, die Menschen würden das als Schwäche des Gottesreiches auslegen ..." So hat Jesus nicht gesprochen. Er hatte auch nichts übrig für ein falsches Sich-in-Sicherheit-Wiegen: „Viele werden von Osten und Westen kommen und mit Abraham, Isaak und Jakob zu Tisch sitzen: die aber für das Reich bestimmt waren, werden hinausgeworfen in die äußerste Finsternis ..." (Mt. 8,11f). Glaubt wirklich jemand, mit diesen Worten wollte Jesus nur ein paar Pharisäer von Kafarnaum ärgern, sonst nichts?

Manchmal tritt ein historisch feststellbarer Sinneswandel ein. Etwa, wenn das Oberhaupt der Kirche 575 Jahre nach der Verbrennung von Jan Hus diesem in seiner Heimatstadt Prag ehrende Worte spendet. Oder wenn ein Kardinal 450 Jahre nach Luthers Tod dessen theologischen Tiefblick zumindest in gewissen Punkten würdigt. Oder wenn nach einem mühsamen Weg zur Rehabilitierung von Galileo Galilei die Vatikanpost den berühmten Astronomen flugs mit einer Briefmarke und einem Sonderstempel ehrt.

Erwachsene brauchen eben mitunter länger, um etwas gutzumachen. Bei Kindern ist das anders. Die spielen morgen wieder friedlich mit jenen, mit denen sie sich heute noch prügeln.

Als die Apostel zu Jesus kamen und fragten: „Wer ist im Himmelreich der Größte?", da rief er ein Kind herbei, stellte es in ihre Mitte und sagte: „Amen, ich sage euch, wenn ihr nicht umkehrt und wie die Kinder werdet, könnt ihr nicht in das Himmelreich kommen" (Mt. 18,3).

Fazit: Johannes Paul II. liegt mit seiner Idee von Umkehr und Einsicht historischer Schuld offenbar nicht ganz falsch. Wer aber dann? Warum sollte gerade in der „Religion der Umkehr" Reversion und Konversion nicht stattfinden dürfen?

Zurück zum historischen Jesus!

„Zu den Quellen!" Heißt das, den Osservatore Romano zu abonnieren, Radio Vatikan zu hören und sich schleunigst den Weltkatechismus zuzulegen?

Jesus ist die Quelle. Wer das Wasser trinkt, das er gibt, wird selbst zur sprudelnden Quelle (Vgl. Joh 4,14).

Am Ende des zweiten Jahrtausends Erneuerung der kirchlichen Gemeinschaft erhoffen - das kann nur verbunden sein mit Rückbesinnung auf Jesus, Gebet und Meditation, Studium der (Kirchen-)Geschichte und Analyse der heutigen Zeit. Der nicht nur in kirchlichen Würdenträgern, sondern in der gesamten kirchlichen Gemeinschaft wirkende Geist Gottes kann ein Werk vollbringen, das utopisch scheint. Bei diesem Unterfangen schenkt Jesus Kraft: „Habt Mut; ich habe die Welt besiegt" (Joh 16,33). Womit Jesus augenscheinlich nicht Mut machen wollte zur Zerstörung der Schöpfung, sondern zur Überwindung von Verweltlichung, wozu auch kirchliche Anpassung an weltliche Machtgebilde zählt.

Die Geschichte der Kirche hat ihre Wurzel in Jesus von Nazareth. Sein Leben und Wirken, durch das die Kirche grundgelegt ist, ist darum Voraussetzung ihres Lebens. Hervorstechender Zug nachapostolischer Frömmigkeit war ihre Christozentrik. Der Wille Christi war Norm für das sittliche Leben der Kirche, seine Gebote waren die Richtschnur seines Handelns, ja der Sohn Gottes wurde selbst zum Gesetz. Christi Leben wurde zum Vorbild für die Lebensführung seiner Gläubigen.

Israel hatte den Messias erwartet als den über alle Feinde triumphierenden Sohn Davids, dessen Reich er wiederherstellen sollte. Kein Wunder, daß sich die religiöse Führungsschicht mit Jesus nicht anfreunden konnte. Sohn einer kleinen Arbeiterfamilie, beheimatet im nicht optimal beleumundeten Nazareth - seine Herkunft war keine Empfehlung. Sein erstes Auftreten gab Anlaß zu Sorge und Mißtrauen. Er pilgerte nicht nach Jerusalem, um sich dem Hohenpriester vorzustellen, er hielt auch keine programmatische Rede mit theologischem Tiefgang und anschließender Totenerweckung eines von Römern Hingerichteten. Menschlich betrachtet, verkannte er die Lage total und handelte weder klug noch medienwirksam. Er „tat sein erstes Zeichen in Kana in Galiläa und offenbarte seine Herrlichkeit, und seine Jünger glaubten an ihn" (Joh 2,11). Was war geschehen?

Jesus wird mit seinen Freunden zu einer Hochzeit eingeladen. Seine aufmerksame Mutter gibt ihm plötzlich einen Hinweis. Daß er den rechten Augenblick für eine „Tischrede" nicht verpasse? Immerhin wäre es doch ein passender Einstieg ins öffentliche Wirken, über Ehe und Familie zu sprechen, über Sexualität, Empfängnisverhütung und Abtreibung. Oder?

Interessanterweise vermißt Maria offenbar diese Statements gar nicht, sondern den Wein, von dem in den Krügen immer weniger zu finden ist. Jetzt, würden Fromme annehmen, muß Jesus sie zurückweisen und den für ihn geltenden himmlischen Auftrag in Erinnerung rufen. Keine Spur davon, und Maria, die ihren Sohn besser als zukünftige Theologen kennt, sagt zu den Dienern: „Was er euch sagt, das tut!" Und Jesus tut etwas, was Zeitgenossen wie Spätergeborenen ziemlich unnötig erscheinen muß: Er vermehrt die für den Konsum beim Fest vorhandene Menge alkoholischer Getränke um 600 Liter.

Jeder Neupriester, der anläßlich der ersten Trauung seines Lebens die Predigt über das Sakrament der Ehe ausfallen, dafür dem Brautpaar zehn Kisten Bier bringen läßt, müßte heutzutage vermutlich mit einer Anzeige beim Bischof rechnen.

So ganz anders, als sich die Leute seiner Zeit den Messias vorgestellt hatten, lebte Jesus fortwährend. Der einzelne Mensch stand im Mittelpunkt seiner praktizierten Liebe. Und wenn er Freude bereiten konnte durch Weinvermehrung, so tat er auch dies. Wenn er sprach, war die Menge häufig sehr betroffen von seiner Lehre, denn „er redete wie einer, der Vollmacht hat, und nicht wie ihre Schriftgelehrten" (Mt 7,29). Oft aber sagte er gar nichts, er „berührte" nur. „Und immer, wenn er in ein Dorf oder eine Stadt oder zu einem Gehöft kam, trug man die Kranken auf die Straßen hinaus und bat ihn, er möge sie wenigstens den Saum seines Gewandes berühren lassen" (Mk 6,56). Sie bettelten Jesus nicht an um einen Vortrag, um Glaubensunterweisung. Sie wollten ihn berühren und von ihm berührt werden. Und Jesus sagte nicht nein. Später schickte er auch seine Freunde aus, um Menschen zu „berühren": „Heilt die Kranken und sagt den Leuten: Das Reich Gottes ist euch nahe" (Lk 10,9).

Das Nicht-Berühren hat Jesus seinen Gegnern vorgeworfen: „Wehe euch, Gesetzeslehrer! Ihr bürdet den Menschen unerträgliche Lasten auf, selbst aber berührt ihr die Lasten nicht einmal mit einem Finger" (Lk 11,46). Die Reaktionen waren heftig, noch dazu, wo sich Jesus offen über religiöse Vorschriften - Beispiel: Sabbat-Gebot - hinwegsetzte: „Er ist von Sinnen" (Mk 3,21), „Von einem Dämon besessen" (Joh 7,20). Als Ausländer wurde er diffamiert (Joh 8,48), als Gotteslästerer letztlich verurteilt.

Hochmütige Äußerungen über die Jesus-Gegner sind dennoch unangebracht. Wie würden wir regieren, käme er zu uns? Brächen da nicht Welten zusammen?

Nach dem Bericht des Johannes-Evangeliums eilte Jesus nach der Hochzeit zu Kana nach Jerusalem. Ohne viele Worte machte er eine Geißel aus Stricken und verjagte Händler und Geldwechsler. Ein ähnlicher Typ in den Vatikanischen Museen und er könnte von Glück reden, von der Schweizer Garde nur hinauskomplimentiert zu werden...

Erstaunlich ist, wem Jesus einen Spiegel vorgehalten hat. Heutzutage wird Kritikern innerhalb der Kirche immer wieder vorgeworfen, das eigene Nest zu beschmutzen. Man sollte nicht soviel innerhalb der Gemeinschaft bekritteln, vielmehr das Böse in der Welt aufzeigen und bekämpfen. Jesus ließ kaum ein gutes Haar an den religiösen Autoritäten seiner Zeit, gegen die weltlichen Machthaber trat er nicht auf. Er provozierte nicht die römische Weltmacht: Kein Wort gegen den Kaiser oder die Besatzungsmacht; nichts gegen die allgemeine Gesellschaftsordnung; sogar Steuern lehnte er nicht nur nicht ab, sondern bezahlte selbst welche.

Ganz anders trat Jesus denen gegenüber auf, die Gottes Volk führen sollten. Ihnen galt seine ständige Kritik, die auch verstanden wurde und zu seiner Ermordung führte. Freilich kann man sagen: Als Jesus die Zöllner und Sünder rief, war das den Römern ziemlich egal. Empörung kam nur von seiten der „Hirten", die eigentlich von Amts wegen die „Verlorenen" hätten suchen müssen.

Der Vergleich der Frohen Botschaft mit der Wirklichkeit der Kirche hat nicht nur den Religionsphilosophen Alfred Loisy resignieren lassen: „Jesus kündete das Reich Gottes an und gekommen ist die Kirche!"

Wollte Jesus Kirche?

Jesus sammelte nicht nur eine Gemeinschaft um sich, sein ganzes Wirken war gemeinschaftsbildend. Er führte immer wieder Menschen in Gemeinschaft zurück: Aussätzige, Gelähmte, Blinde, Stumme, Besessene, Sünder, Zöllner, Ausgegrenzte. Jesus versprach den Seinen seinen Geist über den Tod hinaus und sandte sie zur Verkündigung des Gottesreiches in die Welt. Jesus wollte Kirche, eine Gemeinschaft, die nach seinem Tod und seiner Auferstehung weiterbesteht

Doch wie soll Kirche aussehen: wie eine Bewegung oder wie eine Religion? Eine Institution ohne Propheten oder eine charismatische Bewegung ohne Priestertum?

Anfangs glich die Kirche eher einer Bewegung. Jesus hat Organisationsstrukturen, Kultvorschriften, Meßordnung, Taufritus etc. nicht erlassen. Die Menschen sahen in seiner Botschaft keine „neue Religion", sondern einen „neuen Weg" (Apg 9,2). Das ging gut, solange die Hoffnung bestand, daß der Herr in absehbarer Zeit wiederkommen und endgültig sein Reich aufrichten würde. Da diese Hoffnung trog, war die Kirche gezwungen, sich zu etablieren. Eine unorganisierte „Bewegung" hätte 2.000 Jahre nicht überlebt. Dieses Organisieren war legitim, und die Christen mühten sich redlich ab, dabei die Grundsätze ihres Herrn nicht aus den Augen zu verlieren. Nach den Aposteln wurde jedoch das Prophetische zugunsten des Institutionellen immer stärker in den Hintergrund gerückt. Das spürten die Gläubigen, und im Entstehen des Mönchtums ist eine frühe Gegenbewegung zu erkennen.

Die Spannung zwischen „Weg" und „Religion" blieb jedoch.

Jesus selbst war gewiß dem Prophetentum zuzuordnen und nicht den Tempelpriestern.

Spannung ist gut und fruchtbar, solange nicht ein Teil den anderen eliminiert. Prophetentum ohne Ordnung droht ins Chaos abzugleiten, Institution ohne prophetischen Geist in gottlose Leere.

Die sukzessive „Verstaatlichung" der Kirche nach dem Jahr 313 führte dazu, daß die Kirche Schwüre verlangte, obwohl Jesus das Schwören überhaupt verworfen hat (Mt 5,34); daß jede Menge Titel erfunden wurden, obwohl Jesus das ausdrücklich verboten hat, ja daß sogar der Petrus-Nachfolger den Titel „Heiliger Vater" erhielt - trotz des Jesus-Wortes: „Auch sollt ihr niemand auf Erden euren Vater nennen, denn nur einer ist euer Vater, der im Himmel" (Mt 23,9); daß Reichtum angesammelt wurde, obwohl „eher ein Kamel durch ein Nadelöhr als ein Reicher ins Reich Gottes kommt" (Mt 19,24); daß die Kirchenführung das weltliche Kaisertum zum Vorbild nahm, obwohl „die Mächtigen ihre Macht über die Menschen mißbrauchen" (Mt 20,25); daß aus den Worten des von der Staatsmacht hingerichteten Jesus ein Auftrag herausgelesen werden konnte, mittels Staatsmacht Andersdenkende töten zu lassen.

Und mit der Zeit wurde den Gläubigen als wichtig eingeschärft, wovon Jesus kaum oder gar nicht gesprochen hat: Gehorsam gegenüber Menschen, Zölibat, Verbot der Empfängnisregelung, Lehre von Dämonen und Hexen...

Jesus „verkündete das Evangelium vom Reich und heilte alle Krankheiten und Leiden. Als er die vielen Menschen sah, hatte er Mitleid mit ihnen" (Mt 9,35f).

Welche Konsequenzen zog daraus die junge christliche Gemeinde von Jerusalem? „Sie hielten an der Lehre der Apostel fest und an der Gemeinschaft, am Brechen des Brotes und an den Gebeten" (Apg 2,42).

Schlüsselwort für das neue Gottesvolk ist „Gemeinschaft". Christus schenkt sie nicht nur. „Kommunion" ist er, und er ist „Kommunion".

Leben wir wie die ersten Christen?

- Hören wir auf die Lehre der Apostel? (Die Evangelien geben nicht das gesamte Leben Jesu biographisch wieder, sondern das, was ihm wichtig war)
- Feiern wir Eucharistie, das „Brechen des Brotes", und lassen wir es auch andere feiern?
- Sind wir bereit zu teilen? (Die Frage beim letzten Gericht wird nicht sein, ob wir gewisse Bücher studiert, sondern ob wir Jesus im Geringsten der Brüder gesehen haben)
- Beten wir miteinander?

Zurück zu Jesus heißt: Zurück zur Bibel! Wer die Heilige Schrift nicht kennt, kennt Christus nicht. Dieses Wort des Kirchenvaters Hieronymus († 420) zitiert das Konzilsdokument über die göttliche Offenbarung ausdrücklich.

Der Kirchenvater Johannes Chrysostomus (†407) bekrittelt die Nachlässigkeit der Christen im Bibelstudium: „Wer von euch vermag auch nur einen einzigen Psalm oder sonst einen Abschnitt aus der Hl. Schrift herzusagen? Kein einziger! Und was bringt man da gewöhnlich für Entschuldigung? Ich bin ja kein Mönch... Das hat ja alles Unheil verschuldet, daß ihr glaubt, nur Mönche brauchen die Hl. Schrift zu lesen!" (Chrysostomus I, 41f)

Aufgrund der protestantischen Berufung auf die Bibel wurde das unkontrollierte Lesen der Hl. Schrift durch Laien im 16. Jahrhundert verdächtig. Der beim Konzil von Trient hervorgetretenen Gegenströmung zum Trotz wurde die Bibel vor allem in den vom Protestantismus „bedrohten" Ländern in die Volkssprache übersetzt. Die erste befriedigende katholische Übersetzung der Bibel ins Deutsche wurde erst 100 Jahre nach der des Martin Luther vollendet (H IV,574).

In Österreich verordnete ein kaiserliches Hofdekret vom 24. Juni 1782, daß „in jenen Fällen, wo ein Seelsorger dem einen oder anderen Menschen die Lesung der Bibel nicht zu erlauben gewissenhaft rätlich fände, auch einem solchen die Lesung nicht gestattet werden dürfte." Noch 1897 vertrat Papst Leo XIII. die Ansicht, daß die unkommentierten Übersetzungen der Hl. Schrift mehr Schaden als Nutzen verursachen (H VI 2, 340).

Das Zweite Vatikanische Konzil 1965 sprach die Hoffnung

aus, daß Gottes Wort durch Lesung und Studium der Heiligen Bücher seinen Lauf nehme und verherrlicht werde. Aus der gesteigerten Verehrung des Wortes Gottes „darf man neuen Antrieb für das geistliche Leben erhoffen." Folge war, daß immer mehr Katholiken die Bibel für sich persönlich entdeckten. In der Kurs- und Wallfahrtsbewegung wurde Bibellesen „in". Eine Massenbewegung zeichnet sich nach den Jahrhunderten des obrigkeitlichen Mißtrauens gegen privaten Bibelgebrauch jedoch noch nicht ab.

Auf Einladung des Rates der Europäischen Bischofskonferenzen tagte im Februar 1994 im bayerischen Freising ein Kongreß über die Wirksamkeit der Bibel im heutigen Europa. Ergebnis: Eine Neubelebung des Christentums müsse auf der Grundlage der Bibel erfolgen.

Stichwort: Neuevangelisierung. Vom Papst gewünscht und in zahllosen Predigten wiedergekäut, verstehen viele darunter nur einen „Appell an die anderen", an die Nichtkatholiken oder Nichtchristen in Europa. Dieses Unterfangen ist jedoch zum Scheitern verurteilt, solange die Kirche nicht beginnt, ihren eigenen Lebensvollzug im Licht des Evangeliums zu überprüfen.

Der ägyptische Jesuit und Mystiker Henri Boulad bläst in einem in der Kärntner Kirchenzeitung vom 4.7.1993 publizierten Interview ins selbe Horn: „Meiner Ansicht nach braucht die Kirche eine echte Konversion von innen. Das hängt eng mit der Wiederentdeckung der Bibel zusammen, der Armut, der Offenheit, der Liebe und der Option für die Armen... Heute läuft die Pastoral an den Menschen vorbei. Sie gibt keine Antworten mehr auf die brennenden Fragen unserer Zeit. Das Konzept der Verkündigung in der katholischen Kirche hat absolut nichts mehr zu tun mit dem modernen Leben und der Situation, in der sich die Menschen heute befinden. Deshalb ist ein Wandel unumgänglich... Die alten Modelle werden immer und immer wieder heruntergebetet. Es geht dabei immer um spezifische Moralfragen. Dabei macht sich die Kirche in aktuellen Fragen unglaubwürdig... Die Kirche ist eine träge Institution geworden, der jeglicher prophetischer und charismatischer Geist fehlt." Die Kirche sei heute in einem Stadium der Angst, weil sie die Realität aus den Augen verloren habe.

Boulad ist überzeugt: „Aus der Sicht mancher heutiger Theologen wäre die Bibel schon wieder eine Ansammlung von Häresien. Ich glaube wirklich, wenn Jesus wiederkäme, würde er Rede- und Lehrverbot erhalten." Dabei hätte er noch Glück, wenn er heute käme. Zur Zeit der Inquisition wäre er vermutlich mitsamt den Aposteln auf dem Scheiterhaufen gelandet.

Bemerkenswert ist in diesem Zusammenhang die Meinung von Charles Maurras (†1952), der die „Action francaise" führte, eine royalistische Gruppe der äußersten Rechten, die regelmäßig an der Seite der integralistischen Gegner der christlichen Demokratie stand und die, „weil sie die Ordnung verteidigt", von Papst Pius X. vor Linkskatholiken in Schutz genommen worden ist. Maurras, der vom selben Kirchenoberhaupt sogar „guter Verteidiger des Heiligen Stuhls und der Kirche" genannt wurde, lobte die katholische Kirche dafür, daß es ihr gelungen sei, den zerstörerischen Gehalt der Botschaft des „hebräischen Christus" durch die dem antiken Rom entliehene Weisheit zu mildern.

In seinen und den Augen vieler Rechter war Christus ein Linker, dessen Programm die Kirche löblicherweise zu verändern wußte...

Teil 3

Kirche am Anfang

oder

Die qualvolle Suche nach dem Heiligen Geist

Die Versuchung zur absoluten Macht

Die Kirche versteht sich seit den Tagen ihres Stifters als Anwalt der Schwachen und Ausgegrenzten. Daher ist sie notwendigerweise politisch. Was nicht heißt, daß es ihre Aufgabe ist, Tagespolitik zu betreiben und auf jede aufgeworfene Frage sofort eine allgemein und für jedes Land der Erde gültige Antwort griffbereit zu haben. Was jedoch bedeutet, zu Grundsatzfragen klar Stellung nehmen und für Schwache deutlich Partei ergreifen zu müssen.

In den Fragen der Tagespolitik kann es vorkommen, daß die Kirchen zweier Länder durchaus unterschiedliche Positionen einnehmen. Während sich etwa die katholische Kirche Österreichs zwecks Einhebung des Kirchenbeitrags vehement für eine Deklaration des Religionsbekenntnisses einsetzt, lehnt dies die katholische Minderheit im orthodoxen Griechenland wegen befürchteter Diskriminierung ab.

Leider weist die Kirchenführung in Fragen des Lebens und der Menschenrechte ein bisweilen sonderbar anmutendes ambivalentes Verhalten auf. Zugrunde liegt diesem Agieren - ob zugegeben oder nicht - das Mißtrauen gegenüber der Regierungsform „Demokratie", vor deren „verderblichem Einfluß auf die Kirche" permanent gewarnt wird. Absolutismus, Monarchie und Diktatur sind weit weniger irritierend, da die Kirche diese Herrschaftsformen ins Herz geschlossen und von ihnen nicht wenige Strukturen freudig übernommen hat. Unabhängig von ihrer Einstellung zu Menschenrechten gelten immer noch linke Diktaturen als verdammenswert, rechte hingegen als Stützen des Altares, solange sie sich nur verbal als kirchlich konservativ zu erkennen geben.

Chiles Altdiktator Augusto Pinochet durfte 1993 anläßlich seiner Goldenen Hochzeit von Papst Johannes Paul II. ein in Gold gefaßtes Geschenk entgegennehmen. Vergessen waren des katholischen Staatsmannes Menschenrechtsverletzungen wie Folter, Mord und Verbannung, von denen Priester wie Laien betroffen waren. Einem linken Diktator wäre eine ähnliche Auszeichnung durch den „Stellvertreter Christi" wohl kaum zuteil geworden.

Das Verhältnis von Christentum und Politik sowie von Kirche und Macht hat sich in den Jahrhunderten zum Schaden der Religion gewandelt.

Der gewaltsame Tod des Herrn und jener der meisten seiner Apostel und vieler seiner Jünger bezeugt den anfänglich tiefen Graben zwischen dem „neuen Weg" und der „alten Macht".

Die Versuchung von Macht und Reichtum war zu allen Zeiten präsent. Auch Jesus hatte ihr zu widerstehen. Der Evangelist Matthäus schildert das so: „Der Teufel nahm ihn mit sich und führte ihn auf einen sehr hohen Berg, er zeigte ihm alle Reiche der Welt mit ihrer Pracht und sagte zu ihm: Das alles will ich dir geben, wenn du dich vor mir niederwirfst und mich anbetest.

Da sagte Jesus zu ihm: Weg mit dir, Satan! Denn in der Schrift steht: Vor dem Herrn, deinem Gott, sollst du dich niederwerfen und ihm allein dienen" (Mt 4,7-10).

Schwere Auseinandersetzungen innerhalb der Apostelschar entstanden, als eine Mutter ihren beiden Söhnen bevorzugte Ränge sichern wollte. Diese Gelegenheit nutzte Jesus, um die Seinen eindringlich vor Macht und Machtmißbrauch zu warnen: „Ihr wißt, daß die Herrscher ihre Völker unterdrücken und die Mächtigen ihre Macht über die Menschen mißbrauchen. Bei euch soll es nicht so sein, sondern wer bei euch groß sein will, der soll euer Diener sein, und wer bei euch der erste sein will, soll euer Sklave sein. Denn auch der Menschensohn ist nicht gekommen, um sich dienen zu lassen, sondern um zu dienen und sein Leben hinzugeben als Lösegeld für viele" (Mt 20,25-28).

Jesus meinte eindeutig echtes Dienen und nicht, sich den Titel „Diener der Diener Gottes" (von Gregor d. Gr. bis Johannes Paul II.) zuzulegen... Durch seinen Tod am Kreuz legte er offen, daß er unter „Lebenshingabe als Lösegeld" nicht einen Aufruf verstand, das Leben anderer „zur Ehre Gottes" zu vernichten. Im Brief an die ersten Christen in Rom steht des Paulus dramatischer Appell: „Gleicht euch nicht dieser Welt an" (Röm 12,2). Doch die Gefahr, dies zu tun, war für diese kleine Gruppe in der

Hauptstadt der antiken Supermacht marginal im Vergleich mit der Ära dreihundert Jahre später. Der „Hirt des Hermas" sah allerdings schon um das Jahr 150 unheilvolle Gewitterwolken aufziehen. Er klagt an, daß Lauheit und Müdigkeit in der römischen Kirche stark geworden seien. Als Ursache des Verfalls ortet er Gier nach Besitz und Reichtum sowie ehrgeiziges Streben nach den ersten Plätzen - vor allem unter dem Klerus (H I, 177 f).

In den ersten Jahrhunderten stand die Kirche - trotz zeitweiliger Verfolgungen durch die Staatsmacht - dem heidnischen römischen Reich loyal gegenüber. Allein Hippolyt (235), ein strenger Theologe, später Gegenpapst und zuletzt wegen seines Martyriums als Heiliger verehrt, sah die Macht Satans als tragende Kraft des Imperiums (H I, 358). Seiner „Kirchenordnung" nach war jeder, der sich nach Abgabe seiner Taufbewerbung zum Militärdienst entschloß, unverzüglich aus dem Taufunterricht zu entlassen. Der Kirchenschriftsteller Tertullian (†225) hielt den Beruf eines Soldaten oder Beamten für unvereinbar mit einem christlichen Leben. Beide könnten die Teilnahme an heidnischen Riten oder die Anwendung von Gewalt gegen Mitmenschen kaum vermeiden (H I,317).

Auf den größten römischen Christenverfolger, Kaiser Diokletian, folgte der als Befreier gefeierte Kaiser Konstantin, der mit dem Mailänder Edikt des Jahres 313 das Tor zur Versöhnung öffnete, aber auch zur späteren Verehelichung zwischen Kirche und Staat.

Kaum der diokletianischen Verfolgung entronnen, ruft die Kirche ihren „Befreier" Konstantin zu Hilfe, um eine innerkirchliche Fehde - den Donatistenstreit - zu beenden (H I,466). Der Anfang ist somit gemacht: Die Kirche sollte sich in Hinkunft noch oft des Staates bedienen, um mit Gewalt zu bekommen, was Predigten nicht vermochten.

Dank staatlicher Förderung mutierte die 15-Prozent-Gemeinschaft zu einer Massenkirche, deren Niveauverlust von den Besten beklagt wurde.

Hieronymus (†419/20), der berühmte Übersetzer der Bibel ins Lateinische: „Seitdem die Kirche unter christliche Kaiser gekommen ist, wuchs sie zwar an Macht und Reichtum, hat aber an sittlicher Kraft abgenommen" (H II 1,92). Bischof Hilarius von Poitiers (†367) klagte Kaiser Konstantius an, er lasse zwar nicht enthaupten, aber er töte mit Gold; er überhäufe die Bischöfe mit Ehren, um sie zu versklaven (H II 1,87). Unisono klagen die Kirchenväter Augustinus (†430) und Johannes Chrysostomus (†407) über die religiöse Situation in ihrem nordafrikanischen bzw. kleinasiatischen Wirkungsbereich: An Tagen mit Gladiatorenkämpfen, Wagenrennen oder Tierhetzen blieben die Gotteshäuser fast menschenleer... (H II 1, 432)

Noch unter dem „neuen Mose" Konstantin zeigte sich das Verhängnisvolle an der Inanspruchnahme staatlicher Gewalt durch die Kirche. Wurde der Herrscher noch belobigt, daß er Bischöfe, die der Irrlehre des Arius anhingen, in die Verbannung schickte, so war man bald darauf entsetzt, als er später - ariusfreundlicher geworden - katholische Bischöfe absetzte und mit Verbannung bestrafte (H II 1,30 f).

Die kaiserliche Macht zeigte sich auch bei der Einberufung von Konzilen und anderen kirchlichen Versammlungen. Das Konzil von Nikaia (325) - das erste nach dem „Apostelkonzil" in Jerusalem - wurde von Kaiser Konstantin einberufen, ohne daß er mit dem Papst vorher verhandelt oder seine Zustimmung eingeholt hätte. Die Bischöfe durften kostenlos die Staatspost benutzen und waren Gäste des Herrschers (H II 1,24).

Am 28. Februar 380 erklärte Kaiser Theodosius die christliche Großkirche zur Staatsreligion. Ein Jahr später mußten alle Gotteshäuser, die den Häretikern dienten, unverzüglich den „Rechtgläubigen" übergeben werden (H II 1, 70 und 76).

Die Ehe der Mutter Kirche
mit Vater Staat

Kaiser Justinians (527-565) Programm lautete: „Ein Reich, ein Kaiser, eine Kirche." Jeder Heide mußte sich taufen lassen. Ansonsten drohte die Güterkonfiskation. „Rückfällige" Heiden hatten mit der Todesstrafe zu rechnen. Juden wurden schikaniert, Häretiker verfolgt und ihre Kirchen geschlossen (H II 2,19 ff).

Das Vorbild der römischen Kaiser machte Schule. Im Frankenreich und in Spanien wurde im 6. bzw. 7. Jahrhundert die Besetzung kirchlicher Führungsposten immer mehr zur Angelegenheit des Königs (H II 2, 146; H III 1,126).

Im 9. und 10. Jahrhundert anerkannten Päpste ausdrücklich das Königsrecht auf Erteilung der Weiheerlaubnis (H III 1, 318). Der deutsche Kaiser Otto d. Gr. (936-973) baute die Kirche zum „Zentralinstitut des Reiches" aus, versah sie mit immer mehr Privilegien, setzte gemäß politischer Überlegungen meist stammesfremde Bischöfe ein und sicherte sich deren Dienste durch Übertragung von Reichsämtern und Übergabe reichen Besitzes (H III 1, 229).

Der unglückselige und ein halbes Jahrhundert dauernde Investiturstreit zwischen Papst und Kaiser brachte letztlich keine Befreiung der Kirche aus politischer Umklammerung.

Die immer stärker zutagegetretene Machtverliebtheit der Kirche bescherte zwar dem Papsttum immer höheres Ansehen und Durchschlagskraft, rief jedoch immer deutlicher nach Reform an Haupt und Gliedern.

Reformation und Gegenreformation erhöhten erneut die Macht der Landesfürsten, denen sich die jeweils geförderte Konfession zu tiefstem Dank verpflichtet sah, noch dazu, wo deren Waffengewalt zur Bekehrung, Bestrafung oder Ausweisung der gegnerischen Gläubigen vonnöten war. Ein Strudel der Macht, in dem sowohl Katholiken wie Protestanten hineingezogen wurden.

Der 30jährige Krieg, der furchtbares Leid über Europa brachte, führte zu einer Stärkung der staatlichen Macht auch in kirchlichen Fragen und führte zum Ausbau eines immer mehr erweiterten Staatskirchentums (H V,121).

Die Rekatholisierung Österreichs gelang im 17. Jahrhundert nicht allein dank Überzeugungsarbeit, sondern unter Einsatz staatlicher Mittel. Das wieder entsprang nicht nur tiefer Frömmigkeit, sondern auch kühl berechnender politischer Taktik der Habsburger.

Das - bis in unsere Zeit mitleidig belächelte - russische Staatskirchentum fußte auf den Erfahrungen des Westens. Auf seiner Auslandsreise hatte Zar Peter I. 1697/1698 in katholischen und protestantischen Ländern die Abhängigkeit der Kirchen von der weltlichen Macht kennengelernt. Er war daraufhin fest entschlossen, auch Rußlands Kirche dem Staat unterzuordnen. Kaum zu Hause, begann er sein verhängnisvolles Werk (H V, 216 ff).

Fürstengeschlechter wie Habsburger, Wittelsbacher, Fürstenberger, Thun oder Schönborn betrachteten Bistümer als Mittel der Versorgungspolitik für jüngere - nicht immer für den geistlichen Beruf geeignete - Fürstensöhne (H V, 169).

Vom Schutz der Kirche in der Gegenreformation zur Bevormundung kraft Aufklärung im 18. Jahrhundert war kein weiter Schritt.

Das Staatskirchentum des 17./18. Jahrhunderts zeichnete sich durch Systematik und Doktrinarismus aus.

In Österreich schränkte Maria Theresia 1771 das steuerfreie Vermögen der Kirche radikal ein, gestattete Ordensgelübde erst ab dem 24. Lebensjahr, schaffte die bei Mönchen verhaßten Klosterkerker ab und bekämpfte den Exorzismus. Die Einschränkung kirchlicher Feiertage und Prozessionen sollten dem „Müßiggang" des Volkes entgegensteuern. Binnen zehn Jahren erließ Joseph II. (1780-1790) 6.000 Dekrete mit dem Ziel, das Mitspracherecht der Kirche in gemischten Anliegen auszuschalten und sie auf Sakramentenspendung und Verwirklichung des Wohlfahrtsstaates zu beschränken (H V,517). 700 Klöster löste er auf, gründete mit dem Erlös jedoch den „Religionsfonds", der zur Finanzierung zahlreicher neu gegründeter Pfarren herangezogen wurde. In Frankreich waren bereits 1768 426 Klöster aufgelöst worden - allerdings auf Initiative der Kirche und zugunsten der Bischöfe (H VI 1,7 f). Im Jahr der Revolution (1789) existierten 135 Diözesen, ausschließlich geleitet von aus dem Adel kommenden, theologisch meist wenig gebildeten Bischöfen. Von 740 Abteien waren 625 in Kommende vergeben. Ein Zehntel der Landesfläche war steuerfreies Kircheneigentum. Der Personalstand war gewaltig: 50.000 Priester im Pfarrdienst, 15.000 bis 18.000 Stiftsherren ohne besondere Beschäftigung, 20.000 bis 25.000 Ordensmänner und 30.000 bis 40.000 Nonnen (H VI 1, 15 ff).

Angesichts der revolutionären Entwicklung in Frankreich wurde jedoch besonders in Österreich gleichzeitig die Überzeugung immer stärker, daß der Thron der sicherste Schutz des Altares und der Monarch der einzige Garant der Sicherheit vor Übergriffen einer allmächtigen Staatsbürokratie sei. Konservative Politiker wie Metternich versuchten um 1830 noch intensiver als zuvor, Thron und Altar zu verbinden. Die universale autoritäre Ordnungsmacht Kirche wurde zur Existenzsicherung der übernationalen Monarchie der Habsburger herangezogen.

Der österreichische Episkopat galt im 19. Jahrhundert als besonders kaisertreu. Er veröffentlichte 1891 den Wahlaufruf, nur solche Parteien zu wählen, die treu zum Kaiser stünden. Dem folgte 1918 ein böses Erwachen, ein ängstliches Anklammern an eine eigene Partei. Der Terror des Nazi-Regimes bewirkte letztlich ebenso das Gegenteil von dem, was beabsichtigt war, wie schon die Säkularisation 1803. Die Kirche war 1945 gefestigter denn je zuvor im letzten Jahrhundert des zweiten Jahrtausends.

Vorher gab es jedoch noch furchtbares Versagen. Eine noch in monarchistischer Gehorsamsgläubigkeit erzogene Kirchenführung protestierte in Deutschland nur verhalten gegen den NS-Terrorstaat. Selbst der Nachruf auf den am 30. Juni 1934 ermordeten Erich Klausener, den Vorsitzenden der Katholischen Aktion der Diözese Berlin, blieb seltsam unklar. Warum wurde kein Protest gegen das Verbot eines Hirtenbriefes eingelegt? Warum wurde keine Untersuchung wenigstens der Morde an Katholiken gefordert? Warum blieb der Soldateneid auf die Person Adolf Hitlers unbeanstandet? (Tag des Herrn, 24.7.1994)

Wenige Tage nach dem Beginn des von Hitler angezettelten Zweiten Weltkriegs wurde von den Kirchenkanzeln ein Aufruf der deutschen Bischöfe verlesen: „Wir ermahnen die katholischen Soldaten, ihre Pflichten gegen den Führer(!) und die Obrigkeit unter Einsatz aller Kräfte gewissenhaft zu erfüllen. Das katholische Volk mahnen und bitten wir, mit uns in innigem und heißem Gebet zum Himmel zu flehen, daß die göttliche Vorsehung(!) den ausgebrochenen Krieg zu einem für Volk und Vaterland segensreichen(!) Erfolg(!) führen und uns einen baldigen Frieden schenken möge."(G.O. 3.9.1939). Die Rufzeichen stehen freilich nicht im Originaltext...

Die Hoffnungen von Kirchenführern, erneut die Staatsmacht für sich gewinnen und einsetzen zu können, führte in der zweiten Hälfte des 19. Jahrhunderts zur Bekämpfung und Verurteilung der These von der „freien Kirche im freien Staat" (H VI 1,751 ff).

Und doch sollte dieser These die Zukunft gehören. 1945 bzw. 1989/1990 brachten der Kirche in Europa Freiheit vom Staat, wie sie solche in diesem Jahrtausend nie hatte, und damit auch eine neue Chance für die Zukunft.

Inquisition, Folter und Feuertod

„Steck das Schwert in die Scheide!" sagte Jesus zu Petrus, als ihn dieser am Ölberg gegen die bewaffneten Diener des Hohenpriesters verteidigen wollte (Joh 18,11).

Die Evangelien bezeugen klar: Jesus wünschte oder gestattete nie den Einsatz von Gewalt zu seinen oder der Ausbreitung des Evangeliums Gunsten. Wann immer in seinen Worten von Verfolgern die Rede war, meinte er die Gegner seiner Lehre, als Opfer waren nur Christen vorstellbar.

„Wenn man euch vor die Gerichte der Synagogen und vor die Herrscher und Machthaber schleppt, dann macht euch keine Sorgen, wie ihr euch verteidigen und was ihr sagen sollt. Denn der Heilige Geist wird euch in der gleichen Stunde eingeben, was ihr sagen müßt" (Lk 12,11f). Der Heilige Geist - der garantierte Beistand der Opfer, nicht der Verfolger.

Der Fall, daß Christen andere der Überzeugung wegen vor ihre Gerichte stellen, foltern und ermorden, wird von Jesus nicht behandelt. Er war für ihn unvorstellbar.

Wo sogar das Zürnen als schweres Vergehen galt, war Töten undenkbar: „Ihr habt gehört, daß zu den Alten gesagt worden ist: Du sollst nicht töten! Wer aber jemanden tötet, soll dem Gericht verfallen sein. Ich aber sage euch: Jeder, der seinem Bruder auch nur zürnt, soll dem Gericht verfallen sein..." (Mt 5,21 f).

Als ein samaritisches Dorf Jesus nicht aufnahm, weil er auf dem Weg nach Jerusalem war, ereiferten sich die Apostel Johannes und Jakobus: „Herr, sollen wir befehlen, daß Feuer vom Himmel fällt und sie vernichtet?" Jesus „wandte sich um und wies sie zurecht. Und sie gingen zusammen in ein anderes Dorf" (Lk 9,51 ff). Im Verhalten des Herrn sah der Evangelist Matthäus die Weissagung des Propheten Jesaja über den Messias erfüllt: Das geknickte Rohr wird er nicht zerbrechen und den glimmenden Docht nicht auslöschen (Mt 12,20).

Solange die Kirche selbst eine Verfolgte war, kam sie nicht in die Versuchung, anders zu handeln. Die Konstantinische Zäsur brachte auch hier eine Wende, deren blutige Höhepunkte allerdings erst im zweiten Jahrtausend nach Christus zu verzeichnen sind.

Daß sich eine im wesentlichen feindliche Stimmung gegenüber den Juden durch die Kirchengeschichte zieht, braucht hier nicht näher dokumentiert zu werden. Auch religiös und politisch sonst einwandfreie Kirchenführer haben aus ihrer tiefen Abneigung kein Hehl gemacht: „Juden sind eine Pest der Menschheit!" (Johannes Chrysostomus), „Mit Recht verdammen euch Juden beide Testamente" (Papst Leo d. Gr.) (H II 2,87; Leo II,135).

Dennoch waren die Juden nicht so dauerhafter Verfolgung ausgesetzt wie theologisch Andersdenkende, wie Häretiker. Das Gleichnis vom Unkraut unter dem Weizen (Mt 13,24-30) wurde nicht beherzigt. Darin werden Knechte abgehalten, das Unkraut auszureißen: „Nein, sonst reißt ihr zusammen mit dem Unkraut auch den Weizen aus. Laßt beides wachsen bis zur Ernte." Die letzten Worte des Gleichnisses, das Unkraut nach der Ernte zu verbrennen, wurden fatal ausgelegt. Die Inquisitoren sahen zu ihrer Zeit die Ära der Ernte angebrochen, Häretiker wurden verbrannt.

Bereits der Christenbefreier Konstantin erließ Edikte gegen Häretiker. Ihre Zusammenkünfte wurden selbst in Privathäusern verboten, ihre Gotteshäuser beschlagnahmt und der Kirche übergeben (H II 1,7). Daß gerade der prominente Kirchenvater und Philosoph Augustinus staatliche Zwangsmaßnahmen gegen die Donatisten rechtfertigte, hatte auf die Folgezeit eine unheilvolle Wirkung (H II 1,161).

Die gegen Häretiker erlassenen kaiserlichen Gesetze wendeten im 5./6. Jahrhundert die arianischen Vandalen in Nordafrika gegen die Katholiken an. Jetzt wurden deren Kirchen geschlossen, Bischöfe verbannt und Besitz enteignet (H II 2,184). Die Christen kämpften gegen Christen grausamer als gegen Heiden.

Nach Kaiser Justinians Sieg über die Vandalen wurde der Spieß wieder umgedreht: Die Katholiken verfolgten die Arianer. Jede nichtkatholische Religionsausübung wurde verboten. Für

138

Heiden, Juden und Häretiker „genüge es, wenn sie leben können." Der Papst beglückwünschte den Kaiser daraufhin zu seinem Eifer bei der Ausbreitung des Gottesreiches (H II 2,184-187).

Diese Härte begünstigte im 7. Jahrhundert das Vordringen des Islam in Gebiete mit starken häretischen Bewegungen. Die Moslems entzogen selbstverständlich dem katholischen Kaiser Verfolgungsmöglichkeiten und gestatteten auch unter rivalisierenden Konfessionen keine Auseinandersetzungen mit Waffengewalt.

Doch die Inquisition, die schlimmste Art von Irrlehrerbekämpfung, blieb dem zweiten Jahrtausend vorbehalten. Die Anfänge reichen ins 12. Jahrhundert, deren Verfassung wurde im 13. Jahrhundert bewerkstelligt.

Das durch den Investiturstreit zerrissene Weltbild, Macht und Reichtum der Kirche, die Sehnsucht nach Reform und einem Leben nach dem Evangelium führten zu außerkirchlichen Bewegungen, deren bedeutendste die Katharer und Waldenser waren. Die ursprünglich kirchlich geprägte Armutsbewegung des Petrus Waldes wurde nach Behinderungen von seiten der Hierarchie immer radikaler .

Auf dem Konzil von Tours (1177/78) trat ein entscheidender Wandel in der Häretiker-Bekämpfung ein. Statt auf Anklagen aus dem Volk zu warten, sollten nunmehr die Behörden von sich aus aktiv werden. Das Prinzip der Inquisition war umrissen (H III 2,130). Das päpstliche Dekret „Ab abolendam" vom 4. November 1184 gilt als Charta der Inquisition. Hier findet sich die klassische Formel, nach der die Kirche die Häretiker vernehmen und gegebenenfalls verurteilen, den Vollzug des Urteils jedoch dem weltlichen Arm überlassen sollte (H III 2,107).

In Hinkunft wurde mit Häretikern verfahren wie einst mit Jesus.

Der Hohe Rat („Uns ist es nicht gestattet, jemanden hinzurichten!" Joh 18,31) hatte Jesus verhört und verurteilt, die Staatsmacht wurde gedrängt, ihn ans Kreuz zu schlagen. Die kirchlichen Inquisitoren konnten ihre Hände in Unschuld waschen: Sie verhörten und verurteilten „nur", die Strafe vollzog die weltliche Macht...

Ab 1229 wurde, von Kaiser Friedrich II. dekretiert, die Feuerstrafe eingeführt. Falls jedoch die Richter Barmherzigkeit üben wollten, sollte dem Ketzer nur die gotteslästerliche Zunge herausgeschnitten werden (H III 2,269).

Das Konzil von Toulouse verordnete im Jahr 1229 erstmals die Installierung eines dauernden Gerichtshofes, eines permanenten Richterkollegiums mit bischöflichen Vollmachten, dessen Aufgabe einzig darin bestand, Häretiker aufzuspüren und zu verurteilen (H III 2,270). Der Leser fühlt sich peinlich erinnert an in Permanenz tagende NS-Volksgerichtshöfe oder stalinistische Komitees zur Aufspürung abweichlerischer Parteimitglieder. Die Feuertodstrafe begeisterte Papst Gregor IX., sodaß er sie 1231 in seine eigene Gesetzgebung einarbeitete. Dieses Dekret trägt den Namen „Excommunicamus". Von nun an hatte jeder Häretiker mit dem Tod auf dem Scheiterhaufen zu rechnen. Schließlich war der Einflußbereich des Papstes größer als jener des Kaisers, und etliche katholische Fürsten hatten gezögert, den Anregungen des Imperators Folge zu leisten. „Excommunicamus" verbot öffentliche und private (!) Glaubensgespräche unter Laien sowie kirchliche Begräbnisse für Hingerichtete. Reuige Ketzer hatten mit lebenslanger Haft zu rechnen. Berufung an weitere Instanzen oder gerichtlicher Beistand für Angeklagte wurden untersagt. Die Nachkommen von Ketzern sollten gesellschaftlich boykottiert werden. Das Urteil hatte binnen acht Tagen vom weltlichen Arm vollstreckt zu werden, der Mobilienbesitz des Verurteilten wurde vernichtet. Denunziatoren erhielten ein Drittel des Ketzerbesitzes zugesprochen, was das Denunziantenwesen erheblich förderte. Dasselbe Papstdekret ordnete auch an, im Leben unentdeckt gebliebene Ketzer zu exhumieren, zu verurteilen und die Gebeine zu verbrennen (H III 2,271).

Da die Bischöfe zu lax und deren Inquisitionstribunale zu wenig wirksam waren, bestellte Gregor IX. eine päpstliche Inquisition. 1232 übertrug er diese „ehrenhafte Aufgabe" dem neuen Orden der Dominikaner (H III 2,272), die ihre Aufgabe als eine Art mittelalterlicher SS ausführten.

Unter Papst Innozenz IV. wurde die Inquisition zu einem „Institut des kanonischen Rechtes". Der gesamte Klerus - Päpstliche Legaten, Bischöfe, Priester und Mönche - wurde daran beteiligt (H III 2,272). Im Jahr 1252 wurde mittels Papstbulle „Ad exstirpanda" die Folter als legitimes Mittel des Verhörs eingeführt (H III 2,273). Doch diese grausame Gesetzgebung machte selbst vor treuen Katholiken nicht halt. Als der französische König den reichen Templerorden auflösen wollte, dessen Mitglieder jedoch zu keinen zweckdienlichen Geständnissen bereit waren, ordnete 1310 Papst Bonifaz VIII. die Folter auch gegen sie an (H III 2,375). Der Erzbischof von Sens ließ an einem einzigen Tag 54 Tempelritter verbrennen (H III 2,376). Der berühmteste Ketzer, der den Scheiterhaufen zu besteigen hatte, war der Prager Theologe Jan Hus. Trotz der Zusicherung freien Geleites durch Kaiser Sigismund wurde er 1415 vom Konzil von Konstanz verurteilt und verbrannt. Sein Tod löste die für Mitteleuropa schrecklichen Hussitenkriege aus. Wyclif, sein geistiger Mentor, der 1384 gestorben war, wurde 1427 auf Konzilsanordnung ausgegraben und „nachträglich" verbrannt (H III 2,545 ff).

Der Augustinermönch Johannes Zacharias erhielt als Dank für seinen entscheidenden Einsatz gegen Hus auf dem Konzil von Konstanz von Papst Martin V. Dank und Anerkennung ausgesprochen sowie im Rahmen eines Gottesdienstes eine „Goldene Rose" überreicht (Konstanz, 4). Nach seinem Tod im Jahr 1428 wurde er in der Erfurter Augustinerkirche vor dem Altar beigesetzt, und die jungen Mönche des dortigen Klosters hatten sich später bei der Gelübdeablegung auf seine Grabplatte zu legen, um etwas vom Eifer dieses Mönches zu erlangen. Einige Jahrzehnte später lag bei seiner Eidesleistung ein junger Novize namens Martin Luther auf diesem Grabstein... (Erfurt,27).

Warum wurden im 16. Jahrhundert die Reformatoren nicht dem Scheiterhaufen überliefert? Sie hatten zu mächtige weltliche Schutzherren, und der Kaiser brauchte jede nur denkbare

Unterstützung zur Abwehr der Türkengefahr.

1542 gründete Papst Paul III. eine kirchliche Zentral-kommission für die Reinhaltung des Glaubens, die weltweit die Inquisition zu kontrollieren hatte (H IV,478). In Hinkunft waren selbst hochverdiente Kardinäle und Heilige vor ihr nicht sicher (H IV,509,598). Dem „Reformpapst" Pius V. arbeiteten die Inquisitoren zu langsam. Er wurde aktiv und die Zahl der Prozesse schnellte in die Höhe. Auch ein päpstlicher Geheimsekretär wurde hingerichtet (H IV,523). Es herrschte ein Klima der Angst und Verdächtigung. Das hinderte nicht, ihn 1672 selig- und 1712 heiligzusprechen (H IV,526).

In Europa endete die Inquisition 1781 (H V,189), in Missionsgebieten Asiens erst 1812 (H V,317).

Jesus sagte: „Richtet nicht, damit ihr nicht gerichtet werdet!" (Lk 6,37). Paulus erklärte einst den Korinthern noch feierlich: „Wir wollen ja nicht Herren über euren Glauben sein, sonden wir sind Helfer zu eurer Freude" (2 Kor 1,24).

Die Inquisition hat von diesen Aussprüchen des historischen Jesus nichts gehalten.

Von der Kirche gefördert, von der Aufklärung beendet: 300 Jahre Hexenwahn

Eines der traurigsten Kapitel europäischer Kirchengeschichte sind die Hexenverbrennungen. Etwa die Hälfte der mindestens 50.000 bis 60.000 Hexenverbrennungen fand in Deutschland statt, der Höhepunkt lag zwischen 1560 und 1630, und Katholiken und Protestanten waren einander ebenbürtig (HP 8,134).

Noch im „Canon episcopi" um 900 wurde der Irrglaube vom Unholdenflug als „dumm" und „abgestumpft" angeprangert (HP 60 f). Der von den Dominikanermönchen Jakob Sprenger und Heinrich Institoris verfaßte und 1487 in Straßburg gedruckte „Hexenhammer"(„Malleus maleficarum") brachte die Hexenlehre zum Abschluß, spitzte sie auf Frauen zu und forderte die weltlichen Gerichte zu Hexenprozessen auf. Der ihm schon zuvor entgegenbrandende Widerstand veranlaßte Institoris zu einer Romreise. Während ihn der Brixener Bischof für verrückt erklärte, erhielt er von Papst Innozenz VIII.(1484-1492) Rükkendeckung (HP 76f). Die päpstliche Hexenbulle von 1484 beginnt phrasenhaft. Sie sei von der höchsten Begierde getragen, wie es die Sorge des Hirtenamtes für die Vermehrung des Glaubens fordere. Die Inquisitoren Institoris und Sprenger werden als „geliebte Söhne" bezeichnet. Der Papst fordert die kirchlichen Autoritäten auf, alle Hindernisse aus dem Weg zu räumen, die das Walten der Inquisitoren behindern. Wenn sich jemand erkühnen sollte, sich dem zu widersetzen, „der solle wissen, daß er den Zorn des allmächtigen Gottes auf sich lade" (HP 90 ff).

In Theorie und Praxis war die Hexenlehre Inbegriff der Verirrungsmöglichkeit eines männlichen Herrschaftsapparates gegen das Frausein und die Sexualität überhaupt.

Auch Heilige wie Petrus Canisius glaubten an Hexen und Zauberei (HP 139).

Der Jesuit Friedrich von Spee trat 1631 vehement gegen Hexenprozesse auf. Er hatte als geistlicher Beistand vieler Angeklagter deren Not und Verzweiflung kennengelernt und den Mut gefaßt, den Skandal beim Namen zu nennen. Die Inquisitionsmethoden gegen die Hexen verglich er mit der Christenverfolgung unter Kaiser Nero. Die Schuld ortet er bei Geistlichen und Fürsten. „An manchen Orten ist auch den Beichtvätern für jeden Angeklagten ein Preis ausgesetzt. Sie essen und trinken sich gemeinsam mit den Inquisitoren satt am Blut der Armen." Die Richter seien niederträchtige Menschen, die grausam folterten, und er wolle jene feinen Prälaten sehen, die nicht unter der Folter ebenfalls jeden himmelschreienden Unsinn gestehen würden (H IV,678 f; HP 377 ff).

Friedrich von Spees sehnsüchtiges „O Heiland reiß die Himmel auf", das als Adventlied Eingang in das katholische Gotteslob gefunden hat, läßt erahnen, was er fühlte. Sein Orden legte ihm nahe, ob seiner Unwürdigkeit auszutreten. Heiliggesprochen wurde er bis heute nicht, Hexengläubige hingegen schon...

Noch mitten in der Zeit der Aufklärung loderten die Scheiterhaufen. Die letzte Hexenhinrichtung in Deutschland fand noch 1775 statt (HP 435). Maria Theresia hatte Hexenprozesse 1766 für Österreich verboten (HP 450).

Geschichten über Hexenflug, Schadenszauber an Mensch und Tier, Geschlechtsverkehr mit Dämonen, Teufelspakte und ähnlicher Unsinn hatten Jahrhunderte hindurch die perverse Phantasie „ganz normaler Christen" beflügelt...

Die Hexenprozesse zeigen, zu welch abgrundtiefem Zynismus entartetes Christentum führen kann. Die Urteilsverkündigungen begannen stereotyp mit: „Wir, N.N., durch die göttliche Barmherzigkeit Bischof der und der Stadt..." (HH 3,170). Man scheute sich nicht, die göttliche Barmherzigkeit ins Spiel zu bringen. Die Hexen waren „an besonders heiligen Tagen und während der Feier der hl. Messe zu verhören". Als besonders erfolgreich würden Verhöre am Karfreitag ausfallen, weshalb man diesen Tag zu nutzen habe (HH 3,99 f).

Durfte man Hexen versprechen, sie am Leben zu lassen, um sie leichter zu einem Geständnis zu bringen? Ja, es gab drei

Möglichkeiten: lebenslängliche Haftstrafe oder Hinrichtung nach einem Aufschub oder Richterwechsel. Ein neuer Richter brauchte sich an die Zusage, jemanden am Leben zu lassen, ja nicht gebunden fühlen. Das Gewissen war rein (HH 3,86 f). Wenn die Angeklagte um Gnade gebeten hatte, durfte der Richter zweideutig antworten, es werde ihr noch größere Gnade zuteil, als sie erbeten habe. Wenn sie dann freudig in der falschen Hoffnung auf Leben ein Geständnis ablegte, konnte man sie guten Gewissens töten. Mit „mehr als erbeten" habe man die Gnade des Himmels gemeint... (HH 3,101). Zwischen den einzelnen Folterungen wurden die Hexen schwer bewacht, damit sie nicht Selbstmord begehen konnten, was ja eine „Tat des Teufels" war (HH 3,88).

Sippenhaftung galt als normal, da die Hexen ihre Verwandten „meistenteils infiziert" hatten (HH 3,203).

Selbst wenn eine von tausend Hexen tatsächlich „besessen" gewesen wäre: Jesus hat Besessene stets geheilt und nicht verbrannt (Mt 8,16).

Feindbild Französische Revolution und Menschenrechte

„Die ‚Menschenrechte' sind ein Urthema der Kirche. Sie verkündet selbst das Menschgewordensein Gottes in Jesus Christus. Die Kirche kann sich gar nicht eigens für den Einsatz für die Menschenrechte entscheiden. Sie ist ihnen von Haus aus verpflichtet..." Diese Feststellung des Österreichischen Caritaspräsidenten Helmut Schüller ist biblisch richtig, im Hinblick auf die ekklesiale Wirklichkeit jedoch zu optimistisch. Südamerikanische Theologen und Missionare beklagen zunehmend, daß durch Ernennung konservativer Bischöfe ihr Einsatz für Menschenrechte behindert oder erschwert wird.

Wer sich 1992 wunderte, daß der neue Weltkatechismus der Todesstrafe Positives abgewinnen kann, vergaß, daß vor 500 Jahren gelehrt wurde: „Das göttliche Recht schreibt an vielen Punkten vor, daß man die Hexen töte" (HH 1,5). Die Überzeugung, daß es Hexen überhaupt gibt, galt als „gut katholisch und sehr wahr" (HH 1,10).

Der Weltkatechismus hat trotz einer gesellschaftlichen und kirchlichen Fortentwicklung - Aufklärung, Forcierung von Demokratie und Menschenrechten, Zweites Vatikanisches Konzil - im Bezug auf die Todesstrafe noch nicht jenen Standard erreicht, der im 3. Jahrhundert schon vorhanden war. Cyprian von Karthago vertrat 252 die Auffassung: „Die Unschuldigen dürfen selbst einen Schuldigen nicht töten" (Cyprian II,244). Vom Standard des Evangeliums gar nicht zu reden.

Und ich frage mich oft, welches Niveau in kirchlichen Verlautbarungen heute feststellbar wäre, hätte es keine Aufklärung und keine Französische Revolution gegeben. Letztere spaltet bis heute die Kirche. Die nach 1789 begangenen Grausamkeiten sind allgemein verurteilenswert, obgleich manche leichter zu erklären sind, zieht man die noch kurz zuvor in Europa brennenden Scheiterhaufen kirchlicher Inquisition in Betracht. Die politischen Umwälzungen und vor allem die Proklamation von „Freiheit, Gleichheit und Brüderlichkeit" zielten in die richtige Richtung.

Dessen ungeachtet sehen kirchlich Konservative - in eigenartiger Allianz mit Monarchisten, Nationalisten und Rechtsextremen - in der Französischen Revolution das Übel schlechthin, von dem her sich alles Böse in unserer Welt erklären läßt. Mit dieser Beurteilung hat im 19./20. Jahrhundert in den Augen vieler Katholiken das Jahr 1789 das Jahr 1517 abgelöst. Zuvor war Martin Luther als Quelle alles Negativen in der Welt betrachtet worden. Noch Papst Leo XIII. hat 1881 in der Enzyklika „Diuturnum illud" gegen die Demokratie bekräftigt, daß „die verderbliche Lehre von der Volkssouveränität gleich allen anderen modernen Übeln der Reformation entspringt" (H VI 2,243).

Im großen katholischen Frankreich hatte sich schon während der konfessionellen Auseinandersetzungen des 16. Jahrhunderts eine freidenkerische, skeptische und zum Teil atheistische Strömung entwickelt. Hier verband sich in der Folge die Aufklärung mit der Idee des Fortschritts und mit dem Atheismus (H V115,388). Den Feind schlechthin sah sie dort in einer Kirche, für die alles dogmatisch festgelegt war, die Fortschritt weder für möglich hielt noch wünschte (H VI 1,5).

Die vielfältigen pastoralen, gesellschaftlichen und theologischen Klagen des niederen - aus dem Bürgertum stammenden - französischen Klerus gegen seinen nur aus dem Adel rekrutierten Episkopat wurden schon vor 1789 laut. Die Gleichgültigkeit letzterer führte zu priesterlichen „Aktionen gewerkschaftlicher Art", bisweilen zu einem „echten Klassenkampf". Man kann sagen, daß der Großteil des Klerus von der Ungerechtigkeit der etablierten Ordnung überzeugt und daher anfangs auch bereit war, bei der Revolution mitzumachen (H VI 1,22 f). Der von Konservativen späterer Zeit immer wieder ins Spiel gebrachte „freimaurerische Ursprung der Revolution" sollte die grundsätzliche Berechtigung der Umwälzungen des Jahres 1789 in Frage stellen und durch deren angebliche Gottlosigkeit disqualifizieren. Die Royalisten haben dieses vom Altjesuiten Barruel ins Spiel gebrachte Freimaurerkomplott gegen die Kirche begeistert aufgenommen und verbreitet (H VI 1,19.92).

Als die „Verfassungsgebende Versammlung" am 4. August 1789 das Feudalsystem und den Zehent abschaffte, stimmte der Klerus nicht nur mehrheitlich, sondern nahezu einmütig zu.

Auch nach der Verstaatlichung des Kirchenbesitzes - ab nun zahlte der Staat Pfarrergehälter - und dem Verbot der Ordensgelübde (1790) war eine völlige Trennung von Kirche und Staat noch nicht in Aussicht genommen. Dazu kam es erst später.

Im August 1789 wurde die Erklärung der allgemeinen Menschen- und Bürgerrechte ohne Einwand der katholischen Seite verabschiedet. Allerdings wurde den Protestanten bei dieser Gelegenheit noch keine Kultgleichheit zugesprochen (H VI 1,26). Die Erklärung der Menschenrechte wurde noch im selben Jahr von Papst Pius VI. geheim in einer Ansprache an Kardinäle verurteilt (H VI 1,29). Eine öffentliche Verdammung folgte 1791. In der Bulle „Quot aliquantum" verurteilte Pius VI. die Menschenrechtserklärung, da ihre Prinzipien im Widerspruch zur katholischen Lehre über den Ursprung der Staatsgewalt, die Religionsfreiheit und die gesellschaftliche Ungleichheit stünden. Demgegenüber vertrat ein Teil des französischen Klerus die Ansicht, die Menschenrechte seien aus einem christlichen Prinzip abzuleiten, das Christentum sei eine Religion der Freiheit und der Brüderlichkeit, und die Revolution werde eine evangelische Erneuerung herbeiführen (H VI 1,32).

Die Argumente des Klerus wären von Pius VI. verstanden worden, hätte er in nachapostolischer Zeit gelebt und nicht im 18. Jahrhundert mit der schweren Bürde einer zu Macht und Gewalt gekommenen Kirche. Paulus schreibt den Galatern: „Zur FREIHEIT hat uns Christus befreit. Bleibt daher fest und laßt euch nicht von neuem das Joch der Knechtschaft auferlegen" (Gal 5,1). Zu Söhnen Gottes und nicht zu Sklaven sind die Christen berufen (Gal 4,7).

Auch von der GLEICHHEIT spricht Paulus: „Durch den einen Geist wurden wir in der Taufe alle in einem einzigen Leib aufgenommen, Juden und Griechen, Sklaven und Freie" (1 Kor

12,13). Den Kolossern schreibt derselbe Apostel: „Ihr seid zu einem neuen Menschen geworden... Wo das geschieht, gibt es nicht mehr Griechen oder Juden, Beschnittene oder Unbeschnittene, Fremde, Skythen, Sklaven oder Freie, sondern Christus ist alles und in allen" (Kol 3,10 f).

Für liebende BRÜDERLICHKEIT Beweise aus dem Neuen Testament zu bringen, bedeutet eigentlich, Eulen nach Athen zu tragen: „Wer seinen Bruder nicht liebt, den er sieht, kann Gott nicht lieben, den er nicht sieht" (1 Joh 4,21). Alle sollen gleich und wie Geschwister sein: „Nur einer ist euer Meister, ihr alle aber seid Brüder" (Mt 23,8). - „Alle, die sich vom Geist Gottes leiten lassen, sind Söhne Gottes" (Röm 8,15).

Cyprian von Karthago (†258) über die Gleichheit der Menschen: „Alles, was von Gott kommt, dient uns allen gemeinsam zum Gebrauch, und niemand ist von seinen Wohltaten und Gaben ausgeschlossen, sondern das ganze Menschengeschlecht hat sich der göttlichen Güte und Freigebigkeit in gleicher Weise zu erfreuen. So leuchtet der Tag, so strahlt die Sonne, so strömt der Regen, so weht der Wind für alle ohne Unterschied. Die Schlafenden haben ein und denselben Schlummer, und der Glanz der Sterne leuchtet allen gemeinsam. Der Besitzer also, der auf Erden nach diesem Vorbild der Gleichheit seine Einkünfte und Erträge mit seinen Brüdern teilt, ahmt Gott nach, indem er in seinen freiwilligen Spenden die Gleichheit wahrt und Gerechtigkeit übt" (Cyprian I,283).

Während dort, wo die Katholiken eine benachteiligte Minderheit waren - z. B. in den Niederlanden - die Ideen der Französischen Revolution von der Kirche freudig begrüßt wurden, kam es dort - vor allem im Kirchenstaat - zur Ablehnung, wo die katholische Mehrheit konfessionellen Minderheiten Freiheiten einräumen hätte sollen. Diese Unlogik trat später auch in der Schulfrage zutage: Katholische Schulen sollten überall errichtet werden dürfen, eine protestantische in Rom war jedoch noch 1879 für Leo XIII. ein unerträgliches Ärgernis (H VI 2,218).

Kardinal Chiaramonti, der spätere Papst Pius VII., unterstrich den christlichen Charakter der Prinzipien der Gleichheit und

Brüderlichkeit. In einer sensationellen Predigt zu Weihnachten 1797 erklärte er, die demokratische Regierungsform stehe nicht im Widerspruch zum Evangelium, die Religion sei in der Demokratie allerdings noch wichtiger als in jedem anderen Regierungssystem (H VI 1,53-65).

Die „cattolici democratici" - Priester und Laien - meinten, die völlige Übereinstimmung des echten Katholizismus mit der Demokratie beweisen zu können, indem man, besser als dies in der Vergangenheit der Fall gewesen war, den geistlichen Bereich vom weltlichen unterscheide. Diese als böse Jakobiner verschrienen Christen bemühten sich, zu den Quellen, zur Bibel und den Kirchenvätern zurückzukehren und mit deren Hilfe das Wesentliche des christlichen Glaubens vom Zeitbedingten zu trennen (H VI 1,53).

Doch die „rechten" Kräfte in der Kirche waren stets mächtiger als die „linken".

Der rechte Kampf gegen die linken Ideale: „Freiheit, Gleichheit und Brüderlichkeit"

Der Pharisäer Gamaliel gab dem Hohen Rat die Empfehlung, die gefangenengesetzten Apostel freizulassen: Wenn deren Vorhaben von Menschen stamme, werde es zerstört werden, „stammt es aber von Gott, so könnt ihr sie nicht vernichten" (Apg 5,39). Dieses weise Wort beherzigte die Kirche, deren Anfänge im römischen Reich ohne Toleranz und Religionsfreiheit nicht möglich gewesen wären, im zweiten Jahrtausend wenig. Sie wollte selbst der Welt die Wahrheit garantieren. Kein Wunder, daß sie Religionsfreiheit und Toleranz schärfstens bekämpfte. Erst das Zweite Vatikanische Konzil verabschiedete 1965 eine feierliche positive Erklärung über die Religionsfreiheit. Noch im Entwurf von 1962 wurde gefordert, daß der Staat katholisch sein müsse, wo es dessen Bevölkerungsmehrheit ist. Und: Für Bekenner anderen Glaubens gebe es kein Recht zum öffentlichen Bekenntnis... (KK 655). Das Toleranzedikt von 313 vergessend, verhinderte die Kirche beschämend lang das Menschenrecht freier Religionsausübung. Traurigerweise waren es keine frommen Christen, die dem Toleranzprinzip zum Durchbruch verholfen haben. 1781 erließ Kaiser Joseph II. ein von Kurie und Nuntiaturen heftig bekämpftes Toleranzpatent, das zum Vorbild für andere Fürsten wurde.

Nach der Französischen Revolution wurde der „Liberalismus" zu einem bevorzugten Objekt kirchlicher Angriffe. Die Grundsätze der Gesellschaftsordnung von 1789 waren: Persönliche Freiheit statt Willkür der Gewalt! Politische Freiheit nicht als gnädig gewährtes Privileg, sondern gesetzlich geschützt! Das Recht der Völker auf Selbstbestimmung! Das Nationalitätenprinzip steht über dem Legitimitätsprinzip! Presse- und Religionsfreiheit!

Diesen „Liberalismus" trachteten im 18. Jahrhundert „linke

Katholiken" mit der Kirche in Einklang zu bringen, um Jugend zurückzugewinnen, um der Kirche auch in protestantischen und orthodoxen Ländern Freiheit zu bringen, aber auch um mehr Freiraum in der Kirche selbst zu schaffen und das autoritäre Verhalten der Hierarchie zu mildern (H VI 1,320). Die schroffe Ablehnung von seiten der Kirchenführung führte zu einer weiteren Verhärtung und Verstärkung des Antiklerikalismus der Liberalen.

Die „rechten Katholiken" hofften immer noch auf eine Rückkehr zur alten Ordnung. Und an ihrer Spitze stand der Papst, dem das Hemd (der Kirchenstaat) näher war als der Rock (die Universalkirche). Papst Gregor XVI. († 1846) sah im politischen und sozialen System des Ancien Regime den Ausdruck göttlichen Willens. Der Kirchenstaat schien ihm Garant für seine geistliche Unabhängigkeit zu sein. Um der „Revolution" Einhalt zu gebieten, weigerte er sich halsstarrig, für die um ihre Freiheit kämpfenden Polen und Iren einzutreten. Auch sie galten ihm als „subversive Kräfte" (H VI 1,316).

Eigentlich sollte es müßig sein, über die Christlichkeit der Menschenrechte lang und breit zu schreiben. Doch auch am Ende des 20. Jahrhunderts gibt es in der Kirche Kräfte, die unbelehrbar, ja geradezu extremistisch konservativ sind, die sich jeden Fortschritts der Technik bedienen, jedoch geistig unbeweglich sind, die selbstverständlich die Blech- oder Motorschäden ihrer Autos reparieren lassen, jedoch keine Anstalten zeigen, historische Fehler der Kirche einzugestehen und logische Konsequenzen zu ziehen.

Sehr klar sehen ultrarechte Kämpfer die Verwandtschaft des aus dem Judentum kommenden Christentums („Gleichheit aller vor Gott") mit dem Liberalismus („Gleichheit aller vor dem Gesetz") und dem Sozialismus („Soziale Gleichheit aller"). Tragischerweise sehen - bisweilen auch persönlich fromme, jedoch blinde - konservative Katholiken oft nicht, welchen gefährlichen Strömungen in der Gesellschaft sie mit ihren unbiblischen Argumenten den Weg bahnen.

Kenner der heutigen „Gefahr von Rechts" ist der Linzer Universitätsprofessor Jozef Niewiadomsky. Er hat Anfang 1994 in St. Pölten ein vielbeachtetes Referat gehalten (JA 3/1994,7 ff). Den Werten der westlichen Demokratien (gleiche Würde aller Menschen von Geburt auf und vor dem Gesetz, Verzicht auf Einsatz von Gewalt, Hilfsbereitschaft, Schutz des Schwächeren) stellt er die „Werte" des Rechtsextremismus (Idee der Ungleichheit aller Menschen, Akzeptanz von Gewalt zur Lösung von Problemen, natürliche Auslese, keine Hilfe für Schwächere) gegenüber.

Die „konservativen Revolutionen" der letzten Jahre wollen den Begriff „konservativ" neu verwenden, indem sie die Grenzen zwischen „wertkonservativ" und „rechtsradikal" bewußt einebnen. Ob das der Grund ist, warum sich so viele konservative Menschen aus Kirche, Politik und Wirtschaft geschickt umwerben und einnebeln lassen?

Als Reaktion auf die linke Studentenrevolte 1968 schlossen sich junge französische rechte Intellektuelle in Vereinen zum Zweck wissenschaftlicher Untersuchung zusammen. Bekanntester Vordenker dieser „Schule" ist Alain de Benoist. Seine wichtigsten Werke: „Aus rechter Sicht" (1983/84) und „Heide sein. Zu einem neuen Anfang. Die europäische Glaubensinitiative" (1982).

Nach französischem Vorbild wurde in Deutschland 1980 das „Thule-Seminar" gegründet. Der Name hat Tradition, denn der alten - 1912 gegründeten - „Thule-Gesellschaft" gehörten u. a. Adolf Hitler, Rudolf Heß, Hermann Göring und Heinrich Himmler an. Die Zeitschrift des Seminars behandelt häufig das Christentum. Zentrales Thema ist Europas „heidnische Identität" und die Bedeutung von religiösen Ideen für politische Konzepte.

Das Programm der „Neuen Rechten" stellt, so Niewiadomsky, eine religiöse Herausforderung dar, da sie behauptet, daß sich die jüdisch-christliche Tradition auf das Abendland zerstörerisch ausgewirkt habe. De Benoist spricht von „jüdisch-christlichen Dunkelmännern" und vom „Gift des Magnificat".

Das „Magnificat", das einzige Maria, der Mutter Jesu, zugeschriebene Gebet, erscheint gewissen Kreisen als „typisch jüdisch-christlich", ja „sozialismusverdächtig":

„Meine Seele preist die Größe des Herrn, und mein Geist jubelt über Gott, meinen Retter.

Denn auf die Niedrigkeit seiner Magd hat er geschaut.

Siehe, von nun an preisen mich selig alle Geschlechter.

Denn der Mächtige hat Großes an mir getan, und sein Name ist heilig.

Er erbarmt sich von Geschlecht zu Geschlecht über alle, die ihn fürchten.

Er vollbringt mit seinem Arm machtvolle Taten:

Er zerstreut, die im Herzen voll Hochmut sind;

er stürzt die Mächtigen vom Thron und erhöht die Niedrigen.

Die Hungernden beschenkt er mit seinen Gaben und läßt die Reichen leer ausgehen.

Er nimmt sich seines Knechtes Israel an und denkt an sein Erbarmen, das er unseren Vätern verheißen hat,

Abraham und seinen Nachkommen auf ewig" (Lk 1,46-55).

De Benoist weiß, daß viele Menschen der Gegenwart nicht an Christus glauben. Das bedeute jedoch nicht, daß der Einfluß des „jüdischen Gottes" in unserer Welt verschwunden sei. Im Gegenteil: Er sei dort am größten, wo der Frömmler ihn nicht vermutet: in den Grundlagen der heutigen demokratischen westlichen Kultur.

Was stört an diesem jüdisch-christlichen Abendland?

- Der Glaube an einen Schöpfer, an einen Gott als Ursprung aller Menschen, wodurch das Gemeinsame bedeutender wird als das Unterscheidende. Daß Gott der Vater aller Menschen und alle Menschen vor ihm gleich sind, sei die Grundlage der Demokratie.
- Die Bibel stellt die Bodenreligion in Frage, da der Christ nur ein „Endland" vor Augen habe. Eine solche Auffassung leiste der Aufhebung der Grenzen Vorschub.
- Jesus Christus hat, indem er Joseph nicht als wahren Vater angibt, sondern sich als Gottes Sohn und Bruder aller Men-

154

schen bezeichnet, den „Prozeß der Väterverleugnung" eingeleitet. Es gäbe nur eine echte Frömmigkeit: die des Sohnes dem Vater gegenüber und weiter den Ahnen, dem Geschlecht und dem Volk gegenüber.

- Das Gift der Propheten, die immer wieder die Unterordnung der Politik unter die Moral verlangen. Die Verpflichtung der Machthaber auf christliche Grundsätze sei für „Herrenmenschen" verhängnisvoll gewesen.

Die christlichen Ideen rufen, so die „Neue Rechte", einen unnatürlichen Schutz des Schwachen hervor. Entwicklungs-, Hungeroder Katastrophenhilfe seien Eingriffe, die eine „natürliche Auslese" verhindern. Die Ideen des alten Heidentums - De Benoist: „Man braucht nicht an Jupiter oder Wotan zu glauben, um Heide zu sein!" - sind die Ideen der „Neuen Rechten". Die Bibel stört hier nur, die „Menschenrechte" seien Ergebnis jüdisch-christlichen Aberglaubens.

Der italienische Faschist G. Evola: „Nicht jedem ersten besten kann Menschenwürde zugesprochen werden... Eine allgemeine Achtung vor der menschlichen Person ist ein Aberglaube." Aus diesem „Aberglauben" heraus ist jedoch der Sohn Gottes Mensch geworden.

Die „rechte Idee" von der Ungleichheit der Menschen zieht auch konservative Christen immer wieder in den Bann. Sie finden die alte Ordnung ganz richtig und gottgewollt: Der Papst befiehlt den Bischöfen, die Bischöfe den Priestern, die Priester dem Volk. Der Klerus herrscht über die Gläubigen, der Mann über die Frau, die Erste Welt über die Dritte...

Jesus dachte da völlig anders. Für ihn waren die Menschenrechte stets ein „Urthema".

Das christliche Volk:
Legitimation oder Feind der Hierarchie?

„Dieses Volk, das vom Gesetz nichts versteht - es sei verflucht" (Joh 7,49) schimpften die Hohenpriester ihre Gerichtsdiener, nachdem diese unverrichteter Dinge von Jesus zurückgekommen waren.

Jesus sammelte immer wieder viel Volk um sich, hatte Mitleid und Erbarmen mit ihm und setzte es nie negativ in Relation zur religiösen Führungsschicht. Das trug mit Sicherheit auch dazu bei, daß nach Pfingsten in Jerusalem eine harmonische Christengemeinde aufgebaut werden konnte: Sie lebte eine vorbildliche religiöse Gemeinschaft vor. Gebet und Teilen imponierten, sodaß „sie beim ganzen Volk beliebt waren" (Apg 2,47). Christus wird als das Haupt der Gemeinschaft gesehen (Eph 4,15), in der es eine Fülle von Gnadengaben gibt. Der Herr selbst hat in ihr Apostel, Propheten, Evangelisten, Hirten und Lehrer (Eph 4,11) eingesetzt. Die Kirche war im heutigen Sinn wahrhaft „bunt"; „uniform" war sie nur auf Jesus hingeordnet.

Ein ähnliches Bild vermittelt der Römerbrief: „Hat einer die Gabe prophetischer Rede, dann rede er in Übereinstimmung mit dem Glauben; hat einer die Gabe des Dienens, dann diene er. Wer zum Lehren berufen ist, der lehre, wer zum Trösten und Ermahnen berufen ist, der tröste und ermahne. Wer gibt, gebe ohne Hintergedanken; wer Vorsteher ist, setze sich eifrig ein, wer Barmherzigkeit übt, der tue es freudig" (Röm 12,6 ff). Ermahnungen für das Gemeindeleben hatten nichts Drohendes an sich (1 Thess 5,12), Fragen der Sexualmoral waren noch lange keine zentralen Anliegen.

Die ganze Gemeinde wußte sich als „ein auserwähltes Geschlecht, eine königliche Priesterschaft" (1 Petr 2,9). Sie trug auch die Verantwortung für den einzelnen und war höchstes kirchliches Organ: „Alles, was ihr auf Erden binden werdet, wird auch im Himmel gebunden sein, und alles, was ihr auf Erden lösen werdet, das wird auch im Himmel gelöst sein" (Mt 18,18). Die

Ortskirche war Um und Auf des Urchristentums. Nicht für den Fall der Erscheinung eines Engels oder eines Prominenten sagte ihnen Jesus besondere Nähe zu, sondern: „Wo zwei oder drei in meinem Namen versammelt sind, da bin ich mitten unter ihnen" (Mt 18,20).

Gottesdienst der Gläubigen war das „Brechen des Brotes", zu dem sie regelmäßig zusammenkamen (Apg 2,46).

Dieses Christentum verbreitete sich im 1./2. Jahrhundert mit unterschiedlicher Intensität, am stärksten in Ostsyrien, Kleinasien und Nordafrika.

Die um die Wende zum 4. Jahrhundert sachlich bereits vorhandene Aufgliederung der Christen in die drei Gruppen der Laien, Mönche und Priester profilierte sich nach der Konstantinischen Wende zusehends. Die durch die Verfolgungen früherer Zeit bedingte enge Gemeinschaft zwischen Laien und Klerus lockerte sich, der Glanz des Martyriums ging nun auf Asketen und Mönche über. Die Abwertung, ja Ausgrenzung der Laien nahm einen unheilvollen Anfang. In der Basilika wurden Volk und Klerus räumlich getrennt, den Priesterbereich sollte das Volk nicht mehr betreten. Das Recht zur Mitwirkung der Laien an der Bischofswahl blieb noch bestehen, wurde praktisch jedoch schon beschränkt. Die Laienpredigten kamen außer Gebrauch. Die Heranziehung der Laien zum Verwalten des Kirchengutes war noch üblich, in Nordafrika gab es dafür von der Gemeinde gewählte Kirchenräte, im Osten zogen auch diese Aufgabe die Priester an sich (H II 1,344 ff).

In den ersten Jahrhunderten erfolgte jede Berufung in ein kirchliches Amt prinzipiell durch Wahl, die von der Gemeinde - Klerus und Volk - vorgenommen wurde (H II 1,291).

Die Christianisierung der Germanen führte zu einer Verminderung der Bedeutung der „Gemeinden" zugunsten einzelner. Das Eigenkirchenwesen verdrängte das Gemeindekirchenwesen. Weltliche Fürsten, Bischöfe und Klöster suchten die Zahl der Eigenkirchen zu vermehren. Der Eigenkirchenherr, dem das Einkommen zustand, ließ dafür den Gemeinden Dienste durch von ihm bestellte Priester zukommen. Im 8. Jahrhundert gab es im

Frankenreich bald keine Kirche mehr ohne weltlichen oder geistlichen Herrn (H III 1,297). Die früher im Römerreich bestandene emotionale Verbindung und sachliche Verknüpfung zwischen Gemeinde, Vorsteher und Gotteshaus verschwand dadurch immer mehr. Die Leute durften keinen Pfarrer mehr wählen, waren aber auch für die Kirche nicht mehr letztverantwortlich. Rechte und Pflichten der Laien, aber auch kirchliches Verantwortungsgefühl begannen zu verdunsten.

Im 12. Jahrhundert kam es zu einer Aufbruchbewegung unter den Laien. Das Evangelium wurde - wie später bei Franz von Assisi - zur Lebensregel. Das Recht der Laien erscheint jedoch nur noch als Konzession des Klerus. Der Laie hat Recht auf Taufe und Ehe, darf noch Laienbeichten hören, Gaben spenden und Zehent zahlen. Wenn Priester die Predigt vernachlässigen, haben Laien das Beschwerderecht, selbst predigen dürfen sie nicht. Das Mißtrauen, das die Hierarchie den Laien entgegenbringt, ist bei den Häretikern nicht vorhanden. Dort dürfen auch Laien das Evangelium verkünden (H III 2,136 ff). So mündet diese Aufbruchbewegung der Laien nicht in einen neuen Frühling der Kirche, sondern in eine Ketzergesetzgebung, die immer grausamer wird und das Laienelement in der Kirche immer stärker an den Rand drängt.

Im 13./14. Jahrhundert folgt die totale Klerikalisierung. Papst Bonifaz VIII. trifft in seiner Bulle „Clericis laicos" (1296) die unerhörte Feststellung: „Daß die Laien Feinde des Klerus sind, bezeugt in hohem Maß das Altertum, und auch die Erfahrungen der Gegenwart lehren es deutlich" (H III 2,440). Kein Wunder, daß unter den Laien die Meinung wuchs, eine Kirchenreform sei nicht mit, sondern nur gegen den Papst durchzuführen.

Der übertriebene universale Herrschaftsanspruch der Kirche - außerhalb der Kirche gibt es weder Heil noch Recht; jeder Herrscher oder Eigentümer wird erst durch die Taufe legitimiert; die weltliche Gewalt ist durch die Kirche und zur Erreichung der Ziele der Kirche gegründet - erreichte das Gegenteil. Er förderte die Entwicklung der Lehre von der Unabhängigkeit des Staates und seines Führungsanspruchs auf die Kirche (H III 2,441f).

Neue alte Gedanken tauchen auf: Kirche ist „die Gemeinschaft der Gläubigen", der Papst ist nicht mehr als ein Dorfpriester, Hierarchie ist Menschenerfindung, die Bibel hat Vorrang... (H III 2,445 ff).

Die zahlreichen Versuche zur Reform der Kirche an Haupt und Gliedern im 15. Jahrhundert - Päpste versprachen sie immer vor ihrer Wahl, um anschließend vergeßlich zu werden - scheiterten am Beharrungsvermögen der Kurie, des päpstlichen Hofes. So kam im 16. Jahrhundert, was kommen mußte: die Reformation - mit dem von niemandem gewollten „Endprodukt" Kirchenspaltung. Da das biblische „Priestertum aller Glaubenden" den Reformatoren heilig war, wurde es in der Folge in der katholischen Kirche scheel betrachtet und erhielt erst durch Papst Pius XII. (1939-1958) wieder Heimatrecht in ihr (KK 108). Rom selbst gab im Fernhalten der Laien von jeder Mitverantwortung ein deutliches Beispiel. Erst unter Zwang wurden ab 1848 an der Regierung des 3 Millionen Untertanen zählenden Kirchenstaates Laien beteiligt (H VI 1,481).

Auf dem Katholikentag 1881 in Bonn war noch die Stimme zu hören: Die durch den Kulturkampf bedingte Aktivität der Laien könne „nur ein Notstand" sein... (H VI 2,199). Die Gründung christlich-sozialer Parteien geschah folgerichtig nicht zur Freude der Bischöfe. Österreichs hoher Klerus, vertreten durch Kardinal Schönborn von Prag, brachte gemeinsam mit kaiserlichen Diplomaten nach 1889 in Rom laufend Klagen gegen die Christlichsozialen vor. Erst das Zweite Vatikanische Konzil stellte die Weichen zu einer Laienbeteiligung in der Kirche wie zu nachapostolischen Zeiten.

Mitbestimmung sichert Mittun. Doch Demokratie hat in der Kirche noch nicht wieder ein Heimatrecht. In der Einleitung des von der römischen Kleruskongregation herausgegebenen „Direktoriums für Dienst und Leben der Priester" wird wieder einmal vor demokratischen Tendenzen gewarnt. Wo stehen die Warnungen vor Totalitarismus, vor Machtmißbrauch in der Kirche?

Es gibt eine Unzahl diözesaner Räte, die den Bischof beraten sollten, in Wahrheit aber zusammentreten, um sich lange Vorträge anzuhören, kurz darüber zu diskutieren und noch kürzer dann alles im Plenum zusammenzufassen. Bestenfalls wird noch eine Resolution verabschiedet, die in eine Vierzeilenmeldung der Kirchenzeitung mündet...

Nach dem Konzil wurden - oft nur unter starkem Murren des Pfarrers - Pfarrgemeinderäte installiert. Diese haben jedoch nur so viele Möglichkeiten, als ihnen der Pfarrer einzuräumen bereit ist. Im Klartext: Ist ein Pfarrer bereit, den PGR regelmäßig einzuberufen und die Abstimmungsergebnisse zu akzeptieren, so gibt es eine echte Laienmitgestaltung und -verantwortung. Lädt ein Pfarrer nur einmal im Jahr zur Sitzung ein und legt er sofort sein Veto ein, wenn jemand Aufmüpfiges vorträgt, so ist der PGR nur ein Feigenblatt für weiteren absoluten Klerikalismus am Ort.

Manches in der heutigen innerkirchlichen Demokratiebewegung entspricht dem NS-Führer- und Beratungsprinzip. Nach dem Führergrundsatz der NSDAP mußte „an der Spitze einer jeden Organisation innerhalb des Gemeinschaftslebens unseres Volkes eine alleinstehende und allein verantwortliche Persönlichkeit als Führer stehen." Dieses Prinzip „findet seine Ergänzung im Beratungsprinzip": die Gemeinderäte seien nur Berater des Bürgermeisters, die Reichsregierung nur Berater des Führers und Reichskanzlers (GL 69 f).

Adolf Hitler: „ Es gibt keine Majoritätsentscheidungen, sondern nur verantwortliche Personen, und das Wort „Rat" wird wieder zurückgeführt auf seine ursprüngliche Bedeutung. Jedem Mann stehen wohl Berater zur Seite, allein die Entscheidung trifft e i n Mann. Der Grundsatz, der das preußische Heer seinerzeit zum wundervollsten Instrument des deutschen Volkes machte, hat in übertragenem Sinn dereinst der Grundsatz des Aufbaus unserer ganzen Staatsauffassung zu sein: Autorität jedes Führers nach unten und Verantwortlichkeit nach oben." Es gibt keine Vertretungs- , sondern nur noch Beratungskörper. Die Räte haben „Arbeitseinrichtungen", jedoch keine „Abstimmungsmaschinen" zu sein. Das einzelne Mitglied hat „beratende Stimme, aber niemals beschließende. Diese kommt ausschließlich nur dem jeweils dafür verantwortlichen Vorsitzenden zu. Das Prinzip der demokratischen Majoritätsbestimmung sei nur in kleinen Perioden der Menschheit zu finden gewesen, die aber „immer Zeiträume des Verfalls" waren (Mein Kampf 501 f).

Was da über Führer und Berater geschrieben steht, habe ich alles schon anderswo gelesen - in bischöflichen Statuten diözesaner Gremien. Dort haben alle Geladenen - manche Delegierte werden gleich vorweg gestrichen - das Recht, sich den Vorsitzenden anzuhören, der die Tagesordnung, den Verlauf, das Protokoll und die Veröffentlichung der Beschlüsse bestimmt.

Dem von keinem Jesuswort gedeckten Führer- und Beraterprinzip wird in der Kirche noch vielerorts gehuldigt.

Der weite Weg des Papsttums vom sündigen Petrus zum unfehlbaren Monarchen

Solange das Christentum existiert, gibt es die brisante Frage nach dem „Primat des Stuhls". Wer darf wo sitzen? Wessen Stuhl steht näher bei dem des Herrn? Wer ist der Bedeutendere, der Größere? Auf wen sollen die anderen schauen und hören?

Die Diskussion um das Vor-Sitzen in der Kirche und ein daraus resultierendes Vor-Stehen und Vor-Geben beherrscht die ökumenischen Gespräche unserer Tage und ist mit ein Grund, daß die Christenheit gespalten ist und gespalten bleibt. Bei der „Stuhlfrage" ging es nie um das Problem, wer Jesus an seinem Tisch im Reich Gottes schneller bedienen durfte, sondern um Handfesteres: um Macht. Und so hat diese Frage stets Ärgernis und Spaltung hervorgerufen.

Die Mutter der Apostel Johannes und Jakobus war die erste, die den Ihren die bedeutendsten Plätze neben Jesus zu sichern gedachte. Die Reaktion der übrigen ist bekannt: immenser Ärger über den Zwiespalt erregenden Versuch der Selbsterhöhung.

Jesus überwand die Spaltung, indem er die Jünger „zusammenrief", und er nützte den Vorfall, um seine ganz andere Sichtweise der „Stuhlproblematik" darzulegen: „Ihr wißt, daß die Herrscher ihre Völker unterdrücken und die Mächtigen ihre Macht über die Menschen mißbrauchen. Bei euch soll es nicht so sein, sondern wer bei euch groß sein will, der soll euer Diener sein, und wer bei euch der Erste sein will, soll euer Sklave sein" (Mt 20,25-27).

Jesus warnte undifferenziert vor der Macht und vor der Angleichung der Seinen an weltliche Machtstrukturen. Er sagte nicht: „Ihr seid zu einer anderen Machtausübung berufen!" Auch nicht: „Eure Macht sei eine heilige Macht!" Jesus stand der Macht skeptisch gegenüber - und auch die Kirche Jahrhunderte hindurch.

Unangefochtenes Oberhaupt in der römisch-katholischen Kirche ist am Ende des 20. Jahrhunderts der Papst. Daß es einen Ersten unter den Aposteln gibt, stellt kaum ein katholischer Theologe in Frage und ist im Zeitalter der Massenmedien ein für die Kirche nicht unbedeutender Vorteil. Ein einzelner ist leichter faß- und vermittelbar als ein Gremium. Ein Papst ist wesentlich besser medienpräsent zu halten als ein Weltkirchenrat. Ähnliches ist ja auch auf Landesebene zu registrieren: Die Aussagen eines Diözesanbischofs schlagen höhere Wellen als die eines bundesweit agierenden katholischen Verbandes.

Die Frage, wie der Erste unter den Aposteln Macht ausüben soll und darf, ist heute stark in Diskussion und nur im Blick auf Jesus selbst zu lösen. Jesus hat Petrus beauftragt, die Seinen zu weiden (Joh 21,15) und zu stärken (Lk 22,32), nicht jedoch zu regieren, einen Hofstaat zu bilden oder gar alles zentral zu beherrschen. Im Umgang mit dem Herrn tritt eher des Petrus Fehlbarkeit als dessen Unfehlbarkeit in den Vordergrund. Er wird wegen seiner Kleingläubigkeit (Mt 14,31) und Uneinsichtigkeit (Mt 15,15) getadelt. Seinem Messiasbekenntnis folgt mit „Selig bist du!" höchstes Lob (Mt 16,17), seiner negativen Einstellung zum Messiasleiden jedoch mit „Weg mit dir, Satan! Geh mir aus den Augen!" (Mt 16,23) heftigste Zurückweisung.

Als Nachfolger des Seliggepriesenen wird der Papst heute noch in römischen Dokumenten als „Beatissimus" bezeichnet. Daß Amtsinhaber des Heiligen Stuhls auch etwas sagen könnten, was der Kritik Jesu nicht standhalten könnte, wird heutzutage ausgeschlossen. Zu derlei Unfug war nur Petrus fähig...

Warum hat Jesus an die „erste Stelle" nicht Johannes gesetzt, der als einziger Apostel treu unter dem Kreuz stand, dem Maria anvertraut wurde und der in seinen Schriften die Liebe über alles gestellt hat? Warum hat er sich den cholerischen Petrus ausgesucht, dessen dreimalige Verleugnung in entscheidender Stunde (Joh 18,15 ff) erst durch eine dreifache Liebeserklärung (Joh 21,15 ff) wettgemacht werden konnte? Wollte Jesus bewußt einen als Ermutiger der Brüder haben, der sich der eigenen Schwäche stets bewußt und daher nie in Versuchung war, andere fertigmachen zu wollen?

Wie hat Petrus seine Erwählung verstanden?

163

Er sah sich als „Apostel Jesu Christi" (1 Petr 1,1) und im Vergleich mit anderen Ältesten „ein Ältester wie sie und ein Zeuge der Leiden Christi" (1 Petr 5,1). Der erst nach der Auferstehung Jesu berufene Apostel Paulus hat eine höchste Lehr- und Führungsautorität des Petrus, dem er eher kritisch gegenüberstand, nicht gekannt. Für die von Paulus gegründeten Gemeinden war dieser selbst die entscheidende Autorität, ihr Richter und Gesetzgeber (H I,126).

Ignatius von Antiochien († ca. 117) bezeichnet als erster die internationale Gemeinschaft der Gläubigen als „katholische Kirche", deren unsichtbarer Bischof Christus selbst ist. Wie erlebten die Gläubigen damals, als es noch keinen Vatikan und kein allgemeines Oberhaupt gab, die Einheit und Universalität der Kirche? Zu nennen sind hier: Gastfreundschaft für jeden Christen, nicht nur für kirchliche Boten; lebhafter Briefverkehr zwischen den Gemeinden, wodurch Leid und Freude miteinander geteilt werden; weite Reisen, um wichtige religiöse Fragen zu beraten; gemeinsame Glaubensregel, die sich den Gläubigen als Taufbekenntnis einprägt; Feier der Eucharistie. Glaube und Kult erfuhren ständige Sicherung dadurch, daß man sie stetig an der kirchlichen Überlieferung maß. Neuerungen wurden scharf abgelehnt (H I,178). Kein Bischof der nachapostolischen Zeit läßt sich nennen, der etwa mit der gleichen Autorität wie in seiner Gemeinde in die Verhältnisse anderer lokaler Kirchen eingreifen oder etwa der Gesamtkirche Weisungen geben hätte können. Das Schreiben des Klemens von Rom (92-101) spiegelt eher das Selbstbewußtsein der Christengemeinde in der Reichshauptstadt wieder als einen päpstlichen Primatsgedanken. Das Wort des Ignatius von Antiochien von Roms Vorsitz in der Liebe läßt sich keineswegs im Sinn einer persönlichen Vorrangstellung des dortigen Bischofs interpretieren (H I 179 f).

Die römischen Bischöfe hatten im 2. Jahrhundert auch noch kein ausgeklügeltes Informationssystem, wodurch ihnen z. B. die ehefeindliche Sekte des Montanus lange Zeit als ungefährlich erschien. Noch ein halbes Jahrhundert nach deren Entstehen beurteilte sie Papst Zephyrin (199-217) positiv (H I,234).

Aus der dem Apostel Petrus übertragenen Binde- und Löse-gewalt (Mt 16,19) folgert Cyprian von Karthago (†258) die von Christus gewollte Einheit der Kirche, jedoch keine Jurisdikti-on des Petrus über seine Mitapostel. Rom komme nur eine Ehrenstellung zu, weil Petrus dort gewirkt habe und angeblich auch dort begraben sei (H I,290). Von einem Weisungsrecht des Papstes war im 3. Jahrhundert noch nichts zu bemerken.

Schon im 2. Jahrhundert zeigen sich Ansätze einer über-lokalen kirchlichen Struktur. Der Bischof der Metropolis, der Provinzhauptstadt, bekommt immer mehr Gewicht. Die Synoden des 4. und 5. Jahrhunderts legen dessen Befugnisse fest: Er lei-tet die zweimal jährlich zusammentretenden Bischofs-versammlungen und verfügt über ein gewisses Kontrollrecht. Das Konzil von Nikaia (325) kennt drei geopolitische und wirt-schaftliche Zentren als gleichrangige kirchliche Patriarchate: Alexandria (Ägypten), Antiochia (Syrien) und Rom. Die Anglei-chung der kirchlichen Organisation an die vorhandene verwal-tungsmäßige Gliederung des Römischen Reiches lieferte auch die Begründung für die Errichtung des zusätzlichen Patriarcha-tes von Konstantinopel im Jahr 381, weil diese Stadt das „neue Rom" wurde. Daß die politische Bedeutung der Städte ausschlag-gebend war und nicht der „apostolische Ursprung" ihrer Chri-stengemeinde zeigt der Umstand, daß Jerusalem nur ein „Ehren-rang" zugeteilt wurde. Es gab damals jedoch auch legales Chri-stentum außerhalb des Römischen Reiches, das von diesen Pa-triarchaten unabhängig war: z. B. in Armenien oder Persien (H I 242-247).

Die von Papst Pius IX. 1873 dem protestantischen deutschen Kaiser Wilhelm I. gegenüber vorgebrachte Idee, „Jeder, der die Taufe empfangen hat, gehört in irgendeiner Art und Weise dem Papst an" (H VI 2,42), wäre in den ersten christlichen Jahrhun-derten auf völliges Unverständnis gestoßen. Während Cyprian von Karthago noch in der Gemeinschaft der Bischöfe das Funda-ment der Einheit sah, war für den Kirchenvater Augustinus (†430) die Kirche die geistliche Mutter der Gläubigen und als solche Trägerin der Schlüsselgewalt und Unfehlbarkeit (H II 1,167).

Ecclesia, das lateinische Wort für Kirche, bedeutet ursprünglich Volksversammlung, im christlichen Sinn dann die Gemeinde der Gläubigen.

Das absolutistische Regierungssystem des römischen Staates färbte im Laufe der Zeit immer mehr auf das Papsttum ab. Erhielten im 4. Jahrhundert Konzilsbeschlüsse ihre Geltung durch das Konzil selbst, so ändert sich das im 5. Jahrhundert, als afrikanische Synoden von Rom die Bestätigung ihrer Beschlüsse erbitten, um ihnen mehr Ansehen zu verschaffen. Papst Leo I. (†461) sieht sich bereits als eine dem Konzil übergeordnete Instanz (H II 1,253). Daß das Papsttum mit steigender Macht in Verbindung gebracht wurde, zeigt auch die Tatsache, daß es bei der Papstwahl im Jahr 366 regelrechte Kämpfe rivalisierender Gruppen gab, die über hundert Tote forderten (H II 1,259).

Erst Papst Liberius (†366) setzt den römischen Bischofssitz mit dem „Apostolischen Stuhl" schlechthin gleich, sein Nachfolger Damasus (†384) verwendet diesen Begriff in unmißverständlicher Häufigkeit (H II 1,261). Der ursprünglich von der politischen Bedeutung Roms abgeleitete Rang des Papstes wird immer mehr auf eine theologische Ebene gehoben. Papst Innozenz I. (†417) arbeitete zielstrebig weiter am Ausbau des römischen Primats. Mit der unhaltbaren Begründung, alle Kirchen Italiens, Galliens, Spaniens, Siziliens und der Mittelmeerinseln hätten ihre Bischöfe durch Petrus und seine Nachfolger erhalten, versucht er, die römische Kirchenordnung dort einzuführen. Gleichzeitig wird Roms Stellung als oberste Appellationsinstanz in „wichtigen Fällen" hervorgestrichen, ohne letztere genau zu definieren, was jedem beliebigen Eingriff Tür und Tor öffnete. In der östlichen Reichshälfte hatte der Papst jedoch weiterhin wenig mitzureden (H II,1,266 f). Es drängt sich die Frage auf, wie sich der römische Primat entwickeln hätte können ohne das Vorbild des absolutistischen Kaiserhofes und ohne innerkirchliche Streitigkeiten, in deren Folge laufend an Rom appelliert wurde.

Da es in der Primatsfrage eine Entwicklung gab, fragt sich der Mensch des 20. Jahrhunderts, ob in der Kirche nur Entwicklungen zu mehr Macht möglich sind oder auch gegenteilige Platz greifen können. Bemerkenswert ist, daß derselbe Papst, der sich als „Petruserbe" versteht und die Primatsidee ausbaut, ein zwiespältiges Verhältnis zum Laientum hat: Leo d. Gr. (440-461) verbietet Laien und Mönchen die Predigt (H II,1,345), dem absoluten Kaiser Marcian bestätigt er jedoch theologische Inspiration (H II,2,23).

Das Konzil von Chalkedon (451) brachte eine bisher noch nicht und später nicht mehr erreichte gesamtkirchliche Zustimmung zur römischen Lehrautorität, gleichzeitig jedoch auch das Zeugnis, daß Roms Zuständigkeit punkto Disziplin oder Jurisdiktion im Osten nicht anerkannt war. Im Westen wurde das Papsttum unter Leo d. Gr. - vor allem auch wegen des Versagens der Staatsgewalt - zu einem Träger der Hoffnung in irdischer Existenzangst (H II,1,278). Erst auf Drängen des Kaisers setzte sich Papst Leo für die theologischen Entscheidungen des Konzils von Chalkedon ein, ihm war der Kampf gegen die unliebsame Erhöhung Konstantinopels zum führenden Patriarchat des Ostens wichtiger. In der Folge zerriß das alte Band zwischen Rom und Alexandria, der Keim zur Spaltung zwischen Rom und Konstantinopel war ebenfalls gelegt (H II,2,4). Lastet auf der „Stuhlfrage" ein Fluch? Das sechste allgemeine Konzil (Konstantinopel III) verurteilte 680/681 Papst Honorius I. (625-638) als Irrlehrer, was Papst Leo II. (682/683) bestätigte (H II,2,212). Im 7. Jahrhundert wurde die alte Metropolitanverfassung der Kirche entscheidend geschwächt. Antiochia und Alexandria kamen unter islamische Herrschaft, das gesamte kirchliche Leben im byzantinischen Reich konzentrierte sich auf Konstantinopel, das des Westens auf Rom. Zugunsten dieser beiden Patriarchate verloren Metropoliten und Bischofssynoden immer mehr an Bedeutung.

Im Jahre 769 wurde das Volk von Rom von der Papstwahl ausgeschlossen. Aktives Wahlrecht besaß nun nur noch der Klerus, den Laien blieb die Akklamation. Doch letztere war noch rechtsnotwendig, da erst nach der Akklamation das auch von Laien unterzeichnete Wahldekret ausgefertigt wurde (H III,1,63).

Papst Marinus I. (882-884) war der erste Papst, der vor seiner Wahl bereits andernorts Bischof war - ein Umstand, der einen schweren Verstoß gegen die bisherige Tradition der Kirche darstellte (H III,1,175).

Papst Gregor VII. (1073-1085) setzte der weitgehenden Unabhängigkeit des frühmittelalterlichen Episkopats ein Ende und verhalf der päpstlichen Monarchie zum Durchbruch (H III 1,492). Er war zutiefst davon überzeugt, daß kein Christ gerettet werden könne, der nicht mit dem Stellvertreter Petri in Einheit, Übereinstimmung und Gehorsam verbunden sei. Der Papst begann in persönlicher Eigenverantwortung die Kirche zu leiten, die monarchische Regierungsweise war Wirklichkeit geworden. Förderlich waren gewiß die 1054 endgültig vollzogene Trennung von Ost- und Westkirche - im Bereich des Abendlandes hatte ja nie ein anderes Patriarchat als Rom existiert - und der sich breitmachende Reformgeist, der ein Abschütteln der Einmischung von weltlicher Macht bei der Besetzung kirchlicher Spitzenpositionen herbeisehnte.

Die Führung der abendländischen Christenheit übernahm das Papsttum gleichsam mit der Ausrufung des ersten Kreuzzugs. Gregor VII. schuf sich eine eigene Truppe, die „militia S. Petri", Urban II. rief den Kreuzzug aus. Der Skeptizismus der Christen der ersten Jahrhunderte gegen alles Militärische war nun endgültig einer Kriegsbegeisterung gewichen. Das „nicht wie die Herrscher der Welt" schien endgültig über Bord geworfen. Gehorsamsversprechen, Zinsleistungen, Zusagen militärischer Hilfe, lehenrechtliche Abhängigkeiten - Gregor VII. schöpfte alle Möglichkeiten aus, um „die treue Anhänglichkeit an Petrus und seinen Stellvertreter zu verstärken" (H III,1,430).

1179 wurde die Papstwahl zum Vorrecht der Kardinäle erklärt, Klerus und Volk von Rom waren ab nun endgültig ausgeschlossen (H III,2,290). Voraussetzung und Stütze der gregorianischen Kirchenreform war ein in der cluniazensischen Klosterreform erstarktes Mönchtum. Gregor VII. war vor seiner Papstwahl Mönch in Cluny bzw. in einem von dort beeinflußten Kloster. So konnte Anselm von Havelberg (†1158) formulieren:

Der Hl. Geist, das Fortschrittsprinzip der Kirche, erneuert die Welt durch die Mönche (H I,29). Für Johannes von Salisbury (†1180), dem Sekretär des im Dom ermordeten Erzbischofs Thomas Becket, war die Geschichte der Kirche bereits Geschichte des Papsttums, 150 Jahre später wurde das „Regnum Christi" mit dem „Regnum Pontificium" identifiziert (H I,28 f).

Lothar von Segni war mit seinen 38 Jahren der jüngste der Kardinäle, als er 1198 zum Papst gewählt wurde. Als Innozenz III. (†1216) führte er das mittelalterliche Papsttum auf die Höhe seiner Macht und vollendete damit, was Gregor VII. begonnen hatte. Vom römischen Jurisdiktionsprimat ausgehend, fühlte er sich als erster Bischof der Kirche, als Beherrscher des Kirchenstaates jedoch als König unter Königen. Innozenz III. hat der Lehre vom päpstlichen Primat die strenge Formulierung und systematische Begründung gegeben und die Stellung des römischen Bischofs als des ordentlichen Inhabers aller kirchlichen Gewalt dem Bewußtsein der abendländischen Kirche tief eingeprägt (H III,2,172-178). Von nun an bürgerte sich auch der Papsttitel „vicarius Christi" ein. Der Schritt vom „Erben des Petrus" zum „Stellvertreter Christi" war vollzogen.

Bonifaz VIII. erließ 1302 die Bulle „Unam sanctam" (H III,2,352). Nach ihr gibt es nur eine Kirche und außerhalb von ihr kein Heil. Ihr einziges Haupt, Christus, wirke durch Petrus und seine Nachfolger. Geistliches und weltliches Schwert gehörten der Kirche, letzteres habe der König nach Weisung der Kirche zu gebrauchen. Diese extremen Formulierungen ließen auf der Gegenseite vermehrt den Ruf erschallen: „Weg von der Macht! Zurück zum Evangelium!"

Papst Leo X. (1513-1521) - das Oberhaupt der Kirche zur Zeit des Thesenanschlags von Martin Luther - war bereits mit sieben Jahren in den geistlichen Stand aufgenommen und mit 14 zum Kardinal ernannt worden. Das von ihm ausgerufene Laterankonzil war schwach besucht, was den Papst wenig störte, da er von zu vielen Bischöfen aus Deutschland, Frankreich und Spanien eine zu deutliche Aufforderung, mit der Kirchenerneuerung zu beginnen, befürchtet hatte.

Die Sorge um Besitz und Ansehen der Medici, seiner eigenen Familie, war größer als jene um das Wohl der Kirche. Das ihm als Papst zur Verfügung stehende Geld verwendete er für Familienangehörige und eine luxuriöse Hofhaltung. Korruption stand auf der Tagesordnung, selbst zur Erlangung des Kardinalshutes waren Bestechungsgelder erforderlich. „Und doch trifft der Tadel nicht so sehr seine Person als das von ihm übernommene und ausgebaute System, das in religiöser Hinsicht nicht zu rechtfertigen war" (H III,2,676). Ein solches System beschwor die Reformation förmlich herauf, denn die Kirche war in ihrem Kern durchaus lebendig.

Papst Clemens VII. (†1534) - „wohl der unheilvollste aller Päpste, die je auf dem römischen Stuhl gesessen" (Ranke) - opferte die Einheit der Kirche dem Wohl seiner Familie und der Angst einer Vormachtstellung des Kaisers in Italien.

Im 18. Jahrhundert wurde das Papsttum immer mehr politisch machtlos gegenüber den Ansprüchen des Staatskirchentums. Im eigenen, rückständig verwalteten Kirchenstaat erntete der „Stellvertreter Christi" Kritik und Sarkasmus aus gänzlich unreligiöser Motivation. Die oberste Leitungsgewalt der Kirche setzte ihre Gewalt wenig ein, um auf drängende Zeitprobleme richtige Antworten zu geben.

Im 19. Jahrhundert entwickelte sich die „ultramontane Bewegung", unterstützt von großen Teilen des Klerus und der Laienschaft, die sich von einer Befreiung aus staatlicher Bevormundung und Gruppierung um den Papst Vorteile erhofften. Die „Ultramontanisten" verbreiteten theologische Lehren über Sonderrechte des Papstes und das Vorrecht der Kirche über die Zivilgewalt. Die Kirche sollte demnach immer mehr zentralistisch, die Freiheit der Forschung eingeschränkt und die Frömmigkeit mehr am äußeren Sakramentenempfang als an der inneren Haltung gemessen werden (H VI,1,762).

Die ultramontanistische Papstverehrung nahm schon Formen heidnischen Götzendienstes an. Der Papst wurde „Vizegott der Menschheit" oder „fleischgewordenes Wort, das sich fortsetzt" genannt. Es wurde gepredigt über die dreifache Inkarnation des

Gottessohnes im Schoß der Jungfrau, in der Eucharistie und im Papst. Die berühmte Zeitschrift „Civilta cattolica" verstieg sich sogar zur Behauptung, daß „wenn der Papst meditiert, Gott in ihm denkt" (H VI,1,771). In diese Epoche fällt die Publizierung des „Syllabus errorum" (1864), eines Katalogs von 80 als unannehmbar verurteilten Irrtümern. Religions- und Pressefreiheit wurden da ebenso verworfen wie die Zurückweisung der weltlichen Macht des Papstes. Nichtkatholiken sahen sich daraufhin in ihrem negativen Urteil über die Kirche bestärkt. Die Theologen, die nicht in Widerspruch geraten wollten, mußten große Anstrengungen unternehmen, um über kunstvolle Interpretationen den Anspruch auf Rechtgläubigkeit nicht zu verlieren (H VI,2,338).

Die Zeit war reif, des Papstes Unfehlbarkeit zu dogmatisieren. Und so geschah es auch auf dem am 8. Dezember 1869 eröffneten Ersten Vatikanischen Konzil, bei dem die Italiener ein Drittel der Teilnehmer stellten. Pius IX. ließ sich mit demokratischer Mehrheit - eine Vorgangsweise, die sonst heftig bekämpft wurde - die päpstliche Unfehlbarkeit, wenn er in höchster Lehrgewalt spricht, bestätigen. Ein Großteil der gegnerischen Bischöfe, zu denen auch die österreichisch-ungarischen mehrheitlich zählten, verließ Rom vor der Abstimmung. Erbittert und trostlos seien „unsere Bischöfe von Rom zurückgekommen", schrieb Kaiser Franz Joseph seiner Mutter in einem Brief (H VI,1,729).

Die Erklärung der Unfehlbarkeit sollte mehr Staub aufwirbeln, als sie tatsächlich brachte. Die folgenden Päpste haben sich ihrer vorsichtig und verantwortungsvoll bedient. Allein den Ultramontanisten des 20. Jahrhunderts dient sie immer wieder als Vorwand, um jedem in Rom gesprochenen Halbsatz päpstliche Unfehlbarkeit unterzujubeln.

Papst Leo XIII. (1878-1903) zitierte mit Vorliebe Innozenz III. und war der Demokratie abgeneigt. Entgegen aller politischen Realität machte er sich Hoffnungen auf ein internationales Schiedsrichteramt. Gleichzeitig stand er mit beiden Beinen in der Wirklichkeit: Kaum Papst geworden, ernannte er einen

Bruder zum Kardinal... (H VI,2,9.22 ff). Stereotyp wiederholte er in Enzykliken, daß das Papsttum das Abendland gebildet habe und was die Völker ihm verdanken (H VI,2,20).

Die Mahnung eines Jesus von Nazareth „Wer sich selbst erhöht, wird erniedrigt" (Lk14,11) hört sich vor diesem Hintergrund an wie eine Botschaft aus einer längst versunkenen und vergessenen Welt. Ein in sein ärmliches Kleid gehüllter Jesus ist auch nur schwer vorstellbar neben einem Papst im Goldgewand. Doch sich beide nebeneinander vorzustellen, ist unnötige Fleißaufgabe. Ein Jesus von Nazareth hätte bei den meisten Päpsten der Kirchengeschichte sowieso nie eine Audienz bekommen.

Vom 17. bis Anfang des 20. Jahrhunderts nahmen Gesandte der katholischen Großmächte Einfluß auf die Pastwahl. Erst Pius X., der 1903 selbst nur durch ein Veto Kaiser Franz Josephs gegen einen anderen Kandidaten Papst wurde, verbot ähnliches für die Zukunft.

Pius X. führte binnen weniger Jahre zahlreiche innerkirchliche Reformen durch. Als Bischöfe wählte er vornehmlich bekannte Gegner des Liberalismus aus, deren wichtigste Tugend der Gehorsam zu sein hatte. Seine Kurie führte ein unerbittliches Kontroll- und Überwachungssystem der Ortskirchen ein. Denunzierung und Spionage bekämpften innerkirchlich Andersdenkende. Um ein internationales antimodernistisches Geheimnetz zu errichten, wurde mit dem „Sodalitium pianum" sogar eine Art vatikanischer Geheimdienst aufgebaut (H VI,2,490).

Die „Konstantinische Wende" brachte auch das Papsttum auf den Geschmack weltlicher Macht. Diese wurde mit der Zeit immer weniger als Versuchung und immer mehr als göttliche Gnade empfunden. Kardinal Joachim Pecci, der spätere Leo XIII., verstieg sich 1860 in einem Hirtenbrief zu der unglaublichen Feststellung, daß die Zeit vor Konstantin d. Gr. ein „rechtswidriger Zustand" gewesen sei, weil „die höchste Gewalt des Papsttums von ihrem Ursprung an in sich den Keim weltlicher Gewalt trug" (H VI,2,11).

Solche und andere Sätze wurden nie auf den kirchlichen Index gesetzt. Bedroht und als Kirchenfeind angesehen wurde stets nur der, welcher die zentrale Macht von Papst und Kurie evangeliumsgemäß eingeschränkt wissen wollte. Gegenteilige Übertreibungen wurden nachsichtig behandelt. Oder hat jemand die verurteilt, die den Papst als Vizegott gefeiert haben? Und wenn jemand den Papst als gottgleich bezeichnet hätte, wäre das vermutlich nur als fromme Übertreibung lächelnd zur Seite geschoben worden.

Bundeskanzler Kreisky hat einmal den weisen Spruch geprägt, was man den Menschen einmal gewährt habe, könne man ihnen nicht mehr wegnehmen. Päpste sind Menschen wie Fabriksarbeiter. Beiden darf man einmal Erworbenes nicht absprechen.

- Um als „kaisergleich" zu gelten, pflegten die Päpste ab dem 10. Jahrhundert die Tiara als Kopfschmuck zu tragen, und erst, als es lange schon ringsum keine Kaiser mehr gab, wurde sie abgelegt - im Jahr 1964. Ein Zeichen, wie schwerfällig Kirche sein kann - nicht nur bei der Ablegung quasistaatlicher Macht, sondern sogar beim Verschwindenlassen von uralten heidnischen Machtsymbolen.

- Wann wird der Papst den Titel „Pontifex maximus" ablegen, den Kaiser Augustus 12 v. Chr. übernommen und den sich später die Bischöfe von Rom angeeignet haben? Genügt nicht „Nachfolger des Petrus"?

- Wie lange noch lassen sich Päpste als „Heiliger Vater" bezeichnen, wo unzählige Gebete im Meßbuch mit denselben Worten beginnen, aber selbstverständlich „Gott Vater" meinen? Vermutlich erst dann, wenn Papst und Bischöfe verheiratet sind und ihre eigenen Kinder in Zweifel kommen, wer dann wo eigentlich gemeint ist.

- Wie lange noch dürften die amtlichen Mitteilungen des „Heiligen Stuhls" den Papst „Beatissimus" (Seligster) und „Sanctissimus" (Allerheiligster) nennen? Ist das nicht ein Sakrileg? Lesen die Verantwortlichen für die Herausgabe der „Acta apostolicae sedis" nicht die Evangelien? Oder sind sie über derlei Geschreibsel sowieso erhaben, weil ja erst nach der Konstantinischen Wende...

- Hat Konstantin die Kirche gegründet oder Jesus von Nazareth? Wann wird endlich die von Konservativen geliebte Identifikation von Kirche und Papst von letzterem öffentlich demaskiert und zurückgewiesen? Warum halten so viele Kirchenfürsten ihre schützenden Hände über diese stets wiederkehrende Irrlehre?

- Wann weisen Papst und Kurie die unaufhörlichen Papstbejubler zurück, die sich von ihrem Geschrei Vorteile erwarten? Bei Jesus gilt: „Nicht jeder, der zu mir sagt: Herr! Herr! wird in das Himmelreich kommen" (Mt 7,21).

- Warum vertraut Rom soviel denjenigen, die unentwegt den Namen des Papstes im Mund führen, um selbst keinen Verdacht zu erwecken und tun und lassen zu können, was einem gefällt?

Jesus sagt: „Bringt Frucht hervor, die eure Umkehr zeigt und meint nicht, ihr könnt sagen: Wir haben ja Abraham zum Vater" (Mt 3,8 f). Ob er nicht auch Ähnliches sagen könnte zu jenen, die jede Umkehr in der Kirche ablehnen und glauben, mit „Papsttreue" alles kaschieren zu können?

Es ist unendlich hart, aber unumgänglich: Am Ende des zweiten Jahrtausends muß sich auch das Papsttum den historischen Petrus vor Augen halten. Vor diesem hat sich einst der römische Hauptmann Cornelius zu Füßen geworfen. Petrus hat ihn nicht begrüßt mit den Worten: „Ich bin der Stellvertreter Christi!", „Ich bin der Fels, auf dem die Kirche gebaut ist!", „Ich bin der Heilige Vater!", „Ich bin der Allerheiligste!"

Petrus „richtete ihn auf und sagte: Steh auf! Auch ich bin nur ein Mensch"(Apg 10,26).

Denunzierungen bleiben in Mode

Jesus hat offen geredet und die Dinge beim Namen genannt. Deshalb hatten die Hohenpriester und Pharisäer auch die Weisung gegeben, ihn zur Anzeige zu bringen (Joh 11,57). Irgendwo müssen sich Christen da einmal in der Bibel verlesen und daraus den falschen Schluß gezogen haben, sie müßten laufend andere zur Anzeige bringen - im Bewußtsein, „Gott einen heiligen Dienst zu erweisen".

Die schlimmste Art, zur Anzeige zu bringen, ist die Denunziation. Das Deutsche Strafgesetzbuch stellt die wissentlich falsche Denunzierung und die politische Verdächtigung, die den Denunzierten der Gefahr aussetzt, aus politischen Gründen im Widerspruch zu rechtsstaatlichen Grundsätzen bestraft oder sonst geschädigt zu werden, unter Strafe. Die Kirche besitzt dieses humane Niveau leider noch nicht. Laufend werden Theologen Berufungen oder Titel verweigert, weil irgendwo irgendjemand irgendetwas gegen sie vorgebracht hat. Die Denunzianten bleiben geheim. Es ist in jüngster Zeit kein Fall bekanntgeworden, daß das Vorbringen falscher Verdächtigungen in Rom bestraft worden wäre. Oft wird den denunzierten Theologen nicht einmal mitgeteilt, was eigentlich gegen sie vorliegt. Diese Vorgangsweise und das Denunzierungssystem innerhalb der Kirche sind ein Skandal, wenngleich nichts Neues.

Der 1487 gedruckte „Hexenhammer" nennt drei Arten, einen Glaubensprozeß zu beginnen: über bewußte Anklage, über Denunziation oder via Inquisition von Amts wegen. Jemanden anklagen und Beweise vorbringen wollen läßt der kirchliche Richter „nicht gern zu", weil derlei „in einer Glaubenssache nicht gebräuchlich sei". Bevorzugt werde die Denunzierung, „wobei der Denunziant sich nicht erbietet, es beweisen zu wollen, noch Teil (an der Strafe) haben will, sondern (nur) sagt, er denunziere mit Rücksicht auf das verhängte Urteil der Exkommunikation oder aus Glaubenseifer oder zum Besten des Staates - so muß der weltliche Richter in seiner allgemeinen Vorladung oder Vorerwähnung besonders bemerken, daß niemand meinen solle, er mache sich strafbar, auch wenn er bei der Beweisführung versagt habe; denn er bietet sich nicht als Ankläger, sondern als Denunziant an" (HH 3,34). Zum Zeugnis gegen Angeklagte wurde praktisch jeder zugelassen, auch ein Exkommunizierter, ein übel Beleumundeter, ein Verbrecher, auch ein Ketzer. Immer jedoch nur „gegen und nicht für" einen Angeklagten (HH 3,42).

Scheinbar unbemerkt von der sonst jede Irrlehre stets auszumerzen gedenkenden Obrigkeit und ungemeldet von den bei anderen Gelegenheiten gut informierten Nuntiaturen, konnte sich die Inquisition bis zum Ende des 18. Jahrhunderts halten und ihr schändliches Handwerk treiben. Doch mit dem Ende der Inquisition starb noch nicht das kirchliche Denunziantentum. Im Gegenteil, im 19. und 20. Jahrhundert trug es - selbstverständlich nur „zur Ehre Gottes" und zur Abwendung liberalen, demokratischen und anderen „teuflischen" Gedankengutes - neue Früchte.

Nach den Verurteilungen des Modernismus von 1907 folgte eine die Atmosphäre der Weltkirche vergiftende Denunziationskampagne. Kaum ein katholischer Gelehrter von Rang wurde in den folgenden Jahren nicht absurden Angriffen ausgesetzt. Überall wurde modernistische Irrlehre gerochen. Der vatikanische Geheimdienst „Sodalitium pianum" (Tarnbezeichnung „La Sapiniere") warnte in einem Papier vor dem „übertriebenen sozialen Engagement, das dem Klerus und der Katholischen Aktion eingesetzt werden soll mit der Absicht, sie aus der Sakristei herauszulocken, um sie nur selten wieder dorthin zurückkehren zu lassen" (H VI,2,487).

Auch nach dem Zweiten Vatikanum geht das Denunzieren in der Kirche munter weiter.

Die Kurie und der Papst:
Wer ist wessen rechter Arm?

Die Christengemeinde in Rom war anfangs genauso strukturiert wie Gemeinden anderswo im Römischen Reich. Sie wurde von gewählten Priestern geleitet, deren führende Gestalt später Bischof hieß. Als Gemeinde einer Großstadt, ja der Reichshauptstadt, hatte sie eine weit größere Bedeutung als die vielleicht zahlenmäßig stärkere Gemeinde einer kleinasiatischen Stadt.

Wenngleich das Band zwischen Rom und den Metropolitankirchen durch die Einführung des erzbischöflichen Palliums verstärkt worden war, so gab es doch bis ins 9. Jahrhundert keine zentrale Kirchenregierung (H III,1,165). Diese wurde von Papst Nikolaus I. (858-867) angestrebt und als System von Pseudo-Isidor entwickelt. Die „pseudo-isidorischen Dekretalien", eine Sammlung von Papstbriefen und Konzilstexten zur Erhöhung römischer Zentralgewalt, sind zwischen 847 und 852 entstanden. Es handelt sich dabei um eine unter dem Pseudonym „Isidor Mercator" (aus Isidor von Sevilla und Marius Mercator) herausgebrachte Fälschung, die als solche erst im 17. Jahrhundert offenkundig wurde, jedoch gewaltigen Einfluß auf die Entfaltung des römischen Machtapparates ausübte (H III,1,191 ff). Ähnlich der Fälschung der „Konstantinischen Schenkung", die als Begründung für den bis ins 19. Jahrhundert erbittert verteidigten Kirchenstaat herhalten mußte.

Noch im 9. Jahrhundert war eine Appellation an Rom erst nach einem ergangenen Urteil einer Provinzialsynode möglich. Der Papst hatte zu prüfen und mußte die Angelegenheit einer Nachbarsynode zur Entscheidung überweisen. Die Papstdekrete hatten noch keinen gesetzgebenden, sondern einen die Konzilstexte erklärenden Charakter (H III,1,190).

Seit Ende des 11. Jahrhunderts setzte sich die Bezeichnung „curia romana" für den päpstlichen Hof durch, der sich den germanisch-romanischen Königshof zum Vorbild genommen hatte.

177

Weltliche Macht diente auch hier als Vorbild für kirchliche Institutionalisierung.

Zugleich mit der Übernahme des königlichen Vorbilds für Hof, Hofhaltung und Hoftag des Papstes wuchs die Kurie bis zur Mitte des 12. Jahrhunderts auch zahlenmäßig schnell. Seit Innozenz II. (1130-1143) vermehrte sich die Zahl der Prozesse in Rom rasant. Das Ansehen des Papstes, aber auch der verstärkte Zug zur Exemtion trug wesentlich dazu bei.

Gleich den Königen unternahmen die Päpste dieser Zeit weite Reisen, um den Kontakt zur Christenheit zu vertiefen. Diesem positiven Aspekt steht gegenüber, daß sich der kuriale Apparat zunehmend verselbständigen konnte. Eine Tendenz, die von vielen auch während der zahlreichen Reisen Papst Johannes Pauls II. beobachtet wird.

Das Verhalten des römischen Hofes rief jedoch zunehmend Kritik hervor. Der Hl. Bernhard von Clairvaux, Gründer des Zisterzienserordens, hatte eine hohe Achtung vor Papst und Bischöfen. Eben darum warnte er eindringlich vor jeglichem Mißbrauch der Autorität, bekämpfte Tendenzen an der Kurie, welche die bischöflichen Freiheiten immer mehr einschränken wollten, als eine Verkehrung der gottgewollten Ordnung. Auch das ständige Appellieren an Rom war ihm unerträglich, da es meist dazu diente, die heimischen - sachkundigen - Instanzen zu umgehen, um sich bei schlechter Informierten in der Ferne Recht holen zu wollen. Den Bischöfen würden die Äbte entzogen, den Erzbischöfen die Bischöfe, den Patriarchen die Erzbischöfe. Die Bischofsautorität würde schwer untergraben und Rom mit Geschäften überbürdet, die doch keine kirchlichen Belange wären: mit Fragen der Zehentleistung, von Bauvorschriften über Mindestabstände von Haus zu Haus, von Stall zu Stall, mit Genehmigungen zum Angeln in diesem oder jenem Karpfenteich. Die Kurie, so der Hl. Bernhard, stehe im Begriff ein großes weltliches Geschäftszentrum zu werden (H III,2,43-44).

Bernhard war nur einer von vielen Kritikern.

Der kuriale Verwaltungsapparat benötigte immer mehr Geld. Das Steueraufkommen des Kirchenstaates und der Peterspfennig genügten bald nicht mehr. Aus Geschenken der Prälaten bei Besuchen der Kurie wurden ab der Ära Innozenz III. fixe Taxen. Bei Ernennung und Bestätigung von Bischöfen und Äbten war ein Drittel des Jahreseinkommens zu berappen, für Kanzleiakte wurden Gebühren verrechnet, und aus dem Kreuzzugszehenten entwickelte sich eine allgemeine Besteuerung der Christenheit zugunsten Roms (H III,2,337). Am Ende des 13. Jahrhunderts stand dem Papst ein gewaltiger Rechts- und Verwaltungsapparat zur Leitung der Kirche zur Verfügung.

Wer nicht an Rom zu zahlen bereit war, wurde kurzerhand aus der Kirche ausgeschlossen. Allein am 5. Juli 1328 wurden ein Patriarch, fünf Erzbischöfe, 30 Bischöfe und 46 Äbte wegen „Nichtbezahlung" exkommuniziert. Das über sie verhängte Verbot, Gottesdienste zu feiern, konnte den Gläubigen ihrer Länder natürlich nicht verborgen bleiben (H III,2,424). Der frevelhafte Umgang der habgierigen Kurie spottete jeder Beschreibung.

Seit dieser Zeit beanspruchte die Kurie immer mehr Rechte auf dem Gebiet des Ehedispens, was Papst Johannes XXII. (1316-1334) mit großer Parteilichkeit für seine politischen Zwecke zu nutzen verstand. Verhängung von kirchlichen Strafen aus politischen Gründen oder willkürliche Gewährung oder Verweigerung von Dispensen wurde mit „Kirchennotwendigkeit" begründet. In Wahrheit setzte er seine Politik mit der Kirche gleich. Sein Pontifikat gilt als Höhepunkt des hierokratischen Systems (H III,2,393).

Um die Eitelkeit vieler Geistlicher zu befriedigen - und kuriale Kassen zu füllen - wurden in steigendem Maß „päpstliche Kapläne" ernannt. Binnen weniger Jahrzehnte gab es etwa 3.000 Ernennungen (H III,2,415). Wer darüber lacht, sollte nicht vergessen, daß auch am Ende des 20. Jahrhunderts dieser und andere Titel heißbegehrt sind bzw. zur Belohnung für gewisse Dienste alten wie auch erstaunlich jungen Priestern verschafft werden...

Den Reformationsansätzen des 14./15. Jahrhunderts konnte die Kurie leicht widerstehen. Ein kontinuierlich arbeitender Apparat war einem in größeren Zeitabständen zusammentretenden Konzil naturgemäß stets überlegen. Auch der beim Reformkonzil von Konstanz gewählte Papst Martin V. wußte diesen Vorteil zu nutzen.

Die Erfahrungen der Ära nach Konstanz können ergänzt werden durch die der Ära nach dem Vatikanum II: Nach einem Aufbruch, welcher einer zentralen Bürokratie Schrecken einjagt, sitzt doch diese letztlich auf dem längeren Ast...

Papst Eugen IV. (1431-1447) stellte einen Grundsatz auf, der jedem Machtapparat - und so auch der Kurie - zu eigen ist, auch wenn er nicht formuliert würde: Nichts approbieren, was zum eigenen Schaden sein kann. Oberstes Gesetz ist nicht irgendein biblischer Grundsatz, sondern die Frage: Wie kann ich meine Macht erhalten und ausbauen?

Es verwundert nicht, daß zur Zeit Martin Luthers die Kurie der größte Gegner jeder Kirchenreform war und sie in der Folge eher zu Konzessionen an die Protestanten als zur Einberufung eines so sehr gefürchteten Konzils bereit war (H IV,271). Und als dann das Konzil von Trient zustande kam, gelang es geschickt, die Reform der Kurie beiseite zu lassen, wiewohl gegen Mißstände anderswo scharf vorgegangen wurde. Es blieb den Päpsten überlassen, in ihrem Hof nach dem Rechten zu schauen (H IV,519 f).

Das Zweite Vatikanische Konzil (1962-1965) stellte für die römische Kurie eine Revolution dar. Die Bischöfe organisierten sich und brachen ihre Macht. Doch sie hat schon oft zuvor in der Geschichte bewiesen, daß sie zäher ist als die in alle Windrichtungen auseinandergegangenen Bischöfe.

Die römische Kurie gilt als älteste und wahrscheinlich am besten funktionierende Institution der Welt. Felsenfest überzeugt zu wissen, was für die Kirche bis in den letzten Zipfel des Urwaldes gut ist, beansprucht sie in erster Linie Gehorsam.

Die revolutionären Erneuerungen des Vatikanums II bedeuteten kein Aufgeben der römischen Bürokratie. „Päpste kommen und gehen, die Kurie besteht weiter!" Dieser viel verwendete Spruch sollte am Ende des 20. Jahrhunderts zu denken geben.

Heute deutet vieles darauf hin, schreibt Gunnel Vallquist, Mitglied der Schwedischen Akademie, in der Zeitschrift „St. Olav" (1992/11), daß die frühere Ordnung dabei ist, Terrain zurückzugewinnen. Die Mitbestimmung der Bischöfe werde eingeschränkt. Konzilsbegeisterte Oberhirten erhalten reaktionäre Nachfolger, ernannt über die Köpfe des Volkes hinweg. Beispiele aus aller Welt seien Legion. Das Ganze, so Vallquist, sei ein fortgesetzter Kampf zwischen Zentralismus und Ortskirche. Ersteren habe das Papsttum vom römischen Staat mit all seiner Problematik übernommen. Wer letztlich hinter den verschiedenen Beschlüssen, Geboten, Verboten und Ernennungen stehe, bleibe unklar. Die Kurie umkleide sich mit päpstlicher Autorität. Als letzte Instanz sei der Papst verantwortlich, doch einen Großteil der Macht müsse er delegieren. Die weltumspannenden Reisen Papst Johannes Pauls II. verschlingen Zeit und Energie - die laufenden Geschäfte würden von der Kurie wahrgenommen. Die von Beratern errichtete Mauer zum Papst sei nur schwer zu durchdringen.

Ein Fall nachkonziliaren Intrigenspiels war das Geschehen um Kardinal Giacomo Lercaro (Kathpress, 6.11.1991). Der Erzbischof von Bologna war von Paul VI. zu einem der vier Konzilsmoderatoren ernannt worden und wurde als vom Papst bestellter Vorsitzender des Liturgierates zum erklärten Feindbild aller an der alten lateinischen Liturgie hängenden Konservativen. Nach Vollendung seines 75. Geburtstages forderten Kurienleute die sofortige Abberufung. Als Paul VI. zögerte, nutzten sie einen päpstlichen Schwächeanfall (Prostataoperation). Ein angeblicher Emissär des Papstes, ein späterer Kurienkardinal, verkündete Lercaro den angeblichen päpstlichen Wunsch nach einem erneuten Rücktrittsgesuch, das dann postwendend angenommen wurde. Als der wieder genesene Paul VI. die hinter seinem Rücken vollzogenen Machenschaften durchschaute, versuchte er das Unrecht wiedergutzumachen, indem er Lercaro mit einer besonders ehrenvollen Aufgabe betraute. Als Johannes Paul II. 1982 Bologna besuchte, wurde er in mehreren Grußadressen auf die Verdienste Lercaros angesprochen. In seinen - nicht von ihm selbst vorbereiteten - Reden ging der Papst darauf nicht ein. Eine Woche später sandte Johannes Paul II. dem derzeitigen Erzbischof jedoch ein Entschuldigungsschreiben...

Ein Beispiel, das zeigt, wie der sonst dem Papst gegenüber eingeforderte rasche Gehorsam in der Kurie selbst nicht gerade zu Hause ist, bot die im Frühjahr 1994 publizierte Erlaubnis, Mädchen ministrieren zu lassen. Die Gottesdienstkongregation hatte diese Entscheidung des Papstes zwei Jahre lang sorgsam gehütet, ehe sie an die Bischofskonferenzen weitergeleitet wurde.

Das Argument „Allein Rom ist zuständig!" und Appellationen an die Kurie sind auch heutzutage bei Erzkonservativen sehr beliebt. Als die deutschen Bischöfe auch von Mitgliedern der „Priesterbruderschaft St. Petrus" die Feier der hl. Messe nach dem heutigen Meßbuch verlangten, empörten sich diese ehemaligen Anhänger des Traditionalistenerzbischofs Lefebvre und betonten, ihr einziger Ansprechpartner sei der Vatikan. Die mit großem Eifer von der Kurie betriebene „Rückholaktion" von Traditionalisten, die dem französischen Ex-Erzbischof ins Schisma gefolgt waren, muß einmal verglichen werden mit der Gelassenheit und Sorglosigkeit, die der Entfernung oder dem Austritt von Millionen liberal gesinnter Katholiken entgegengebracht wird.

Bisweilen dringen widersprüchliche Meldungen zu ein und demselben Thema aus Rom in die weite Welt. Zehn Tage nachdem die „Päpstliche Akademie der Wissenschaften" eine globale Einschränkung der Geburtenhäufigkeit als „unumgänglich" bezeichnet hatte, wies die neubegründete „Päpstliche Akademie für das Leben" Alarmmeldungen über eine Bevölkerungsexplosion als „unbegründet" zurück. Hinter welcher Akademie steht nun der Papst?

Viele Gläubige fragen sich, ob alles das, was an Dekreten und Ernennungen aus Rom kommt und den Absender „Papst" trägt, tatsächlich die Person des Papstes nach bestem Wissen und Gewissen entschieden hat oder ob „Papst" nicht als Kürzel für eine Machtzentralisation dient, die zwar einen noch unterschreiben läßt, im wesentlichen jedoch Einfluß ausübt, ohne wirklich Verantwortung zu tragen. Kann ein einzelner guten Gewissens so viele Entscheidungen treffen, wie der Papst sie trifft? Ist nicht auch er „nur ein Mensch" so wie Petrus?

Der jetzige Papst erreicht durch seine Besuche der fernsten Länder eine kurzfristige Stärkung der Gläubigen. Selbst wenn er noch so umjubelt wird, läßt sich diese Emotion nicht über Jahre hin konservieren. Während der Papst also Hochstimmung für Tage hervorruft, haben die in seiner Abwesenheit in Rom für diese Länder vorbereiteten Bischofsernennungen Wirkung auf Jahrzehnte...

Wenn der Papst delegiert, und anderes steht nicht zur Wahl, so sollte der kuriale Apparat das Vertrauen des Volkes genießen. Ist dieser uralte christliche Grundsatz, der lange Zeit für jedes Amt in der Kirche gegolten hat, heute obsolet?

Wann wird endlich das ständige Reisen „papsttreuer" Bischöfe nach Rom abgestellt? Die Synode von Serdica verbot im Jahr 342 das häufige Reisen der Bischöfe an den Kaiserhof (H II,1,84). Dieser im 4. Jahrhundert vielbeklagte Mißstand wiederholt sich in unserer Zeit. Manchen Bischöfen wird schon nachgesagt, mehr Zeit in Rom bzw. - in Zeiten wie diesen - in Polen zu verbringen, um ihre Karriere zu fördern, als sie bereit sind, in die Seelsorge der eigenen Diözese zu investieren.

Warum hat sich Jesus einst keinen Hofstaat zugelegt? Diese Frage böte Stoff für Vatikanexerzitien.

Tatsache ist, daß Papst Johannes Paul II. auf seinen Reisen die Welt bewegt hat. Er hat Diktaturen erzittern und zum Einsturz bringen lassen. Er hat Impulse gesetzt zur Förderung des Lebens und zur Verbesserung der Menschenrechtssituation für Mann und Frau. Er hat verkrustete Strukturen aufbrechen lassen. Seine Präsenz hat in vielen Ländern Wirkung gezeigt und Regierende zum Umdenken und Neuhandeln gebracht. -

Nur ein Land ist ziemlich unbeeindruckt geblieben: der Vatikan.

Bischöfe -
die Nachfolger der Apostel

Als Wiener Christen im Frühjahr 1994 begannen, angesichts des 75. Geburtstages von Kardinal Groer und seines damit bevorstehenden Rücktrittsgesuches nach geeigneten Bischofskandidaten zu suchen, wurden sie von Generalvikar Trpin brüsk zurückgepfiffen. Nach dem Motto: Redet erst, wenn alles vorbei - und unter Umständen zu spät - ist.

In der Schweizer Diözese Basel gibt es „weltweit einzigartig" die Möglichkeit einer „Bischofswahl". Ein neuer Oberhirte muß binnen drei Monaten vom Domkapitel der Diözese gewählt und dann vom Papst bestätigt werden. Beim Gedanken daran rinnt dem Klerus der übrigen Diözesen sehnsüchtig das Wasser im Mund zusammen.

Dabei ist dieses - durch ein Konkordat von 1828 abgesicherte - Schweizer Modell schon ein gewaltiger Rückschritt hinter das, was in den ersten christlichen Jahrhunderten kirchlicher Standard war. Jesus hat einst nach einer im Gebet auf einem Berg verbrachten Nacht die Jünger zu sich gerufen und aus ihnen zwölf ausgewählt, die er Apostel nannte (Lk 6,12f). Er hat selbst entschieden und sich nicht etwa den Petrus beiseitegeholt und ihn mit der Auswahl der übrigen beauftragt. Petrus hat jedoch nach der Herabkunft des Heiligen Geistes die Initiative ergriffen und zur Wahl eines Nachfolgers des tragischen Judas aufgerufen. Die Apostel stellten geeignete Kandidaten auf, beteten und warfen das Los, das den Matthias bezeichnete (Apg 1,15 ff). So geschah die erste Wahl in ein kirchliches Amt nach der Auferstehung des Herrn.

Eine markante Ausnahme bildete der Apostel, dessen Wirken den weitesten Widerhall finden sollte: Paulus legte Wert auf die Feststellung, daß er in sein Amt berufen sei „nicht von Menschen oder durch einen Menschen, sondern durch Jesus Christus und durch Gott, den Vater, der ihn von den Toten auferweckt hat" (Gal 1,1). Diese Eigenständigkeit führte dazu, daß er es wagte,

184

Petrus „offen entgegenzutreten, weil er sich ins Unrecht gesetzt hatte" (Gal 2,11).

Nirgendwo, wo das Evangelium verkündet wurde, begnügte man sich allein mit dem Taufen von Glaubenswilligen, sondern Gruppen wurden gebildet. „In jeder Gemeinde bestellten sie (die Apostel) durch Handauflegung Älteste und empfahlen sie mit Gebet und Fasten dem Herrn, an den sie nun glaubten" (Apg 14,23).

Wie ein „Ältester" (Priester bzw. Bischof - der Unterschied war undeutlich) sein soll, das schreibt Paulus seinem engen Mitarbeiter Titus: „Ein Ältester soll unbescholten und nur einmal verheiratet sein. Seine Kinder sollen gläubig sein. Man soll ihnen nicht nachsagen können, sie seien liederlich und ungehorsam. Denn ein Bischof muß unbescholten sein, weil er das Haus Gottes verwaltet. Er darf nicht überheblich und jähzornig sein, kein Trinker, nicht gewalttätig oder habgierig. Er soll vielmehr das Gute lieben, er soll gastfreundlich sein, besonnen, gerecht, fromm und beherrscht. Er muß ein Mann sein, der sich an das Wort der wahren Lehre hält. Dann kann er mit der gesunden Lehre die Gemeinde ermahnen und die Gegner widerlegen" (Tit 1,6-9).

Ähnliches steht im ersten Brief an Timotheus: „Wer das Amt eines Bischofs anstrebt, der strebt nach einer großen Aufgabe. Deshalb soll der Bischof ein Mann ohne Tadel sein, nur einmal verheiratet, nüchtern, besonnen, von würdiger Haltung, gastfreundlich, fähig zu lehren. Er sei kein Trinker und kein gewalttätiger Mensch, sondern rücksichtsvoll. Er sei nicht streitsüchtig und nicht geldgierig" (1 Tim 3,1-3).

Dann kommt eine brisante Forderung: „Er soll ein guter Familienvater sein und seine Kinder zu Gehorsam und allem Anstand erziehen. Wer seinem eigenen Hauswesen nicht vorstehen kann,wie soll der für seine Kirche sorgen" (1 Tim 3,4 f).

Würden diese Worte Ende des 20. Jahrhunderts in der Kirche noch Gültigkeit besitzen, so müßte nicht nur der Zölibat aufgehoben, sondern auch das Kriterium einer Bischofsbestellung geändert werden. Und würden nur solche Katholiken aussichtsreiche Bischofskandidaten sein, die ein halbwegs geglücktes Ehe- und Familienleben aufweisen können, dann wäre diese Schar eine leicht überschaubare Gruppe.

Es ist immer etwas anderes zu predigen oder das Gepredigte zu leben. Allerdings würde sich dann auch viel leichtfertiges Geplapper über Familie und Sexualität von selbst aufhören.

Ein Ältester „darf auch kein Neubekehrter sein, sonst könnte er hochmütig werden und dem Gericht des Teufels verfallen" (1 Tim 3,6). Für das ausgehende 20. Jahrhundert bedeutet das: Wenn jemand aus neuheidnischen Verhältnissen kommt und gerade noch in stalinistische oder nationalsozialistische Ideen verliebt war, so soll seinem Eifer zur christlichen Lebensführung nichts in den Weg gelegt, einem Drang zur (Macht-)Ergreifung eines kirchlichen Amtes jedoch entschieden Widerstand geleistet werden.

Paulus verlangt von einem Bischof nicht nur Glaubenstreue, sondern - und das erstaunt - „auch einen guten Ruf bei Außenstehenden" (1 Tim 3,7). Ja, aber wird da nicht unbefugter Beeinflussung von außen - etwa durch Atheisten oder gottlose Medien - Vorschub geleistet? War Paulus von einem unverbesserlichen Optimismus beseelt, den spätere Generationen „Gott sei Dank" abgelegt haben?

Petrus mahnt die Ältesten: „Seid nicht Beherrscher eurer Gemeinden, sondern Vorbilder für die Herde" (1 Petr 5,3). Am Ende des 20. Jahrhunderts ist gar mancher Bischof überzeugt, er sei die Kirche. Jahrhundertelang waren die Christen überzeugt, die Gemeinde sei die Kirche.

Heutige Bischöfe fühlen sich oft denen, die sie ernannten, mehr verpflichtet als den Gemeinden, denen sie vorgesetzt wurden.

Schließlich müssen sie über ihr Wirken - bei den Ad-limina-Besuchen - regelmäßig dem Papst gegenüber Rechenschaft ablegen, jedoch nie ihrer eigenen Gemeinde gegenüber. Haben sie vergessen, daß die Kirche „der Leib Christi" (1 Kor 12,27) ist, es nicht jedoch Papst und Kurie sind, die nur einen Teil dieses Leibes ausmachen? Und daß es für jeden Hirten wichtig ist, bestehen zu können, „wenn der oberste Hirte erscheint" (1 Petr

186

5,4), womit keineswegs ein Papstbesuch gemeint sein kann...

Über die Bischofswahl schreibt die „Apostolische Konstitution" des Hippolyt (†235): „Als erster sage ich, Petrus, daß, wie wir im vorausgehenden alles miteinander verordnet haben, als Bischof ein Mann geweiht werde, der in allen Stücken tadellos und vom ganzen Volk gewählt ist" (APK). Die Gemeinde mußte bei der Bischofswahl zugegen sein und darauf achten, daß ein Würdiger gewählt wird. Die Gemeinde deswegen, weil sie das Leben eines jeden aus ihrer Mitte kenne, legt Origenes (†253/254) fest (H I,391 f). Ortsfremde durften ohnehin nicht gewählt werden. Das am Ende des zweiten Jahrtausends gang und gäbe gewordene Einsetzen diözesanfremder Personen ins Bischofsamt wäre damals sogar dann nicht möglich gewesen, wenn die Mehrheit es gewollt hätte. Diese alten Kirchenrechte sind längst vergessen, vor allem von jenen, welche sich so gern als „konservativ" und „der Tradition verbunden" bezeichnen.

Es muß zu denken geben, daß es Anhänger der Irrlehre des Arius waren, die im 4. Jahrhundert das Prinzip, der Bischof müsse aus der Gemeinde stammen, durchbrachen. Im Jahr 339 wurde der rechtmäßige Patriarch von Alexandrien, der hl. Athanasius, neuerlich vertrieben. Die Arianer setzten einen Landesfremden, Gregor von Kappadokien, ein, weihten ihn zum Bischof und brachten ihn nach Ägypten. Da Klerus und Volk von Alexandria anerkanntermaßen das Recht der Bischofswahl besaßen, kam es zu Tumulten. Der neue Bischof konnte nur unter militärischem Schutz Einzug in die ägyptische Hauptstadt halten (H II,1,37). Alle Parallelen zu in jüngster Zeit passierten Einsetzungen diözesanfremder Bischöfe, die ihre Stuhlergreifung unter schwerem Polizeischutz über die Runden brachten, sind vermutlich purer Zufall, oder?

Das Konzil von Nikaia (325) untersagte die Translation eines Bischofs von einer Diözese auf eine andere (H II 1,73). Dieser Kanon ist später ganz in Vergessenheit geraten.

Im 4. Jahrhundert waren Translationen zumeist Ergebnisse gewaltsamen Eingreifens der Staatsmacht zuungunsten der Kirche. Im Jahr 355 setzte Kaiser Konstantius den Bischof von Mailand ab und den arianischen Bischof Auxentios von

Kappadokien ein, der den Gläubigen nicht einmal in ihrer Muttersprache zu predigen verstand (H II,1,43). Im 20. Jahrhundert werden bisweilen ortsfremde Bischöfe eingesetzt, die zwar die gleiche Muttersprache sprechen wie ihre Diözesanen, aber dennoch von diesen nicht verstanden werden können. Woran das wohl liegt? Sicher ist nur, daß zur Behebung des Übels eine Änderung an der Spitze eines Bistums billiger kommt, als die Um- und Aussiedlung des Diözesanvolkes...

Papst Gelasius I. (492-496) griff ein, als Bischöfe bei einer anstehenden Bischofswahl die Angelegenheit unter sich auszumachen gedachten. Er bestand darauf, daß der Klerus aller Pfarren und das gesamte Volk an der Wahl beteiligt werden (H II,2,197).

Wenn Konservative die heutige Ordnung der Bischofsernennung für unumstößlich halten, so muß darauf hingewiesen werden, daß jene drei der vier westlichen Kirchenväter, die das Bischofsamt ausübten, aufgrund heutiger Maßstäbe nicht in Betracht gekommen wären.

- Der etwa 35jährige Ambrosius war Provinzstatthalter und bereitete sich erst auf die Taufe vor, als das Volk von Mailand ihn 374 zum Bischof wählte.
- Der berühmte Augustinus war erst acht Jahre getauft, vier Jahre lang Priester, als er 395 zum Bischof von Hippo gewählt wurde. Der frühere Rhetorikprofessor war kein unbeschriebenes Blatt. Er hing lange Zeit einer ehefeindlichen Sekte an, lebte 14 Jahre mit einer Frau zuammen und hatte einen unehelichen Sohn.
- Leo, der erste Papst mit dem Beinamen „der Große", mußte 440 nach seiner Wahl zum Bischof von Rom erst einmal zum Priester geweiht werden; er war zuvor „nur" Diakon gewesen.
- Der vierte abendländische Kirchenvater, Hieronymus, war kein Bischof. Ihm verdankt die Kirche die Übersetzung der gesamten Bibel ins Lateinische. Mit dem römischen Klerus zerstritten, lebte er 35 Jahre in Palästina - das wäre heutzutage auch nicht gerade eine Empfehlung, von Rom den Titel „Kirchenvater" verliehen zu bekommen...

Im 6. Jahrhundert wurde die Mitwirkung der Laien bei der Bischofswahl von der staatlichen Gewalt gemindert. Der römische Kaiser Justinian (†565) beschränkte den Anteil des Volkes bei der Bischofswahl auf die Vornehmen der Stadt (H II,2,22).

Am Ende des 9. Jahrhunderts trat an die Stelle der die Bischöfe kontrollierenden Metropoliten der König bzw. der Fürst. Die Wählerschaft eines Bischofs bestand nur noch aus dem Domkapitel und aus einflußreichen Laien. Volk und niederer Klerus durften nur noch zustimmen. Allerdings: Ohne diese Zustimmung war eine Wahl ungültig (H III,1,313 f).

Im 11. Jahrhundert - also erst zu Beginn unseres zweiten Jahrtausends - verlor das Volk auf Dauer das Recht der Bischofswahl, doch an vielen Orten bestand das Recht der Pfarrerwahl weiter (H III,1,488 f).

Im 12. Jahrhundert gewannen die Domkapitel immer mehr Macht und Selbständigkeit neben dem Bischof. Sie hatten einen eigenen „Chef" (Propst, Dekan) und bildeten den vornehmlich aus dem Adel stammenden Nachwuchs frühzeitig heran (H III,2,294 f). Ende des 14. Jahrhunderts war bereits die Ansicht weithin verbreitet, daß nur die Kardinäle - und nicht die Bischöfe - Nachfolger der Apostel wären (H III,2,516).

Im 17./18. Jahrhundert erhoben die Landesherren Anspruch auf die Besetzung der Bischofsstühle. Das Fürstbistum Freising wurde vom Münchner Hof als „unsere Pfarre" betrachtet (H V,166). Andere katholische Herrscher handelten genauso. Andrerseits wurden die Ahnenproben für die Aufnahme ins Domkapitel verschärft. All das führte dazu, daß die Leitungspositionen in der Kirche fest in Händen der herrschenden Gesellschaftsschicht waren und blieben.

Im 19. Jahrhundert ernannte Pius IX. - ohne den jeweiligen lokalen Klerus zu berücksichtigen - immer häufiger Bischöfe, deren wichtigste Tugenden Gefügigkeit und Kritiklosigkeit waren. Denunzierungen taten ihr übriges... (H VI,1,766).

Die seit Anfang des 19. Jahrhunderts immer häufiger abgeschlossenen Konkordate gestanden im allgemeinen das Vorschlagsrecht bei Bischofsernennungen den jeweiligen Regierungen zu, die mehr an der Erhaltung ihrer Systeme als an Seelsorge interessiert waren (H VI,1,430). Es schien, als hätte der Hl. Stuhl bei Bischofsernennungen mehr Vertrauen in weltliche Regierungen als in den eigenen Klerus gehabt.

Im 1983 publizierten „Codex des kanonischen Rechtes" heißt es: „Der Papst ernennt die Bischöfe frei oder bestätigt die rechtmäßig Gewählten" (Can. 377,§ 1)!

Da das im ersten Jahrtausend vorhandene Vertrauen in Volk und Klerus, würdige Männer selbst zu Bischöfen zu wählen, in der zweiten „Spielhälfte" des Katholizismus abhanden gekommen ist, müssen vor Ernennungen umfangreiche Recherchen der Nuntiaturen bei einer Anzahl von - nach welchen Kriterien ausgewählten? - Personen durchgeführt werden.

Der Fragebogen hat folgenden Text (Kathpress-Info,27.3.1994):

„(Sub secreto pontificio) Hochwürdiger Herr... wurde dem Apostolischen Stuhl für das Bischofsamt vorgeschlagen. Daher bitte ich höflich, mir auf der Grundlage des umseitigen Fragebogens all jene Informationen zu geben, die auf persönlicher Kenntnis beruhen, ohne sich auf Aussagen anderer zu beziehen, wobei gebeten wird, die Beantwortung möglichst vollständig zu geben und nicht einfach stichwortartig, und alle Beobachtungen, die für nützlich und dazugehörig erachtet werden, hinzuzufügen.

Diese Konsultation und die Dokumente, die sich darauf beziehen, bleiben immer unter dem Päpstlichen Geheimnis bewahrt, welches unter schwerer Sünde zur größten Zurückhaltung gegen jedermann, in erster Linie, wie es selbstverständlich ist, auch gegenüber dem Betreffenden verpflichtet. Die Verletzung dieser Geheimhaltung ist außerdem eine strafwürdige Tat (cf. Instruktion vom 4. Februar 1974).

Um dieses Geheimnis zu schützen, bitte ich Sie deshalb, das vorliegende Blatt zusammen mit Ihrer geschätzten Antwort rückzuerstatten, ohne davon eine Abschrift aufzubewahren.

0. Zu beschreiben sind, welche Beziehungen zum Kandidaten bestehen, seit wann man ihn kennt.

1. Angaben zur Person: Äußere Erscheinung; Gesundheit;

*Belastbarkeit; Familienverhältnisse, insbesondere bezüg-
lich eventueller Anzeichen von Erbkrankheiten.*

2. *Menschliche Eigenschaften: Spekulative und praktische geistige Fähigkeiten; Temperament und Charakter; inneres Gleich-
gewicht; Ausgewogenheit des Urteils; Sinn für Verantwortung.*

3. *Menschliche, christliche und priesterliche Bildung: Besitz
und Zeugnis menschlicher, christlicher und priesterlicher
Tugenden (Klugheit, Gerechtigkeit, Rechtschaffenheit,
Redlichkeit, Sachlichkeit, Glaube, Hoffnung, Liebe, Gehorsam, Demut, Frömmigkeit; tägliche Feier der Eucharistie
und des Stundengebetes; marianische Frömmigkeit).*

4. *Verhalten: Sittliche Haltung; Verhalten an den Mitmenschen und
in Ausübung des priesterlichen Dienstes; Fähigkeit, freundschaftliche Beziehungen anzuknüpfen; Beziehungen zu staatlichen Autoritäten (Achtung und Unabhängigkeit).*

5. *Bildung und geistige Fähigkeit: Sachkenntnis und ständige Weiterbildung in den kirchlichen Wissenschaften; All-
gemeinbildung; Kenntnis und Gespür für die Probleme
unserer Zeit; Kenntnis anderer Sprachen; eventuelle Veröffentlichungen von Büchern oder Zeitschriftenartikeln
von Bedeutung.*

6. *Rechtgläubigkeit: Überzeugte und innere Anhänglichkeit an
die Lehre und das Lehramt der Kirche, insbesondere Einstellung des Kandidaten zu den Dokumenten des Heiligen Stuhls
über das Priesteramt, die Priesterweihe der Frauen, die Ehe
und Familie, die Sexualethik (insbesondere die Weitergal-
be des Lebens gemäß der Lehre der Enzyklika „Humanae
vitae" und des Apostolischen Schreibens „Familiaris
consortio") und die soziale Gerechtigkeit; Treue zur wahren kirchlichen Überlieferung und Engagement für die vom
II. Vatikanischen Konzil und von den darauffolgenden
päpstlichen Unterweisungen eingeleitete echte Erneuerung.*

7. *Disziplin: Treue und Gehorsam gegenüber dem Heiligen Vater,
dem Apostolischen Stuhl, der Hierarchie; Achtung und Annahme des priesterlichen Zölibats, wie er vom kirchlichen Lehramt
vorgestellt wird; Beachtung und Befolgung der allgemeinen und*

191

besonderen Normen betreffend den Vollzug des Gottesdienstes
sowie hinsichtlich der geistlichen Kleidung.

8. *Seelsorgliche Eignung und Erfahrung: Fähigkeit, Erfahrung und erlangte Erfolge im seelsorgerischen Dienst; Verkündigung des Evangeliums und Katechese; Predigt und Unterweisung (Vorbereitung, Fähigkeit, öffentlich zu sprechen); sakramentale und liturgische Pastoral (besonders bei der Spendung des Sakramentes der Buße und bei der Eucharistiefeier); pastorale Tätigkeit zur Förderung von geistlichen Berufen; Einsatz für die Missionen; ökumenische Geisteshaltung; Ausbildung der Laien zum Apostolat (Familie, Jugend, Förderung und Verteidigung der Menschenrechte, Welt der Arbeit, der Kultur und der Medien); menschliche Förderung und soziale Fähigkeit mit besonderer Aufmerksamkeit den Armen und Notleidenden gegenüber.*

9. *Führungseigenschaften: Väterliche Haltung, Dienstbereitschaft und Fähigkeit zu Initiativen; Befähigung zur Führung, zum Dialog; Fähigkeit, Mitarbeit anzuregen und entgegenzunehmen; Fähigkeit zur Analyse und Planung, zur Entscheidung und Durchsetzung, Orientierung zu geben und gemeinsame Arbeiten zu begleiten; ein Gespür für die Rolle und Zusammenarbeit mit Ordensleuten und Laien (Männern und Frauen) und für eine gerechte Verteilung der Verantwortung; Interesse für die Probleme der Gesamt- und Teilkirche.*

10. *Verwaltungsfähigkeiten: Achtung und guter Gebrauch der Güter der Kirche; Geschick und Tüchtigkeit in der Verwaltung; Gerechtigkeitssinn und Geist der Loslösung von irdischen Gütern; Bereitschaft, für Fachfragen Sachverständige heranzuziehen.*

11. *Öffentliche Wertschätzung: seitens der Mitbrüder, des Volkes und der Behörden.*

12. *Gesamturteil über die Persönlichkeit des Kandidaten und seine Eignung für das Bischofsamt. Bei positiver Beurteilung angeben, ob sich der Kandidat eher zum Diözesan-*

bischof oder zum Weihbischof eignet, sowie für welche Art von Diözese er besser geeignet erscheint (städtische, industrielle, ländliche, bedeutende, mittlere oder kleinere Diözese).

13. Schließlich wird darum gebeten, Name, Wohnadresse und Stellung weiterer Personen anzugeben (Priester, Ordensleute - Männer und Frauen - sowie Laien), die infolge ihrer Urteilsfähigkeit, Unbefangenheit und Verschwiegenheit zuverlässig erscheinen und den Kandidaten gut kennen."

Nach dem Lesen dieses Fragebogens ist klar, daß der Papst die Bischöfe gar nicht frei ernennen kann. Er muß sich voll auf den Beamtenapparat verlassen, der die Interviewer auswählt und die ausgefüllten Fragebögen auswertet. Würde all das der Papst selbst machen, es gäbe kaum mehr als eine Handvoll Bischofsernennungen pro Jahr.

Die in der Bibel genannten Voraussetzungen eines Kandidaten für das Bischofsamt genügen vollauf. Stirbt ein Bischof oder tritt er zurück, so sollten die Priester der Diözese und die Obleute der Pfarrgemeinde- bzw. Pfarrkirchenräte zusammentreten und die Liste der Priester aus der Diözese, die in Frage kommen, sichten. Hierauf wird das Volk eingeladen, 30 Tage lang für eine gute Wahl zu beten.

„Denn wir wissen nicht, worum wir in rechter Weise beten sollen. Der Geist selber tritt jedoch für uns ein mit Seufzen, das wir nicht in Worte fassen können. Und Gott, der die Herzen erforscht, weiß, was die Absicht des Geistes ist: Er tritt so, wie Gott es will, für die Heiligen ein. Wir wissen, daß Gott bei denen, die ihn lieben, alles zum Guten führt" (Röm 8,26 ff).

Danach kommt es zur Wahl: entweder durch die oben genannten Vertreter von Volk und Klerus oder - wenn das Vertrauen auf Gott entsprechend groß ist - durch das Werfen des Loses wie zur Zeit der Apostel. Hierauf „bestätigt der Papst die rechtmäßig Gewählten"...

Ein Traum in einer Kirche, der Jesus im Hinblick auf Herrschaft, Macht und Absicherung die Mahnung mit auf den Weg gegeben hat: „Bei euch soll es nicht so sein" (Lk 22,26).

193

Priester - Ärzte oder Polizisten?

Bei den Juden war es üblich, in einer größeren Stadt auch mehrere Synagogen zu haben. Die Christen hingegen bildeten in jeder Stadt nur eine einzige Gemeinde. Dieser Brauch war bei der zahlenmäßigen Größe am Anfang nur natürlich, hat sich jedoch über Jahrhunderte erhalten.

Leiter der christlichen Gemeinde in apostolischer Zeit und danach waren die „Ältesten", eine Gruppe würdiger Männer, die man auch „Bischöfe" nannte. Darunter darf man keine Bischöfe im heutigen Sinn verstehen, denn der Ausdruck „Ältester" wird für Priester und Bischöfe gleichzeitig verwendet (Apg 14,23; Apg 20,17-28). Tatsächlich war es so, daß die Führung jeder Gemeinde in den Händen einer - von allen gewählten - Gruppe lag, deren Mitglieder alle den Titel „Bischof" führten. Erst später wurde dieser Name dem - von allen gewählten - Vorsitzenden der Gruppe reserviert. Jeder Bischof war „Chef" einer Gemeinde.

Es hat viele Jahrhunderte gebraucht, bis durch die Ausbreitung des Christentums auf dem Land - ursprünglich war die Bewegung eine Stadtreligion - die Bischofsgemeinde unterteilt und Seelsorgestationen geschaffen wurden, aus denen das heutige Pfarrnetz hervorgegangen ist. In Italien, wo das Christentum früh fußgefaßt hat, gibt es noch heute Bistümer, die kaum größer sind als österreichische Dekanate.

Die Apostel betrachteten die von ihnen ernannten Ältesten nicht als zweitrangig, sondern als ebenbürtig. Als es in der Urkirche zu heftigen Auseinandersetzungen über die Notwendigkeit der jüdischen Beschneidung für die Getauften kam und in der Folge das sogenannte „Apostelkonzil" einberufen wurde, „traten die Apostel und Ältesten zusammen, um die Frage zu prüfen" (Apg 15,6).

Petrus und Paulus haben in ihren Briefen niedergelegt, wie ein Ältester sein soll. Näheres wurde bereits beim Kapitel über die Bischöfe behandelt. Nach dem vielleicht ältesten Dokument der nachapostolischen Zeit, dem Brief der Gemeinde von Rom an die von Korinth (um das Jahr 90), bestand die Leitung der Gemeinde aus zwei Gruppen von Männern: die eine trägt die Bezeichnung Presbyter oder Episkopen (Priester oder Bischöfe), die andere besteht aus den Diakonen. Die „Didache" (1. Hälfte des 2. Jahrhunderts) nennt nur Episkopen und Diakone, Polykarp (†155/156) nur Presbyter und Diakone. Im syrischen Antiochien existierte am Anfang des 2. Jahrhunderts bereits ein monarchischer Episkopat: Leiter der Gemeinde war der Bischof, dem Priester und Diakone unterstanden. Am Ende des 2. Jahrhunderts dürfte sich der monarchische Episkopat im gesamten Christentum durchgesetzt haben. Was damals dem Bischof allein vorbehalten war (z. B. Taufspendung und Eheassistenz), ist heute Sache des Pfarrers (H I,175). Die hohe Auffassung von den Aufgaben eines Presbyters, zu denen er betont die apostolische Überlieferung rechnet, läßt den Hl. Hippolyt am Anfang des 3. Jahrhunderts vor kühner Kritik an römischen Bischöfen nicht zurückschrecken, wenn er jene durch ihre Haltung und Maßnahmen bedroht sah (H I,281). Im 3. Jahrhundert sind die Priester „Ratgeber und Beisitzer des Bischofs", haben jedoch keinen Anspruch auf einen Unterhalt durch die Gemeinde (H I,393), sie versehen ihr Amt „nebenberuflich". Hier ändert sich mit der Ausbreitung des Christentums, dem Entsenden von Priestern in ländliche Gegenden und der Aufteilung der Gemeinden in Großstädten bald vieles.

Im 4. Jahrhundert begann sich eine Pfarr-Organisation abzuzeichnen. Im 6. Jahrhundert war ein täglicher Besuch der Pfarrkirche üblich - allerdings nicht um die hl. Messe zu feiern, sondern um morgens und abends Gott zu lobpreisen (H II,2,221f). Um 400 galt folgendes Weihealter: ein Diakon sollte 25, ein Priester 30 und ein Bischof 45 bis 50 Jahre alt sein (H II,1,283).

Waren bis ins 8. Jahrhundert die Priester nur zur gemeinsam mit dem Volk gehaltenen Mette und Vesper verpflichtet, so stellte die vom Mönchsbischof Bonifatius veranlaßte Synode von Cloveshoe (England) im Jahr 747 die Forderung auf: In jeder Kirche soll die volle Reihe der sieben kanonischen Horen nach dem Brauch der römischen Klosterkirchen verrichtet werden

(H III,1,357). Diese überhöhte Forderung führte nicht sofort, aber in der Folge zu einer Vermönchung der Weltpriester und zu einer Entfremdung vom Volk, da es zu einer Trennung von Priester- und Volksgebet führte. Siebenmal jeden Tag konnte der Laie bei bestem Willen nicht zum Gotteshaus kommen, Morgen- und Abendgebet verlagerten sich von der Kirche ins Privathaus. Ohne Mitbeter in der Kirche konnte auch der Priester sein Gebet (Brevier) „privatisieren" und auch im Wald oder in der Küche verrichten...

In dieselbe Richtung der Vermönchung des Priestertums zielten die Bemühungen um Einführung bzw. Durchsetzung des Zölibats.

Schweren Ansehensverlust erlitten die Priester durch das germanische „Eigenkirchenwesen". An die Stelle von durch die Gemeinde gewählten Priestern traten vom Eigenkirchenherrn aus den Reihen seiner Unfreien ernannte Personen, die Pfarrbereiche zur Bewirtschaftung übertragen erhielten und möglichst viel für ihre Herrn finanziell herausholen sollten (H III,1,297).

Unverträglich mit dem altkirchlichen Ideal war auch das mittelalterliche Pfründenwesen. Inhaber von reichen Pfarrpfründen kassierten meist nur die Erträge, waren selbst als Pfarrer gar nicht in der eigenen Gemeinde präsent, sondern ließen sich von bezahlten „Leutpriestern" vertreten und die Arbeit verrichten.

Dem Konzil von Trient (1545-1563) war die Priesterausbildung ein großes Anliegen. Es ordnete die Gründung von Priesterseminaren an, deren sich im 18. Jahrhundert das Staatskirchentum bediente, um die Geistlichen zu Beamten auszubilden. Der gewünschte Priestertyp des Josephinismus glich eher einem heutigen Sicherheitswachebeamten als einem Jugendkaplan. Der Priester war mehr Staatsdiener als Seelsorger.

Die Geisteshaltung des Josephinismus blieb bis in unsere Zeit bestehen. Als Maturant wurde ich zu Beginn der 70er Jahre von einem Pfarrer gefragt, was der Beruf meines Vaters sei. Die Antwort „Polizist!" bereitete ihm Freude, denn: „Das ist ein dem Priestertum sehr verwandter Beruf. Beide überwachen die Moral des Volkes!"

Wenngleich es von Land zu Land große Unterschiede gab, schälte sich doch in der zweiten Hälfte des 19. Jahrhunderts der klassische Typ des katholischen Seelsorgers immer mehr heraus. Priester wurden von Kindheit an in Seminaren wie in einem Treibhaus auf ihre kommende Aufgabe vorbereitet. Die Bildung war ziemlich mangelhaft, nur ein Teil der österreichischen und deutschen Priester hatten zuvor Universitäten zu absolvieren, anderswo war das nicht so gefragt. Das spirituelle und pastorale Niveau war jedoch hoch. Der Ordensklerus trug dazu bei, das dem Weltpriester im Seminar eingeprägte Streben, sich von der Welt zu isolieren, noch zu verstärken. In den lateinischen Ländern wurde das durch die allgemein werdende Sitte, die Soutane zu tragen, noch unterstrichen. Die Seminare hatten den zukünftigen Priestern - häufig, außer in Deutschland und Österreich, ab dem 13. Lebensjahr - eingeschärft, Männer des Gebetes und des zurückgezogenen Opferlebens zu werden, die korrekt die Messe zu zelebrieren und moralische Detailfragen der Gläubigen zu beantworten verstanden. Daher konzentrierte sich die priesterliche Aktivität auf das Spenden der Sakramente und das bewußte Fernhalten von weltlichem Treiben, z. B. von Volksfesten (H VI,1,657 f).

Wie Priestersein verstanden wurde, erhellt auch die Tatsache, daß es um 1900 Pfarren gab mit 500 Gläubigen und solche, in denen ein Pfarrer für 50.000, ja 60.000 Katholiken zuständig war (EW, 289-296).

Viele vom Vatikanum II genährte Hoffnungen haben sich in der Folgezeit nicht erfüllt, was den Strom in die Priesterseminare deutlich zum Versiegen brachte. In mancher österreichischen Diözese sterben monatlich mehr Priester, als im ganzen Jahr neu geweiht werden.

Eine bemerkenswerte Entwicklung in der Priesterausbildung setzt im letzten Jahrzehnt des zweiten Jahrtausends ein: Dort, wo ein konservativer Bischof das Priesterseminar fest im Griff hat, wird ein Eintritt als unabdingbar hingestellt, dort jedoch, wo ihm das noch nicht zur Gänze gelungen ist, steht derselbe Typ des Oberhirten Seminaren skeptisch gegenüber und bevor-

zugt die im Mittelalter übliche Ausbildung eines „Neupriesters"
durch „erfahrene Altpriester".

Der katholische Priester soll nur ein Vorbild haben: Jesus,
den „guten Hirten" (Joh 10,11). Das ist links und rechts unbe-
stritten, die Umsetzung in die Praxis jedoch nicht: Die einen
sehen sich als Hirten, die zum Nachgehen, Annehmen und Helfen beim Gesundwerden berufen sind. Andere meinen, mit einer von oben geschenkten Peitsche antreiben zu dürfen und zu
müssen.

Die Zukunft gehört gewiß dem Seelsorger, der Arzt ist und
nicht Polizist.

Diakon - ein altes Amt blüht wieder auf

Die Wiederentdeckung der Bedeutung des Diakonats durch das Zweite Vatikanische Konzil zeigt, daß die Kirche durchaus in der Lage ist, auf uralte Formen des Christentums zurückzugreifen.

Die im 16. Jahrhundert beim Konzil von Trient gefaßten Beschlüsse über den Diakonat wurden nicht in die Tat umgesetzt. Bis in die 60er Jahre des 20. Jahrhunderts blieb die Weihe zum Diakon eine kurz vor der Priesterweihe vollzogene Pflichtübung. Doch ursprünglich war alles ganz anders...

Als die Zahl der ersten Christen in Jerusalem stieg, ließen die Apostel sieben Männer für den „Dienst an den Tischen" wählen (Apg 6,1 ff). Der berühmteste dieser „Diakone" war Stephanus, der als erster christlicher Märtyrer in die Geschichte einging. Als „Caritasdirektor" der jungen Kirche hatte er sich den Zorn der alten religiösen Führungsschicht zugezogen und wurde zu Tode gesteinigt (Apg 6,8 ff).

In der darauffolgenden Epoche zählten die Diakone zu den Führern der christlichen Gemeinden. Ihnen oblag die Armenfürsorge, aber auch die Verwaltung des Kirchengutes. Von der Zusammenarbeit des Bischofs mit den Diakonen hing - so die „Didaskalie" (3. Jahrhundert) - das Wohl der Gemeinden ab (H I,394).

Im 4. Jahrhundert war das Ansehen der Diakone oft größer als jenes der Priester. Sie waren die engsten Mitarbeiter des Bischofs und wurden bisweilen sogar mit seiner Vertretung beauftragt (H II,1,281). Siricius und Leo waren römische Diakone, als sie 384 bzw. 440 zum Papst gewählt wurden. Der Diakon Bassula war 431 Vertreter der afrikanischen Kirche beim Konzil von Ephesus.

Diakone durften in Krankheit von Sünden lossprechen (H I,393). Im Abendland nahm die Bedeutung des Diakons seit dem 11. Jahrhundert immer mehr ab, was mit der allgemeinen Entwicklung der Kirche in engem Zusammenhang stand.

Das Vatikanum II bestimmte, daß der Diakonat als eigene

und beständige hierarchische Stufe wiederhergestellt werden soll. Auch verheirateten Männern reiferen Alters wurde das Tor zum Diakonat geöffnet, für junge mußte jedoch der Zölibat in Kraft bleiben - eine Weisung, die die alte Kirche nicht kannte.

In Zukunft sollten verheiratete Diakone wieder in die Leitung von Pfarren und Diözesen eingebunden werden: als Mitglieder des Domkapitels; als Leiter von Bauamt, Pastoralamt, Finanzkammer, Schulamt und Caritas; als Ordinariatskanzler, Generalvikar oder Sekretär der Bischofskonferenz u.v.a.m. Diakonissen hatten im Westen weniger Bedeutung als im Osten, wo sie durch Handauflegung und Gebet des Bischofs - „unter Beistand von Priestern, Diakonen und Diakonissen" - in ihren Stand aufgenommen wurden. Sakramente spenden durften sie jedoch nicht (H II,1,283; GR,58). Im 20. Jahrhundert sind Religionslehrer und Pastoralassistenten beiderlei Geschlechts in die Rolle der Helfer und Mitarbeiter der Priester geschlüpft, ohne daß sie in der Leitung der Diözese vertreten wären. Beide Berufsgruppen stehen mit dem „Volk" in engster Verbindung und bekommen nicht selten Schläge von der Basis und von der Hierarchie. Den einen sind sie Prellböcke für die Schwächen der Kirche, den anderen willkommene „Sündenböcke", wenn die Herde nicht so marschiert, wie die Hirten es gerne hätten...

Hautnah erleben die 110 (1994) hauptberuflichen Jugendleiter und Jugendleiterinnen Österreichs die Probleme, in denen Kirche, Gesellschaft und junge Menschen heute stecken. Mancher Pfarrer erwartet von Jugendleitern, daß sie jene Wunder rasch wirken, die ihnen selbst in jahrelanger Arbeit versagt geblieben sind. Der Jahresbericht 1992/1993 der Jugendleiter und Jugendleiterinnen der Erzdiözese Wien zeigt mit schonungsloser Offenheit die Situation der Jugend sowie der Kirche in ihrem Verhältnis zur Jugend auf. Doch wen interessiert das? Oder die Tatsache, daß im Durchschnitt nach drei Jahren Erschöpfung eintritt und Ausstieg erfolgt? Oder die schwere Last des Erwartungsdrucks? Oder die Einsamkeit in diesem harten „Job"? Müßte nicht in jeder Diözese wenigstens ein(e) Jugendleiter(in) zu den engsten Beratern des Bischofs zählen?

Wo sind die Propheten?

Noch weit mehr im Bewußtsein der Kirche zurückgedrängt als die Diakone wurden die „Propheten". Auf dem Fundament der Apostel und Propheten ist die Kirche aufgebaut (Eph 2,20). Das Dasein von „Propheten" wird in der alten Kirche oftmals bezeugt (z. B.:1 Kor 12,29). Es war angeraten, sich um prophetische Weisheit zu bemühen: „Jagt der Liebe nach! Strebt aber auch nach den Geistesgaben, vor allem nach der prophetischen Rede" (1 Kor 14,1 f). Der Prophet wurde dem Charismatiker vorgezogen: „Wer in Zungen redet, erbaut sich selbst. Wer aber prophetisch redet, baut die Gemeinde auf" (1 Kor 14,4). Prophetisches Reden sei ein „Zeichen" für Gläubige und Ungläubige zugleich (1 Kor 14,22). Paulus ist überzeugt: Daß die Heiden Miterben der Verheißung Gottes sind, war früheren Generationen unbekannt, „jetzt aber ist es seinen heiligen Aposteln und Propheten durch den Heiligen Geist geoffenbart worden" (Eph 3,5).

Die „Didache" räumt um die Mitte des 2. Jahrhunderts den „Propheten" in der Gemeinde noch einen besonderen Rang ein. Sie treten als Lehrer auf, widmen sich dem Dienst an den Armen und sollen „Dank sagen". Ihr Anspruch auf Geistbegabung muß sich jedoch vor der Gemeinde als berechtigt erweisen, denn es gibt auch falsche Propheten. Ein Prophet der römischen Gemeinde ist Hermas, der Verfasser des „Hirten". Sein großes Anliegen ist die Buße, für die er die Leiter der Gemeinde zu gewinnen versucht (H I,177).

Besinnung und Umkehr predigten die Propheten des Alten Testaments den Königen, den Reichen, den Priestern und dem Volk des Alten Testaments. Besinnung auf das Evangelium und Umkehr - das waren auch die Anliegen der echten Propheten der Kirche, die genauso viel oder wenig Gehör gefunden haben wie ihre Kollegen hunderte Jahre zuvor.

In der Kirchengeschichte wurde Prophetisches nur allzuoft unter den Tisch gekehrt oder erst berücksichtigt, wenn es längst zu spät war. Wer Kritik übte und Rückkehr zur Einfachheit Jesu forderte, wurde zumeist nicht als Prophet, sondern als Kirchenfeind betrachtet. Manch Prophetisches wurde lächerlich gemacht, auf die Seite geschoben oder - wenn es nicht anders ging - domestiziert, z. B. der Prophet Franz von Assisi. Die Leitung der von ihm initiierten Armutsbewegung wurde ihm entrissen; einsam und nackt auf dem Boden liegend ist der von seinen Zeitgenossen „zweiter Christus" Genannte 45jährig gestorben. Flugs wurde er zwei Jahre nach seinem Tod heiliggesprochen, und wieder zwei Jahre später wurde dem „Armen von Assisi" in einer eilig erbauten prunkvollen Basilika die letzte Ruhestätte zugewiesen...

Unsere Zeit ist reich an Menschen mit prophetischer Begabung. Sie sind keine billigen Zukunftsdeuter, sondern lassen Zukunft erahnen, weil ihr Kopf im Himmel ist, ihre Füße aber auf der Erde sind. Sind nicht viele Befreiungstheologen, Caritashelfer oder auch so manche einfache, aber herausragende Mitglieder unserer Pfarrgemeinden Propheten unserer Tage? Und wie wird mit ihnen umgegangen?

Kirche benötigt immer beide Elemente: das statische des Priestertums und das dynamische der Propheten. Wo aber - wie einst zur Zeit des Jeremia (Jer 38 f) - der Prophet in die Zisterne geworfen wird, dort steht der Tempel vor der Zerstörung.

Der Priestermangel wird immer spürbarer

Die Zahl der Katholiken steigt nach offiziellen Statistiken weltweit und hat die Milliardengrenze überschritten. Die Zahl der Priester und Ordensleute geht jedoch weiter zurück.

1992 gab es, so teilt das Päpstliche Jahrbuch '94 mit, weltweit 404.641 Priester - um 2,8 Prozent weniger als vierzehn Jahre zuvor. In Afrika und Südostasien stieg die Zahl der Priester, hingegen ist sie in Europa, Amerika, Ozeanien und im Nahen Osten zurückgegangen. Weltweit kommt ein Ordenspriester auf zwei Weltpriester. Etwa 55 Prozent des Klerus lebt in Europa. Die Zahl der Priesterseminaristen ist von 1978 auf 1992 um 62 Prozent auf 102.000 gestiegen, wobei hier wieder vor allem Afrika und Asien ins Gewicht fallen und nicht die traditionell katholischen Länder Europas oder Südamerikas. In Deutschland ist 1994 jede dritte der 13.327 Pfarren „unbesetzt". In Tschechien fehlen 60 Prozent der benötigten Priester (Kathpress, 26.3. u. 4.5.1994).

Gleichzeitig nehmen Erschöpfungssyndrome bei Priestern zu. Bischöfe aus Kanada und den USA berichten von gesundheitlichen Schäden infolge von Arbeitsüberlastung. In der nordamerikanischen Kirche sterben unverhältnismäßig viele jüngere Priester, weil sie total überlastet und „ausgepowert" sind (Kathpress-Info, 31.10.1993).

Der Priestermangel Österreichs ist mit jenem Südamerikas in keiner Weise zu vergleichen. In Mitteleuropa ist eine 500-Seelen-Pfarre verärgert, wenn sie ihren Pfarrer mit der Nachbargemeinde „teilen" muß, in Südamerika kommt in vielen Gebieten ein Priester auf 50.000 Einwohner. Dennoch empfinden die Menschen in Österreich den leeren Pfarrhof als einen „Mangel", und wenn in ihrer Pfarrkirche sonntags keine hl. Messe „gelesen" wird, fahren die allermeisten trotz Motorisierung keineswegs in eine Nachbargemeinde.

„Pfarrverbände" lautet ein relativ neues Schlag- und Zauberwort: Ein Priester betreut drei oder vier Pfarren und erhält dafür bezahlte Helfer, die ihm gewisse Dienste (Kanzlei, Jugend, Kranke, Schule) abnehmen.

Viele Pfarrverbände leben von der Aushilfe pensionierter Priester. Man kann sich daher leicht an seinen zehn Fingern abzählen, wann dieses System der Notverwaltung ein Ende haben wird. Neue Wege zu gehen ist das Gebot der Stunde.

Auch die Abhaltung von sonntäglichen Wortgottesdiensten anstelle einer Eucharistiefeier und die Einsetzung von Laien als Gemeindeleiter sind nur Notlösungen. Es sind gutgemeinte Versuche von Bischöfen, über die Runde der nächsten Jahre zu kommen. Vor dem Recht und der Theologie der alten Kirche können sie nicht bestehen. Nichtpriesterliche Gemeindeleiter können wertvolle pfarrliche Bezugspersonen sein; der Eucharistie vorstehen und das Sakrament der Buße spenden dürfen sie jedoch nicht. Und hier liegt der Haken: Hat nicht jede christliche Gemeinde ein Recht auf eine sonntägliche Meßfeier? Ein Recht, das wesentlich höher einzuschätzen ist als Vorschriften, die sich die Kirche selbst auferlegt hat - z. B. die des Zölibats?

Gab es in den ersten Jahrhunderten in einer Gemeinde wegen Todesfall oder Wegzug des Priesters keinen „Ältesten" mehr, so trat die Gemeinde zusammen und wählte einen neuen, ohne auf irgendwelche Zertifikate zu achten. So einfach war das damals. Heute nimmt man es eher in Kauf, daß sich eine christliche Gemeinde auflöst, als daß man prophetisch neue - in Wirklichkeit: apostolische und nachapostolische - Wege geht.

Eine Möglichkeit, dem Priestermangel zu begegnen, wäre die Weihe von „viri probati". Die seit dem Vatikanum II beim Diakonat mögliche Zulassung von „verheirateten Männern reiferen Alters" könnte leicht auf das Priestertum übertragen werden.

Im 4./5. Jahrhundert war - in konsequenter Auslegung der Bibeltexte - die Bewährung des bisherigen Laien im Glauben und im sittlichen Leben Voraussetzung für den Empfang der Priesterweihe (H II,1,283). Heute wird über „viri probati" heiß diskutiert. Erzkonservative verspotten sie in Publikationen als „viri probiri".

Der steirische Diözesanbischof Johann Weber warnte im Sommer 1994 vor einer „Zuflucht" zu „pragmatischen" Lösungen (Kathpress, 30.6.1994). Die Zulassung von verheirateten Männern zum Priesteramt befürwortet er nicht, weil der Zölibat zwar kein absolutes Muß, aber ein aufregendes Signal sei (Kathpress, 26.4.1994). Total abweisend zeigt sich der Wiener Erzbischof, Kardinal Hans Hermann Groer, der die Diskussion über „viri probati" sogar mitverantwortlich für die Verunsicherung junger Menschen und in der Folge für den geringen Priesternachwuchs macht (idu, 7.4.1994).

Nicht mehr vollständig zu registrieren ist hingegen die Fülle von Wortmeldungen für die Zulassung bewährter Verheirateter zum Priesteramt. Zuletzt gab das Innsbrucker Diözesanforum ein überwältigendes Votum dafür ab (Kathpress, 7.6.1994).

Doch die Hoffnung auf innerkirchliche Reformen in diesem Punkt bleibt sehr schwach. Zu dieser Auffassung mußte auch Rembert Weakland, Erzbischof von Milwaukee und vormals langjähriger Abtprimas des Benediktinerordens, im Jahr 1991 gelangen. Nach einer brüsken Zurückweisung seines Vorschlags der Weihe von „viri probati" durch Rom wandte er sich in einem Brief an die Gläubigen seiner Diözese: „Im ersten Entwurf dieses Hirtenbriefs versicherte ich, in einem extremen Fall und unter sehr vielen einschränkenden Bedingungen bereit zu sein, Rom einen verheirateten Mann vorzuschlagen, sofern er ein qualifizierter Kandidat für das Priestertum ist. Ich schrieb: ‚In einem solchen Fall hätten wir auf lokaler Ebene alles getan und könnten wir fühlen, daß wir verantwortliche Verwalter von Gottes Gütern und Gnaden sind.

Wenn die Kraft der Kirche dann hier schwächer würde wegen des ständigen Mangels an Priestern und an Gelegenheit für die Gläubigen, die Sakramente zu empfangen, dann könnte unser Gewissen in Frieden bleiben. Wir hätten unser Bestes getan.' Ich wurde vom vatikanischen Staatssekretariat informiert, daß meine Anregung, einen verheirateten Mann vorzuschlagen, als ‚fehl am Platz' betrachtet werde. Die Antwort gab ferner zu verstehen, daß sich als Ergebnis der letzten Bischofssynode eine dem Thema angemessene apostolische Ermahnung in Vorbereitung befindet..."

Womit ein für allemal klargestellt war, daß Jesu Verhalten „fehl am Platz" war und dringend einer päpstlichen Ermahnung bedarf. Denn dieser Jesus hat es gewagt, einen „vir probatus" zu beauftragen: den verheirateten Mann reiferen Alters Simon, der bereits eine Schwiegermutter besaß, als er den Namen Petrus erhielt.

Sollte man das vatikanische Staatssekretariat nicht einmal darauf aufmerksam machen, daß es in Rom immer noch Leute gibt, die ihre Befugnisse von gerade diesem „vir probatus" herleiten?

Richtungsweisende Erneuerung der Eucharistiefeier

Am Abend vor seinem Tod saß Jesus mit den Aposteln zu Tisch. Er „nahm Brot, sprach das Dankgebet, brach das Brot und reichte es ihnen mit den Worten: Das ist mein Leib, der für euch hingegeben wird. Tut dies zu meinem Gedächtnis! Ebenso nahm er nach dem Mahl den Kelch und sagte: Dieser Kelch ist der neue Bund in meinem Blut, das für euch vergossen wird" (Lk 22,19 f).

Diese Szene hat auf die Jünger einen unauslöschlichen Eindruck gemacht. Das „Brechen des Brotes" (Apg 2,46) war daher von Anfang an wesentlicher Bestandteil des christlichen Gemeindelebens. Das Wesentliche blieb gleich, nur der Name wechselte: „Eucharistiefeier" (vom griech. „eucharistie": Danksagung) und ab dem 4. Jahrhundert „Messe" (vom lat. „missio": Entlassung).

Das „Brotbrechen" war ursprünglich nicht wie die meiste Zeit des zweiten Jahrtausends ein Handeln des Priesters, dem die Gläubigen als Beter und Zuschauer beiwohnten, sondern echte „Liturgie" (griech. „leiturgia": Volksdienst).

Paulus belehrt die Christen von Korinth, wie sie den Gottesdienst feiern sollen: „Wenn ihr zusammenkommt, trägt jeder etwas bei: einer einen Psalm, ein anderer eine Lehre, der dritte eine Offenbarung; einer redet in Zungen, und ein anderer deutet es. Alles geschehe so, daß es aufbaut... Auch zwei oder drei Propheten sollen zu Wort kommen" (1 Kor 14,26 ff). Das Brotbrechen muß in Würde geschehen, denn: „Sooft ihr von diesem Brot eßt und aus dem Kelch trinkt, verkündet ihr den Tod des Herrn, bis er kommt" (1 Kor 11,26).

Die Formen, Eucharistie zu feiern, waren von Gegend zu Gegend verschieden und wurden in neu christianisierten Gebieten von den Heimatbräuchen der Missionare bestimmt. Diese Vielfalt wurde mit der Zeit immer mehr eingeschränkt. Papst Innozenz I. (402-417) wollte mit unhaltbaren Begründungen die römische Form der Meßfeier zur allgemein verbindlichen Norm machen. Demgegenüber war Gregor d. Gr. (590-604) „liberaler", was damals noch mit „konservativer" gleichzusetzen war: „Wenn der Glaube derselbe ist, kann die Verschiedenheit der Bräuche keinen Schaden bringen" (H II,1,265; H III,1,349).

Mit der fortschreitenden „Verstaatlichung" und „Vermönchung" der Kirche rückten Volk und Altar auch räumlich auseinander. Im Kirchenbau wurde am Ende des ersten Jahrtausends der Altar immer mehr dorthin gestellt, wo ursprünglich der Leiter der Gemeinde seinen Platz hatte (H III,1,347). Zuvor hatte der bereits neu eingeführte, byzantinisch beeinflußte päpstliche Ritus und feierliche Gesang die Teilnehmer der Gottesdienste zu Zuschauern und Zuhörern gemacht. Sowohl die liturgischen Formen Spaniens wie auch des Frankenreiches waren seelsorglich dem römischen Kult überlegen - solange das Volk die Sprache des Ritus verstand.

In Rom verdrängten die Gottesdienstformen der Mönche immer stärker die der Weltpriester. Der prunkvollen Festlichkeit wurde die Volksnähe geopfert (H II,2,246 f). Heute würde man sagen: Show ging vor aktiver Teilnahme.

Extreme Konsequenz dieser Entwicklung: Zur Jahrtausendwende wird das Volk in der Meßfeier überhaupt nicht mehr benötigt. Die Privatmesse nimmt an Häufigkeit zu. In den Klöstern beginnen Priester, mehrmals am Tag und ganz allein zu zelebrieren. Synoden und Päpste des 9. bis 11. Jahrhunderts kritisieren zwar heftig, manches - so die Privatzelebration ohne Ministrant (der das Volk zu repräsentieren hatte) - war jedoch bis zum Ende des 20. Jahrhunderts vielerorts kaum auszurotten (H III,1,348 f).

Seit dem 13. Jahrhundert betete der Priester auch die früher vom Chor gesungenen Teile für sich und las selbst Lesung und Evangelium. Die Liturgie wurde zum stummen, schönen Spiel (H III 2,683). Im 15. Jahrhundert kam die Unsitte auf, „Missa sicca" - Messen ohne Kanon und Einsetzungsbericht - zu feiern. Um 1470 mußten in Thüringen Ablaßprediger gemahnt werden, die die Messe als Missa sicca beendeten, wenn ihnen vor Beginn des Kanons gemeldet wurde, daß die Sammlung der Ablaßgelder den Erwartungen nicht entspräche (H III,2,686).

Die unselige Theologie von den festgesetzten „Meßfrüchten" führte zur Annahme, daß es besser wäre, in einer kleinen Pfarre zu wohnen oder eine Messe für einen kleinen Kreis zelebrieren zu lassen. Jede gesellschaftliche Gruppe, ja jede Familie, die etwas auf sich hielt, veranlaßte Meßstiftungen und wollte „ihre Messe" womöglich an „ihrem Altar" haben. Das Leben der Priester konzentrierte sich immer mehr auf das Messelesen, von dem her sie auch ihre Einkünfte bezogen (H III,2,685).

Die Reformen des 16. Jahrhunderts konnten die in der Liturgie bestehende Kluft zwischen Klerus und Volk nicht überwinden. Nachdem die Protestanten die Muttersprache im Gottesdienst eingeführt hatten, mußte die Kirche erst recht auf dem Latein beharren. Während der Priester vorne am Altar „seine Messe las", verharrten noch in den 60er Jahren des 20. Jahrhunderts die Gläubigen unter der Woche in ehrfürchtigem Schweigen oder beteten den Rosenkranz. Durch das Bimmeln der Ministrantenglocke erfuhr das Volk, wieweit der Pfarrer gerade mit „seiner Messe" schon war...

Predigt und Kommunion fanden noch im 20. Jahrhundert außerhalb der hl. Messe statt. Sie mitzufeiern spornten die Priester ihre Gläubigen durch die Verheißung besonders wirkungsvoller Ablässe an: „An unserem Anbetungstag sind alle unsere Altäre dieser unserer Kirche privilegiert. Das heißt: Mit der hl. Messe, welche an diesem Tag auf einem dieser Altäre für eine oder die andere arme Seele im Fegefeuer aufgeopfert wird, ist ein vollkommener Ablaß verbunden..." (GO, 7. 8. 1904).

Doch die Sehnsucht des Volkes nach religiöser Erneuerung war im 20. Jahrhundert nicht so groß wie im 16. Jahrhundert, daher stand auch kein neuer Martin Luther auf. Gott sei Dank gab es jedoch einen Papst Johannes XXIII. und das von ihm ausgerufene Zweite Vatikanische Konzil, das den zentralen Gottesdienst der Christen wieder zurückführte zur alten Würde und Schönheit. Das Volk ist heute in das liturgische Geschehen wieder voll miteinbezogen. Hier ist am Ende des 20. Jahrhunderts „Entstaatlichung" in Form einer gründlichen Entrümpelung und

Rückkehr zu den alten Werten der Kirche hervorragend gelungen.

Die Verdrängung des Volkes aus der Liturgie hatte auch bewirkt, daß das Interesse am Kommunionempfang immer geringer wurde. So mußte das 4. Laterankonzil (1215) die Christen verpflichten, wenigstens einmal im Jahr dieses Sakrament zu empfangen.

Das stand im krassen Gegensatz zu den ersten Jahrhunderten, in denen praktisch alle Gläubigen, die an der ganzen Messe teilnahmen, auch die Kommunion empfingen (H I 321).

Zur Zeit Cyprians von Karthago (†258) wurde die Kommunion unter beiden Gestalten gespendet, auch Kleinkinder durften aus dem Kelch trinken, das Hl. Brot wurde den Gläubigen auf die Hand gelegt. Wer von der Kirche weiter weg wohnte, durfte die Kommunion für sich oder für Kranke mit nach Hause nehmen (Cyprian I,115).

Zeno von Verona († um 371) empfahl Frauen, keinen Heiden zu heiraten, um nicht Schwierigkeiten bei der Religionsausübung zu bekommen. Jener könnte streiten „und packt dann vielleicht das Gefäß mit deinem Opfer und stößt dich damit an die Brust." Es war damals nämlich üblich, die Kommunion mit nach Hause zu nehmen und daheim in Tüchern oder Holzgefäßen aufzubewahren. Diese Sitte erhielt sich im Westen bis zum Ende des Altertums, im Osten bis ins 10. Jahrhundert (Zeno I,109).

Noch im 9. Jahrhundert wurde die Kommunion unter beiden Gestalten empfangen. Es geschah meistens so, daß die Hostie in den Wein eingetaucht wurde oder daß nur der Kelch nach „Berührung" mit dem Hl. Brot gereicht wurde. Die Handkommunion wich der Mundkommunion. Der Abstand zum Alltag des Volkes wurde auch durch die Änderung der Brotform betont: Immer mehr kam das weiße, ungesäuerte Brot in Gebrauch (H III,1,347 f).

Die Kelchkommunion erhielt sich bis ins hohe Mittelalter. Erst seit der Mitte des 13. Jahrhunderts war sie fast ganz verschwunden. Als kirchliche Reformatoren 150 Jahre später auch die Wiedereinführung des „Laienkelchs" verlangten, schaltete die Hierarchie auf stur. Am 15. Juni 1415 wurde er auf dem Konzil von Konstanz offiziell verboten und drei Jahre später von Papst Martin V. feierlich verurteilt (H III,2,555 f).

Zu dieser Zeit mußten Prediger schon eifrig für den Meßbesuch werben. Wo man nichts verstand, trat naturgemäß das Schauen in den Vordergrund. Die Frömmigkeit des Volkes konzentrierte sich daher nicht auf das Hören des lateinischen Evangeliums oder den Empfang der Kommunion, sondern auf das Anschauen der Hostie, die der Priester nach der Wandlung in die Höhe hielt. Die Elevation bekam solches Gewicht, daß mancherorts „in die Messe gehen" zur Wandlung kommen oder Hostie anschauen bedeutete. Die Schilderungen der damit verbundenen Wirkungen wurde immer maßloser und abergläubischer. Schon der päpstliche Legat Nikolaus von Kues mahnte: „Die Eucharistie ist als Speise und nicht als Schaumittel eingesetzt worden" (H III,2,684). Vom Hostienschauen dürfte der ebenfalls bis in unsere Tage reichende Brauch herrühren, daß Gläubige - vor allem Männer - mancherorts vor dem Gotteshaus stehen, es erst zur Gabenbereitung betreten und anläßlich des Beginns der Kommunionspendung wieder verlassen...

Papst Pius X. schärfte 1902 ein, bei jeder hl. Messe zur Kommunion zu gehen. Dennoch kam es noch 60 Jahre später vor, daß Gläubige nach der Messe in die Sakristei gehen mußten, um die Kommunionspendung zu erbitten.

Das Vatikanum II hat für bestimmte Fälle die Kommunion unter beiden Gestalten wieder gestattet. Der 1.200 Jahre lang in der Kirche übliche „Laienkelch" bei jeder hl. Messe sollte noch vor der Wende zum dritten Jahrtausend wieder eingeführt werden.

Durch die Ausbreitung des römischen Meßritus in lateinischer Sprache verstanden immer weniger Menschen, was da im Gottesdienst gebetet wurde. Es verbreitete sich die Meinung, daß nur Hebräisch, Griechich und Latein heilige Sprachen wären. Demgegenüber betonte die Synode von Frankfurt im Jahr 794, daß man „in jeder Sprache beten dürfe" (H III,1,347). Die reformatorische Einführung der Mutterspache im Gottesdienst ließ ähnliches im katholischen Bereich erst recht nicht gedeihen. Eine Beteiligung des Volkes an der Meßfeier wurde im 16. und 17. Jahrhundert weder erstrebt noch erreicht (H IV,591). Vor 1700 wurden in Frankreich zwar Übersetzungen der Meßtexte gedruckt, jedoch fürchteten viele Katholiken, daß dadurch der Protestantismus begünstigt werden und der Geheimnischarakter der hl. Messe verlorengehen könnte (H V,98). 1857 erneuerte Pius IX. ein Verbot, Meßtexte zu übersetzen. Das wurde erst stillschweigend aufgehoben, als es 1897 Leo XIII. bei der Neuordnung des Bücherverbots nicht mehr erwähnte... (H VI,2,274 f).

Heute ist die Nichtverwendung der Muttersprache in der Eucharistiefeier gar nicht mehr vorstellbar. Und doch wurde das Latein erst vor nicht einmal 30 Jahren beiseitegeschoben.

Deutsch in der Messe bleibt für Deutschsprachige ein Hoffnungssignal, daß die Kirche eine jahrhundertlange Entwicklung kritisch beleuchten und zu den Anfängen zurückkehren kann.

DIE NOTWENDIGE ERGÄNZUNG
ZUM VORLIEGENDEN BUCH:

DER BESTSELLER

von

ALFRED WORM

JESUS CHRISTUS –
DIE WAHRHEIT ÜBER DEN „WAHREN" MENSCHEN
Eine Recherche

232 Seiten, mit biblischem Kurzlexikon, Format 13 x 21 cm,
gebunden, mit farbigem Schutzumschlag,

ISBN 3-85167-006-X

Worm wagt Unerhörtes: Er schreibt die Bibel um und ein fiktives Evangelium! Jesus war ein „Fresser und Säufer" und dennoch ein Superstar! Er wollte niemals eine neue Religion gründen! Aber Paulus, ein Jude, der Juden haßte, vergewaltigte das Wort Christi! Die Schuld der Juden an Jesu Tod ist eine infame Lüge der Evangelisten! Der Tod Jesu ist die Geschichte eines Justizirrtums! Es gibt keine jüdische Schuld – den Evangelisten muß im freundlichsten Fall Ahnungslosigkeit oder Irrtum, im unfreundlichsten böser Vorsatz attestiert werden. Wäre das NT ein Produkt der Gegenwart: Die Autoren kämen wegen NS-Wiederbetätigung vor den Strafrichter!

„... Mit Ihnen hoffe ich, daß durch dieses Buch viele Menschen Zugang zu Jesus Christus, unseren Herrn und Erlöser, erhalten. Vielerorts werden immer wieder Versuche unternommen, Jesus Christus nicht als Gottmenschen zu sehen, sondern ihn als eine Art Übermensch zu präsentieren, was schlechthin eine Verkürzung darstellt. In diesem Sinne hoffe ich, daß durch das Buch von Herrn Worm mit ein Beitrag zur Verkündigung geschehen ist..." (Stefan László, Alt-Bischof von Eisenstadt, in einem Brief an den Verlag vom 11.8.1992)

„Worm hat in vielen recht. Das Christentum war ursprünglich eine jüdische Sekte, Jesus wollte keine andere Religion, wollte nur Reformen. In meinen Augen war Jesus ein Revolutionär. Als Jude weiß ich, was die Kirche uns durch die Beschuldigungen der letzten 1700 Jahre angetan hat. Anstatt zu betonen, was wir gemeinsam haben, hat die Kirche immer die Gegensätze betont. (Simon Wiesenthal, Leiter des Jüdischen Dokumentationszentrums in Wien, in einem Leserbrief an „täglich Alles" vom 2.8.1992)

EDITION VA BENE
WIEN – KLOSTERNEUBURG

DIE WEITERE ERGÄNZUNG:

DER LONGSELLER
von
ALFRED WORM

VOM „MENSCHENSOHN" ZUM JUDENSTERN
DIE 7 TODSÜNDEN DER RÖM.-KATH. KIRCHE

Eine Recherche

279 Seiten, Format 13x21 cm,
gebunden, mit farbigem Schutzumschlag,
ISBN 3-85167-011-6

„Ein Christ beugt vor den jüdischen Opfern aus zwei Jahrtausenden Christentum das Haupt. Erlaubt möge es sein, den Überlebenden in der ganzen Welt und ganz im Sinne von Johannes XXIII. in Frieden und Freundschaft die Hand zu reichen. Shalom." Dies bekennt der Autor des Buches quasi stellvertretend für die laxe Amtskirche, die es bisher unterlassen hat, sich bei den Juden für die ihnen schuldhaft angetanen Greuel zu entschuldigen. Dieses Buch ist die Abrechnung eines gläubigen Katholiken mit dem Papsttum, das sich anmaßt, Christus zu vertreten.
„Verflucht, wer sein Schwert reinhält vom Blut": Das war das apostolische Motto Seiner Heiligkeit Gregor VII. (1073 - 1085). So wie er waren auch viele andere Päpste wild auf Blut. Das Christentum ist durchdrungen von diesem Saft: Vom Schwert zum Krieg, vom Krieg zur Atombombe - der Tod ist nicht nur die gerechte Strafe für die Sünden, er ist auch das Mittel für das ewige Heil. An dieser Ideologie berauschen sich die greisen Herren im Vatikan ebenso wie die Autoren des Weltkatechismus 1992/93: Der gerechte Tod geistert wie ein Gespenst durch das Christentum. Bereut die Sünden, fordern die Hirten von der Herde - nur für die Amtskirche lebt recht kommod unter der Last ihrer Schandtaten. Vom „Menschensohn" zum Judenstern: In zwei Jahrtausenden wurden Millionen Unschuldiger Opfer des Christentums.
... Es freut mich, daß Sie soviel Allgemeinwissen und auch über die Bibel besitzen... In biblischen, wissenschaftlichen Kreisen erreicht das den Grad von einem Gerechten und den Namen 'Chacham'. Nach Durchlesen dieses Buches kann man Sie als einen gerechten Weisen betiteln: ‚Zadik Chacham'" (Telex vom 27.10.1993 der Familie M. Liska, Pelzgroßhandelshaus Wien, an den Autor).

EDITION VA BENE
WIEN - KLOSTERNEUBURG

ANGST VOR DEM TOD?

NACHDENKLICHES

von

WALTER WEISS

TOD ALS LEBEN
ÜBER DIE UNANSTÄNDIGKEIT DES STERBENS

Philosophie

232 Seiten, Format 13 x 21 cm, gebunden,
mit farbigem Schutzumschlag,
ISBN 3-85167-004-3

Kein Buch über das Sterben, keines über den Tod hinaus, sondern eines über das Leben - aber auf den Tod hin. Kein Buch über den Spiritismus, keines über das Leben nach dem Tod, sondern eine Auseinandersetzung mit dem, was Leben ist und der Tod sein sollte. Ein Buch gegen den Okkultismus und gegen Fanatismus - aber für die Bejahung der Eigenverantwortung. Auch ein Buch gegen Gott als „Überwesen" - aber ein Buch über und für das EINE. Auch ein Buch über Philosophie.

Aus dem Inhalt: Die verschiedenen Wirklichkeiten - Die Metaphysik - Mythos und Religion - Der Baum des Lebens - Dämonisierung der Natur - Zeit und Ewigkeit - Glück - Sein und Haben - Mystik als Weg zum Sinn - Die Unsterblichkeit - Das „Jenseits" - Sterben als Geschäft - Die Überwindung des Todes - Individualität und Tod - Das EINE.

„Eine der einfachen Fragen, auf die schon viele sehr komplizierte Antworten gegeben worden sind, ist die nach Leben und Tod. Walter Weiss, Philosophieprofessor, widmet ihr das Buch... Seine Theorie: „Wer den Tod verleugnet, mißachtet das Leben... Wer den Tod nicht fürchtet, hat ihn überwunden. Wer den Tod überwunden hat, ist durch nichts mehr zwingbar. Wer nicht zwingbar ist, ist frei. Wer den Tod nicht fürchtet, hat sich nicht mehr, er ist. Selbst wenn er am Kreuze hängt. Und wer ist, der ist im Himmel...!" (ORF, Radio Wien, 8. April 1992)

EDITION VA BENE
WIEN - KLOSTERNEUBURG